LAURA ASHLEY
RAUMGESTALTUNG

LAURA ASHLEY RAUMGESTALTUNG

STILVOLLE IDEEN ZUM SELBERMACHEN

Vorwort von Nick Ashley

Deborah Evans
Carolyn Chapman
Linda Gray
Celia Rufey

Herausgegeben von Charyn Jones

Übertragung aus dem Englischen
von Jutta Fanurakis

BusseSeewald

Englische Ausgabe:
Laura Ashley · Complete Guide to Home Decorating
© Laura Ashley and
George Weidenfeld and Nicolson Limited, 1989
91 Clapham High Street
London SW4 7TA
Herausgegeben von Charyn Jones
Mitarbeit: Deborah Evans, Carolyn Chapman,
Linda Gray, Celia Rufey
Art Direction und Gestaltung: Bob Gordon
Farbillustrationen: Tig Sutton
Bilddokumentation: Shona Wood
Lithos: Newsele Litho Ltd.

Übertragung aus dem Englischen
von Jutta Fanurakis

CIP-Titelaufnahme der Deutschen Bibliothek
Laura-Ashley-Raumgestaltung : stilvolle Ideen zum Selbermachen / Deborah Evans ... Hrsg. von Charyn Jones. Vorw. von Nick Ashley. Übertr. aus d. Engl. von Jutta Fanurakis. – Herford : BusseSeewald, 1990
Einheitssacht.: Laura Ashley – complete guide to home decorating <dt.>
ISBN 3-512-03011-4
NE: Jones, Charyn [Hrsg.]; Evans, Deborah [Mitverf.]; EST

Deutsche Ausgabe:
© Verlag Busse + Seewald GmbH, Herford 1990
Lektorat: Dieter Erb
Filmsatz: Busse Druck, Herford
Druck und Buchbinderei: LEGO, Vicenza/Italien

ISBN 3-512-03011-4

Umschlagfotos:
Großes Foto Vorderseite: Richard Green
(A. C. Cooper Ltd.)
Kleines Foto: Andrew Twort (Laura Ashley)
Rückseitenfotos: David Garcia (Laura Ashley)

INHALT

Architektur und Wohnstil 9

Dekorationsarbeiten 45

Tapeten und Bordüren	46
Malerarbeiten	54
Dekorative Maltechniken	58
Wandfliesen	68
Stoffbespannungen	72
Harte Fußbodenbeläge	76
Teppiche und Teppichböden	84
Türen	88

Fensterdekorationen 93

Welcher Dekorationsstil paßt zu welcher Umgebung?	94
Fensterdekorationen im großen Stil	106
Spitze und Voile	112
Rollos	116
Individuelle Gestaltungen	122

HEIMTEXTILIEN 127	BETTEN UND BETTWÄSCHE 151	RAUMACCESSOIRES 175

Kissen 128 Lose Polsterbezüge 134 Polsterungen 140 Tischwäsche 146	Bettdecken 152 Bettwäsche 160 Bettverkleidungen 166	Koordinieren und Gruppieren 176 Kreuz und quer durchs Haus 180 Lampenschirme 186 Bilder und sonstiger Wandschmuck 190

ANHANG 195
Nähtechniken 196
Maßnahmen 204
Untergrundvorbehandlung 208
Glossar 213
Textil-ABC 214
Laura Ashley Shops 216
Register 220
Bildnachweis 224

Vorwort von Nick Ashley

Wir leben in einer Zeit, in der man sich wieder mehr für die Ausgestaltung des Heimes interessiert. Seit achtzehn Jahren, so lange wie Laura Ashley Stoffe und Tapeten produziert, hat es noch nie ein so großes Interesse gegeben. Infolge der großen Nachfrage hat der ganze Industriezweig einen enormen Aufschwung genommen; es werden mehr Bücher und Zeitschriften über das Thema veröffentlicht; es gibt eine größere Auswahl von Raumtextilien als je zuvor und mehr Spezialisten, die dem Verbraucher bei der fachgerechten Gestaltung seines Heimes beratend zur Seite stehen.

Mit diesem Buch wollten wir einen Rahmen schaffen, in den Sie Ihre eigenen Ideen einbringen können. Gewöhnlich muß man sich bei der Ausstattung von Räumen irgendwie einschränken, meist räumlich oder finanziell. Doch dieses Problem sollte man positiv betrachten – ein Nachteil kann sich leicht in einen Vorteil verwandeln. Als meine Familie vor langer Zeit in ein kleines Bauernhaus in Wales einzog, haben wir soviel Geld für den Kauf von Dachziegeln ausgegeben, daß wir uns bei den Vorhängen auf *eine* Stoffbreite beschränken mußten. Abends, wenn die Vorhänge zugezogen waren, hingen sie ganz glatt herunter, ohne jede Kräuselung. Aber eigentlich sah das viel hübscher aus als dicht gekräuselte Vorhänge, denn die Fenster waren sehr klein, und die Wände rund herum waren aus unverputzten Steinen.

Sie könnten Ihren Plan zum Beispiel auch nach und nach verwirklichen und sich jeweils auf einen Bereich konzentrieren – anstatt das ganze Haus »mickrig« aussehen zu lassen. So haben wir unser Haus in Frankreich eingerichtet. Wir wollten es im Stil des achtzehnten Jahrhunderts, mit opulenten Vorhängen und Möbeln einrichten; aber es war überhaupt nicht drin, daß wir das ganze Haus auf einmal umgestalten konnten. Deshalb haben wir mit der großen Wohnküche angefangen, da gab es alles, was man so zum Leben braucht, einen Eßtisch, Sofas und ein Kaminfeuer. Im Laufe der Zeit wurden dann die Räume im Erdgeschoß fertiggestellt, einer nach dem anderen, dann der erste Stock und schließlich das oberste Stockwerk – das noch immer nicht ganz fertig ist. Das Ganze hat ungefähr fünf Jahre gedauert, aber wir haben etwas erreicht, das wir unmöglich im ersten Anlauf fertiggebracht hätten. Seien Sie also geduldig und denken Sie daran: »Wo ein Wille ist, da ist auch ein Weg« (Wir haben sowieso immer alle in der Küche gehockt!).

Die Firma LAURA ASHLEY hat sich einen Namen gemacht mit ihren historisch inspirierten Ausstattungen. Nicht zu verwechseln mit einem perfekt restaurierten Ambiente einer bestimmten Epoche. Was wir anstreben, sind Ausstattungen »im Geist eines Zeitalters«: Wir wollen den »antiken Look«. Wenn wir zum Beispiel einen Raum ganz authentisch im Regencystil einrichten wollten, wären allein die Möbel unerschwinglich – wenn sie überhaupt zu beschaffen wären. Deshalb halten wir uns an das, was typisch ist für den Regencystil: Der namengebende Prinzregent liebte gewagte, dramatische Inszenierungen, und das Ganze überlebensgroß! Wir würden das für die heutige Zeit so umsetzen: Ein kleiner Raum erhält ein überschwengliches Farbkonzept und wenige Möbelstücke, dazu ein paar ausgefallene Akzente – vielleicht ein Vorhangfutter in einer auffallenden Farbe.

Wenn Sie sich mit diesem Buch beschäftigen, werden Sie sehen, wie wir die Anregungen durch eine bestimmte Stilepoche bei der Ausstattung eines Raumes einsetzen, uns aber bei der Plazierung der Möbel von heutigen Kriterien leiten lassen und auch die Errungenschaften der Neuzeit, wie Elektrizität und Zentralheizung, durchaus nutzen. Schließlich ist ein Raum, auch wenn er noch so prächtig eingerichtet ist, nichts wert, wenn er nicht wohnlich ist.

Also: nur Mut!

Nick Ashley.

ARCHITEKTUR UND WOHNSTIL

LERNEN SIE IHR HEIM KENNEN	10
Decken	14
Fenster	16
Holzvertäfelungen und Tür- und Fensterrahmen	18
Kamine	20
Treppen	22
Stauraum	24
RAUMPLANUNG	26
OPTISCHE TRICKS	30
BELEUCHTUNG	32
DIE FARBPALETTE DES INNENAUSSTATTERS	36
TEXTUREN	40
MUSTER	42

ARCHITEKTUR UND WOHNSTIL

Lernen Sie Ihr Heim kennen

Wohnraum ist heutzutage vielfältiger als je zuvor. Die Möglichkeiten reichen von großen Häusern, die in Wohnungen aufgeteilt sind, bis zu Fabrikgebäuden und Lagerhäusern, von kirchlichen Bauten bis zu landwirtschaftlichen Gebäuden. Man bemächtigt sich dieser Bauten, weil man sich in diesem oder jenem Ambiente ein aufregendes Wohnerlebnis verspricht. Die Möglichkeiten, die sich dem Innenarchitekten heute bieten, sind grenzenlos. Doch wenn es um Ihre persönliche Umgebung geht, ist es das wichtigste, daß sie mit Ihrem persönlichen Lebensstil übereinstimmt.

Als erstes wäre zu überlegen, welche besonderen Bedürfnisse Sie haben und welche Funktion jeder einzelne Raum haben soll. Kann die Raumaufteilung so bleiben wie sie ist? Oder kann sie verbessert werden? Vielleicht müssen nur die Möbel anders arrangiert werden. Oder müßte man die Raumstruktur verändern – eine niedrigere Decke einziehen, eine Türöffnung schließen, die Trennwand zwischen zwei kleinen Zimmern abreißen, damit ein großer Raum entsteht? Oder einen Dachboden in zusätzlichen Raum verwandeln? Die Frage ist auch, welche Räume nebeneinanderliegen sollen – zum Beispiel die Küche und das Speisezimmer – und welche Räume möglichst weit auseinander – zum Beispiel das Kinderzimmer und das Arbeitszimmer.

Ein Raum darf nicht nur funktionell sein und den praktischen Anforderungen genügen, er muß auch ansprechend wirken; und die Ausstattung sollte dem Charakter des Hauses – innen wie außen – entsprechen. Wägen Sie die potentiellen Möglichkeiten eines Raumes ab, bevor sie mit der Planung der Ausstattung beginnen: Gibt es irgendwelche Besonderheiten, zum Beispiel architektonische Details, die man hervorheben könnte? Oder gibt es Details, wie Heizkörper, die man besser verkleiden sollte? Sind Größe und Proportion des Raumes ästhetisch ansprechend? Ist er von Sonnenlicht durchflutet oder wirkt er eher dunkel?

Wenn Sie sich entschieden haben, welchen Charakter Ihr Heim haben soll und welche Änderungen vorgenommen werden müssen, können Sie mit der Lösung der einzelnen Probleme beginnen.

Der architektonische Rahmen

Fenster, Türen, Gesimse und Kamine gehören zum architektonischen Rahmen eines Raumes; wenn sie sich harmonisch in die Gesamtstruktur einfügen, ergibt sich der Eindruck eines übersichtlichen, gut geschnittenen Raumes. Sehr hohe Räume dulden keine flachen, ausdruckslosen Fußleisten, und ohne plastische Gesimse oder Bil-

LINKS *Ein Schlafzimmer ohne besondere architektonische Details erhielt eine einfache Ausstattung: einen Einbauschrank mit schlanken Profilen, symmetrisch angeordnete Bilder und wenige Accessoires. Der delikate Schablonenfries zwischen Wand und Decke und die Stoffschleifen hinter den Bildern fügen sich in das zurückhaltende Konzept des kleinen Raumes, in den weder dekorative Rahmentüren noch ein elaborierter Deckenfries gepaßt hätten.*

LERNEN SIE IHR HEIM KENNEN

RECHTS *Hier wurde ein hoher Raum maximal genutzt und zu einem kompakten Studio mit zwei Ebenen ausgebaut: Unten der Wohnraum mit Eßplatz, darüber – auf einer eingezogenen Galerie – der Schlafraum. Für das Geländer der Galerie und das Treppengeländer wurden die gleichen schmalen Baluster gewählt, damit der Lichteinfall durch die hohen Fenster nicht beeinträchtigt wird.*

LINKS *Dieser weitläufige Wohnraum mit den unverputzten Balken gehört zu einem Lagerhaus aus dem neunzehnten Jahrhundert, das vor kurzem in moderne Apartments umgewandelt wurde. Aber durch den eklektischen Ausstattungsmix wirkt das Ganze sehr wohnlich und einladend: Tiefe Polstersessel mit floral gemusterten Chintzbezügen, generöse, bodenlange Vorhänge und ein Nebeneinander von alten und modernen Möbeln und Accessoires. Teppiche teilen den Raum in verschiedene Bereiche.*

derleisten wirken sie noch höher, als sie ohnehin schon sind. Unmöglich wirkt zum Beispiel auch eine Treppe ohne Geländer oder ein Panoramafenster in einem Haus mit kunstvoll verzierten Gesimsen und Decken mit Stuckdekor. Und umgekehrt paßt eine aufwendige Wandverkleidung oder eine Bilderleiste nicht in ein Cottage; eine einfache Fußleiste und eine getünchte Lamperie mit einer glatten Abschlußleiste wären hier eher am Platz und würden besser mit der rustikalen Umgebung harmonieren. Fehl am Platze sind auch reich verzierte Details in einer modern eingerichteten Wohnung; hier sollte man sich an einfache, klare Linien und große Glasflächen halten oder die architektonische Raumstruktur offenlegen und durch natürliche Materialien, zum Beispiel durch Ziegel- oder Holzverkleidungen, zur Geltung bringen.

Die Verwendung der Räume ändern

Es gibt keine Regel, die besagt, daß ein Wohnzimmer im Erdgeschoß sein muß oder unter dem Schlafzimmer. In großen Reihenhäusern kommt es häufig vor, daß die Räume im ersten Stock heller sind und eine bessere Aussicht haben als die im Erdgeschoß gelegenen. Wenn die Räume im Erdgeschoß düster sind, sollte man sie für abendliche Tätigkeiten nutzen, zum Beispiel als Arbeitszimmer, als Speisezimmer oder als Gästeschlafzimmer – vorausgesetzt, es wird nicht ständig benutzt. Übrigens eignen sich Schlafzimmer im Erdgeschoß besonders für ältere Personen.

Küchen und Badezimmer erfordern häufig Umbaumaßnahmen. Eine kleine Abstellkammer läßt sich gut mit

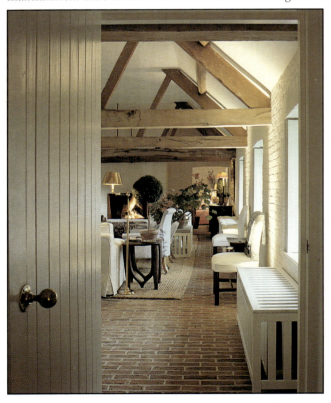

LERNEN SIE IHR HEIM KENNEN

LINKS *Die Trennwand zwischen zwei Räumen wurde geöffnet. Die Bogenöffnung verbindet den Wohnraum mit dem kleineren Eßraum; durch die gleiche Tapete in beiden Räumen wurde Einheit hergestellt.*

RECHTS *Mit einem wintergartenähnlichen Anbau an das Haus läßt sich zusätzlicher Wohnraum mit Gartenatmosphäre schaffen. Wogen von cremefarbenen Stoffen am Glasdach und rund um die Glasfenster schützen am Tag vor der Sonne und abends vor Blicken von draußen.*

UNTEN LINKS *Zwei nebeneinanderliegende Räume bieten die Möglichkeit, einen großen Wohnbereich zu gestalten – der wird aber nicht ständig gebraucht. Daher wird das in blassem Gelb ausgestattete Wohnzimmer durch einen Stellschirm von dem angrenzenden Raum getrennt – so wirkt er gemütlicher.*

LINKS AUSSEN *Die Struktur dieses ausgebauten Dachgeschosses ist leicht erkennbar durch die unverputzten Balken, das weiß gestrichene Ziegelmauerwerk und den warmfarbigen Ziegelboden. Die Plazierung der Möbel ist auf den Kamin als Mittelpunkt ausgerichtet und läßt den Durchgang zu den angrenzenden Räumen frei.*

einer kleinen Küche zusammenlegen, und vielleicht ergibt sich daraus eine Küche mit Eßecke. Wenn das Bad zu klein ist, statt dessen aber ein Ankleidezimmer vorhanden ist, kann man die Trennwand zwischen beiden Räumen abreißen. Natürlich muß man sehr sorgfältig zu Werke gehen, wenn man den Grundriß eines Hauses verändern will. Es ist zwar sehr verlockend, die Wände zwischen zwei kleinen Räumen abzureißen, um einen großen, hellen Raum zu schaffen, aber zuerst muß man sich vergewissern, daß man keine tragende Wand abreißt. Es könnte ja auch sein, daß die vorderen Räume des Hauses höhere Decken haben als die im hinteren Teil, oder daß die beiden Teile des Hauses einen ganz anderen Stil haben, da sie für verschiedene Zwecke konzipiert wurden. Schauen Sie sich also alles sehr genau an, bevor sie handeln. Und wenn Sie sich einen Raum mit zwei Kaminen eingehandelt haben sollten, können Sie entweder zwei Blickpunkte schaffen oder einen der beiden Kamine – am besten den am äußersten Ende des Raumes – zumauern.

Andererseits, wenn Sie es mit einem Großraum mit offenem Grundriß zu tun haben, ist es angezeigt, ihn in Bereiche zu unterteilen, die persönliche Freiräume zulassen oder Raum für individuelle Aktivitäten reservieren. Es könnte auch sein, daß sich Ihre Wohnprobleme eher durch einen Anbau lösen lassen als durch strukturelle Veränderungen der Räume. Dann sollten Sie besonders umsichtig vorgehen und Materialien verwenden, die dem Stil des Hauses entsprechen und sich dem Originalbau unauffällig anpassen.

Auf den folgenden zwölf Seiten werden anhand von Beispielen zahlreiche Möglichkeiten vorgestellt, wie man die strukturellen und architektonischen Details im Wohnbereich restaurieren, renovieren oder verändern kann. Vielleicht möchten Sie einige der architektonischen Details geschickt verbergen, damit sie weniger auffallen, und andere, zum Beispiel Kamine, Fenster oder Treppen, hervorheben und sie zu Blickpunkten machen.

ARCHITEKTUR UND WOHNSTIL

DECKEN werden oft zu wenig beachtet. Sie gehören zu den größten Flächen des Raumes und dürfen nicht vernachlässigt werden. Es gibt viele Möglichkeiten, ihre Höhe optisch zu reduzieren oder sie höher erscheinen zu lassen – zum Beispiel durch strukturelle Veränderungen oder durch sorgfältige Wahl der Farbe. Decken sind häufig reich an dekorativen Details; das kann ein Karnies sein, eine Deckenrosette oder alte, nicht verputzte Balken mit einer schönen Oberflächenstruktur.

LINKS *Profilleisten in klaren, kontrastierenden Farben unterstreichen unübersehbar und wirkungsvoll die Umrißlinien des Raumes. Die Wirkung wird unterstützt durch einen Ornamentenfries, der auf einem Motiv von Owen Jones basiert.*

OBEN *Der Deckenbalken in dieser Küche wurde weiß gestrichen, da der Raum sonst noch niedriger gewirkt hätte. Die Balken, die den Kamin umranden, durften ihre Naturfarbe in Übereinstimmung mit dem rustikalen Idiom des Raumes behalten.*

RECHTS *In vielen Häusern gehörte früher ein aufwendiges, plastisches Karnies zur Standardausstattung der Wohnräume. Wenn Sie eine Tapetenbordüre oder einen plastischen Fries in Ihrem Wohnzimmer anbringen möchten, achten Sie auf die Proportionen des Raumes.*

DECKEN

RECHTS *Flächendeckende Schablonenmuster und Bordüren betonen die gemütliche, behagliche Atmosphäre einer Schlafkammer unterm Dach. Die Motive wurden symmetrisch zu beiden Seiten der Dachgaube angebracht und werden adrett von Bordüren gerahmt.*

LINKS *Das in die Decke eingeschnittene Gewölbe hat eine runde Fensteröffnung in der Mitte. Die übrige Deckenfläche wurde heruntergezogen, um die Atmosphäre des kombinierten Arbeits- und Eßzimmers intimer zu gestalten.*

OBEN *Das dekorative Karnies mit den Weinlaubmotiven wird ergänzt durch einen stilisierten Ornamentenfries an der Decke. Beide Dekorationselemente wurden, nach traditionellem Vorbild, in der gleichen Farbe gestrichen.*

15

ARCHITEKTUR UND WOHNSTIL

FENSTER lassen das Licht herein; sie sind ein wichtiger Blickpunkt für jeden Raum. Von außen sind sie genauso gut sichtbar wie von innen und daher ebenso wichtig für die Gestaltung der Fassade wie für die Innenausstattung – ganz abgesehen davon, ob sie mit Stoffen verkleidet sind oder nicht.

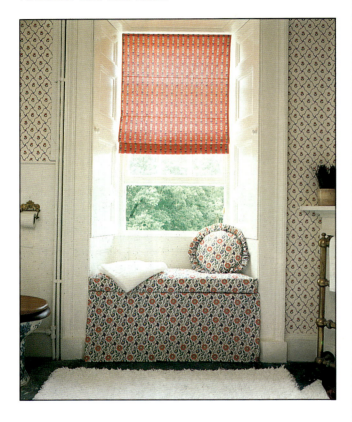

OBEN *Die traditionellen Fensterläden sind noch vorhanden. Am Tag finden sie, zusammengefaltet, in der Nische Platz; abends sperren sie die Dunkelheit aus. Das Faltrollo dient gleichzeitig als Sonnenblende und als Blickschutz.*

RECHTS *Dachfenster und Gauben stellen den Innenausstatter gewöhnlich vor schwierige Aufgaben. Eine Abschirmung vor fremden Blicken ist wahrscheinlich nicht das Problem bei diesem Bad unterm Dach, aber bei kaltem Wetter könnte eine Isolierung nicht schaden. Der tiefe Einschnitt in die Dachschräge wird durch eine Tapetenbordüre akzentuiert.*

OBEN *Ein Badezimmer braucht Licht, aber auch einen Blickschutz. Dieses Fenster aus opakem Glas hat eine strukturierte Oberfläche und verbindet beide Funktionen geschickt miteinander. Der Jugendstildekor ist in Glasmalerei ausgeführt, eine Technik, die einst Kirchenfenstern vorbehalten war, und im vergangenen Jahrhundert Eingang in Privathäuser fand, wo sie für Türpaneele und Fenster verwendet wird.*

FENSTER

LINKS *Fenster im Innern des Hauses dienten ursprünglich dazu, das Untergeschoß mit Licht zu versorgen. Dieses Fenster ziert eine hübsche Ecke in einem Raum, der noch als Küche verwendet wird. Der Durchblick zum Speisezimmer wurde mit Vorhängen ausgestattet, die sich rechtzeitig zuziehen lassen, wenn der Anblick der Küchenszenerie mit Töpfen und Pfannen unangebracht erscheint.*

OBEN *Fenster müssen nicht unbedingt mit Vorhängen ausgestattet sein. Diese Fensterläden sind eine ideale Lösung für tropische Gegenden: Sie bieten Schutz vor der Sonne, und die Lamellen gestatten das Zirkulieren der Luft.*

LINKS *Die Symmetrie der Fenster trägt wesentlich zum Reiz dieses Raumes bei, von dem man einen traumhaften Ausblick in die Weite der hügeligen Landschaft hat. Der drapierte Querbehang und die Vorhänge rahmen die Fenster und geben den Blick frei auf die eleganten Schiebefenster zu beiden Seiten der verglasten Tür mit dem Fächerfenster darüber.*

17

ARCHITEKTUR UND WOHNSTIL

Holzvertäfelungen und Tür- und Fensterrahmen sind Elemente, ohne die einige historische Stilarten nicht auskamen. Heute sind Holzverkleidungen kein Problem, wenn der Wandputz unansehnlich geworden ist oder wenn Sie den warmen Farbton holzverkleideter Wände lieben. Es gibt Nut- und Federbretter fertig zu kaufen, mit denen Sie die Decke, die Lamperie oder den ganzen Raum verkleiden können. Wenn Sie Tür- und Fensterrahmen restaurieren oder rekonstruieren wollen, richten Sie sich stets nach den Proportionen des Raumes. Glatte, schmucklose Wände können sehr wirkungsvoll sein und passen zu modernen Großräumen mit offenem Grundriß; in älteren Häusern sollten fehlende Fenster- und Türrahmen oder Holzvertäfelungen unbedingt im passenden Stil ergänzt werden.

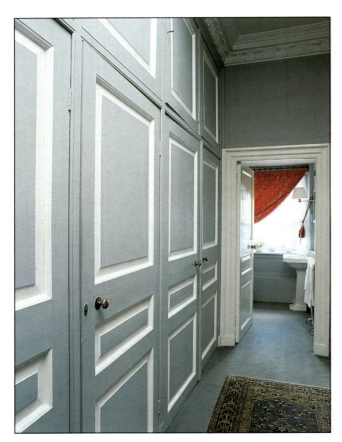

OBEN *Die Gestaltung des Einbauschrankes auf dem Treppenabsatz wurde der Dekoration der Türen zu den angrenzenden Räumen angepaßt. Alle Türen wurden in der gleichen Farbe gestrichen; das Weiß der Paneele schafft Kontrast.*

OBEN *Der dekorative Rahmen aus Buchenbalken läßt die strukturellen Elemente der Trennwand erkennen. Die Tapetenpaneele sind von Holzpaneelen nicht zu unterscheiden. Das Ton-in-Ton-Muster wirkt wärmer als eine einfarbig gestrichene Fläche.*

LINKS *Eine Holzverkleidung mit Nut- und Federbrettern ist sehr praktisch, wenn der Wandputz bröckelig ist. In diesem Bad wurde sie dem Stil der Einbauschranktüren angepaßt.*

HOLZVERTÄFELUNGEN

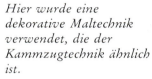

OBEN *Diese viktorianische Rahmentür erhielt einen Anstrich, der die Maserung von Naturholz nachahmt. Hier wurde eine dekorative Maltechnik verwendet, die der Kammzugtechnik ähnlich ist.*

LINKS *Die Holzverschalungen der Eckwand und der Fensternischen in diesem ländlichen Schlafzimmer, das unter einem luftigen Giebel untergebracht wurde, erhielten einen weißen Kontrastanstrich. Die Verschalung der Decke wurde mit verdünnter, weißer Farbe getüncht, die die Holzmaserung durchschimmern läßt.*

UNTEN *Die horizontale Verschalung besteht aus ungewöhnlich langen Brettern; sie wurden gebeizt und poliert – passend zu den Einbauschränken. Ziegel und Kacheln vervollständigen das rustikale Ambiente.*

OBEN *Eine Holzverschalung der Lamperie ist eine praktische Lösung fürs Kinderzimmer. Der Anstrich mit Ölfarbe ist zweckorientiert robust.*

19

ARCHITEKTUR UND WOHNSTIL

K AMINE sind heute wieder zum Mittelpunkt der Raumgestaltung geworden, in traditionell ausgestatteten Häusern ebenso wie in modern eingerichteten Wohnungen. Hier verwendet man häufig gasbeheizte, imitierte Kohlenfeuer.

OBEN LINKS *Die beiden wichtigsten Elemente der Kamine des achtzehnten und neunzehnten Jahrhunderts sind die Verkleidungen, meist aus Holz, Marmor oder Gußeisen, und der gußeiserne Rost. Um einen Blickpunkt zu schaffen, steht in der rustikalen Holzverkleidung ein bemalter, eiserner Einsatz.*

LINKS *Extravagante, vergoldete Holzornamente rahmen Kacheln, die mit Delfter Mustern bemalt sind. Die Idee kann nach und nach ausgebaut werden.*

LINKS *Ein gemauerter Kamin aus Natursteinen mit einer Nische für Holzscheite wäre früher Mittelpunkt des Familienlebens gewesen. Ein Kessel und ein Spieß erinnern an die Funktion des Kamins als einziger Herd im Haus.*

RECHTS *Diese gußeiserne Kaminverkleidung mit Jugendstildekor hat ihren matten Schimmer durch Behandlung mit dem Sandstrahlgebläse erhalten. Die Kacheln rechts und links vom Kamin erinnern an die kleineren, typisch viktorianischen Kamine.*

LINKS *Ein schlichtes, symmetrisches Arrangement von Objekten betont die klaren, klassischen Linien der Kaminverkleidung im georgianischen Stil. Die gestreifte Tapete antwortet auf die Kannelierung der Pilaster.*

LINKS *Der Kamin dieses irritierend dekorierten Speisezimmers ist von einer völlig verspiegelten Wand umgeben. Er ist Mittelpunkt des Raumes und durch sein Spiegelbild doppelt präsent. Die Kaminverkleidung wirkt funktional und repräsentativ.*

ARCHITEKTUR UND WOHNSTIL

Treppen bezeichnen Eingänge und Ausgänge, sie haben ihrem Wesen nach etwas Theatralisches an sich – ob sie zu einer Halle mit Empfangsraum führen oder am Ende eines winzigen Flurs zum Keller oder zum Dachboden. Es gibt natürlich traditionelle Vorbilder für die Treppengestaltung, aber lassen Sie sich dadurch nicht in Ihrer Phantasie einengen. Das heutige Dekorationszubehör bietet schier unbegrenzte Möglichkeiten: Man kann die Holzstufen mit Schablonenmustern bemalen, den Teppich mit polierten Messingstangen fixieren, die Spindeln des hölzernen Geländers effektvoll bemalen oder eine Abschlußleiste für eine gedachte Lamperie an die Wand malen – als symmetrische Entsprechung des Treppengeländers.

OBEN *Parallel zum eleganten Schwung des Treppengeländers verläuft eine Profilleiste an der Wand. Treppen erfordern häufig zusätzliche Beleuchtung; hier ergänzen die Bilderleuchten das von oben einfallende Tageslicht.*

RECHTS *Diese lichte Treppe in einer spanischen Villa mit dem schmiedeeisernen Geländer wird auf der Wandseite von einem dicken Seil mit Quasten flankiert. Es ist durch Bronzeringe geschlungen, die mit Löwenmasken dekoriert sind.*

OBEN *Die praktische Kokosmatte auf der Treppe stimmt stilistisch vollkommen mit der schweren Eichentreppe, dem geschnitzten Geländer, dem gefliesten Boden und den weißgetünchten Wänden überein. Die Körbe, die zum Teil mit getrockneten Blüten gefüllt sind, dienen als dekorative Accessoires.*

TREPPEN

RECHTS *Das Farbkonzept dieses engen Treppenhauses beschränkt sich auf Nuancen von Weiß, die das Licht maximal reflektieren. Die feinen Grautöne der Trompe l'œil-Malerei an der Wand geben dem Ganzen eine elegante Note.*

RECHTS AUSSEN *Der Treppenabsatz ist breit genug für ein Regal mit Haushaltsutensilien. Die nach oben führende Treppe mit dem dunkelgrünen Läufer und den Messingstangen kündigt die Eleganz der Empfangsräume im oberen Stockwerk an.*

LINKS *Die Kombination von Schlafzimmer und Bad bekommt eine völlig neue Dimension, wenn beide Räume durch eine Wendeltreppe verbunden sind. Die hier abgebildete Wendeltreppe ist besonders schmal und raumsparend.*

OBEN *Die Treppe dieses amerikanischen Hauses im Federal Stil stimmt mit der Simplizität der Neuen Welt überein. Die Dekoration ist minimal: Das Geländer ist schlicht weiß, Fußbodendielen und Treppenstufen sind aus Naturholz.*

23

ARCHITEKTUR UND WOHNSTIL

STAURAUM ist ein Problem, mit dem sich jeder Innenarchitekt auseinandersetzen muß. Ob Sie Ihren Krimskrams zur Schau stellen oder verbergen wollen – nichts täuscht über die Tatsache hinweg, daß wir alle heute mehr Haushaltsgegenstände und persönliche Dinge besitzen als unsere Vorfahren. Liebgewordene Habseligkeiten und schöne Objekte lassen sich gut als Raumaccessoires präsentieren, aber außerdem gibt es natürlich noch eine Menge Dinge, die irgendwie verstaut werden müssen.

OBEN *Die offenen Regale in dieser fröhlichen, rustikalen Küche sind praktisch und dekorativ. Die Deckplatten aus massivem Kiefernholz sind gleichzeitig die Arbeitsplatten. Küchenutensilien und Kräuterbündel hängen an Fleischerhaken und vervollständigen die Dekoration.*

LINKS *Durch Einbauschränke wird der Raum maximal genutzt, trotzdem müssen sie nicht schmucklos und rein funktionell sein. Hier erhalten sie durch verglaste Türen mit Scheibengardinen eine weiche Note.*

OBEN *Hier wurde ein größerer Raum in ein Badezimmer verwandelt. Die Einbauschränke aus abgelagertem Weichfaserholz nehmen eine ganze Wand ein. Sie bieten reichlich Platz für Toilettengegenstände. Am Ende der Schrankwand wurde eine Dusche eingebaut.*

STAURAUM

LINKS *Der Platz in Ecken wird selten genutzt. Einfache Eckschränke wie dieser bieten Stauraum ohne Stellfläche.*

RECHTS *Diese Nische entstand durch eine stillgelegte Tür; sie wurde zu einem offenen Regal mit Unterschrank ausgebaut. Der originale Türrahmen blieb erhalten. Ähnliche Arrangements würden sich auch für Alkoven neben dem Kamin eignen.*

LINKS *In einem kleinen Badezimmer wurde der vorhandene Platz durch einen Unterschrank unter dem Waschbecken maximal genutzt. Die cremefarbenen Türen sind auf die Verkleidung der Badewanne abgestimmt.*

OBEN *Die elegante Bücherwand nimmt die gesamte Schmalwand des Arbeitszimmers ein. Der bogenförmige Abschluß mit den falschen Paneelen macht aus dem Bücherschrank ein architektonisches Element.*

ARCHITEKTUR UND WOHNSTIL

RAUMPLANUNG

Am besten lassen sich die Möglichkeiten eines Raumes ausloten, wenn man mit dem Arrangieren der Möbel ein wenig experimentiert. Man zeichnet sich einen maßstabgetreuen Grundriß des Raumes und der Möbel auf Millimeterpapier und schneidet die Möbelstücke aus, damit man sie auf dem Grundriß hin- und herschieben kann. So läßt sich feststellen, ob man die Tür noch öffnen kann, wenn zum Beispiel das Sofa an dieser oder jener Wand steht, oder ob durch den Schrank eine Steckdose verdeckt wird. Zusätzlich sollten Sie sich, als Unterstützung zu Ihrem Grundriß, ein Clipboard zurechtlegen, an das Sie Proben aller Raumtextilien anklipsen, die bereits vorhanden sind oder die Sie noch kaufen wollen. Nehmen Sie es bei Ihren Einkäufen mit, dann können Sie sofort sehen, ob ein Möbelstück oder ein bestimmter Dekorationsstoff in Ihr Ausstattungskonzept paßt.

Heute benutzt und arrangiert man Möbel völlig anders als vor zwei- oder dreihundert Jahren. Das zwanzigste Jahrhundert hat zwar sein eigenes Design hervorgebracht – zum Beispiel den niedrigen Kaffeetisch und die Einbauküche –, aber es kann auch auf einen ungeheuren Reichtum historischer Stile zurückgreifen. Stoffmuster und Möbel vergangener Epochen werden nachempfunden oder für den heutigen Markt neu interpretiert. Mit diesen Möbeln und Raumtextilien läßt sich das Charakteristische bestimmter Stilepochen evozieren. Das gleiche gilt für zeitgenössische Entwürfe; hier beruht die Wirkung vor allem auf dem Kontrast von Texturen und Materialien wie Metall und Glas.

Das Arrangement der Möbel ist heute ziemlich leger – ausgenommen im Speisezimmer. Trotzdem wird noch immer an alten Konventionen festgehalten: Die Möbel werden meist an der Wand aufgestellt – selbst in großen Räumen. Dabei lassen sich Sitzmöbel sehr wirkungsvoll in der Mitte des Raumes plaziert, assistiert von Beistelltischen mit ein paar Lieblingsobjekten. Andere Blickpunkte sind der Kamin, den man – falls er nicht benutzt wird – mit Pflanzen oder Blumenarrangements dekorieren kann, eine Anordnung von Bildern an der Wand oder ein Fenster mit einer überwältigenden Aussicht. Auch schöne Möbelstücke können Blickpunkte sein und außerdem praktischen Zwecken dienen. Eine Truhe zwischen zwei sich gegenüberstehenden Sofas oder am Fußende eines Bettes kann als Beistelltisch und gleichzeitig als Stauraum dienen; eine Chaiselongue kann äußerst dekorativ sein und außerdem eine Sitzmöglichkeit bieten. Ein freistehender Kleiderschrank, vielleicht mit einem Schablonenmuster bemalt oder mit einem interessanten Farbanstrich, dient natürlich vorwiegend einem praktischen Zweck, kann aber durchaus auch einen dekorativen Beitrag zur Schlafzimmerausstattung leisten; und der Konsoltisch im Speisezimmer kann nebenbei als Serviertisch benutzt werden.

Stauraum

Wir besitzen heute mehr Haushaltsgegenstände und persönliche Dinge als unsere Vorfahren. Diese Wohlhabenheit bedeutet aber auch, daß der vorhandene Stauraum in den meisten Fällen nicht ausreicht. Viele alte Häuser haben Alkoven und Nischen, die man zu Regalen oder Schränken umfunktionieren kann. Dekorative Objekte, Porzellan oder Bücher lassen sich sehr wirkungsvoll in offenen Regalen oder in Kabinettschränken – etwa zu beiden Seiten eines Kamins – zur Schau stellen.

Dieser Stauraum läßt sich durch antike Schränke ergänzen, zum Beispiel durch hohe Bücherschränke,

UNTEN *Hier wurde der Platz in der Diele maximal genutzt: Unter der Treppe wurden ein Sofa und zwei Polsterstühle plaziert. Zwei Holzkästen bieten Stauraum und dienen gleichzeitig als Beistelltische. In kleineren Häusern könnte man den Einbauschrank öffnen und den Platz für einen Tisch und das Telefon verwenden.*

durch Eckschränkchen, durch Kabinettschränke für Porzellan mit verglasten Türen oder *Tallboys* – Doppelkommoden für Wäsche. Diese traditionellen Möbelstücke sind ebenso elegant wie praktisch. Frisierkommoden lassen sich gleichzeitig als Stauraum und als Stellflächen für Objekte verwenden, und in Truhen kann man Decken, Spielsachen, Bücher oder Zeitungen verstauen. Die Kleidung läßt sich in Schränken aus Kiefernholz oder Mahagoni unterbringen oder in Einbauschränken im Schlafzimmer. In einer Ecke am Treppenabsatz, in der Diele oder unter einer Schräge im Dachgeschoß kann man Regale einbauen und sie in der Farbe der Wände anstreichen, damit sie möglichst wenig auffallen.

Die altmodische Speisekammer ist ein wahrer Schatz, sie ist es wert, erhalten zu bleiben. Hier lassen sich problemlos Lebensmittelvorräte, der Kühlschrank oder die Tiefkühltruhe unterbringen. Für eine langfristige Lagerung von Dingen eignen sich eher der Raum unter der Treppe, unter den Dachschrägen oder der Keller.

UNTEN *Ein solide gebautes Sideboard bietet reichlich Platz für Porzellan; die dekorativen Speisezimmeraccessoires finden Platz auf offenen Regalen. Die Sitzbänke unter den Fenstern dienen gleichzeitig als Truhen.*

ARCHITEKTUR UND WOHNSTIL

RECHTS *Ein Bett kann sehr im Wege sein, wenn es sich in einem Studio oder einem Arbeitszimmer befindet, das gleichzeitig als Gästezimmer dienen muß. Dieses Arrangement wurde historischen Vorbildern abgeschaut: Früher waren die Betten von Vorhängen umgeben, die vor Zugluft schützten und gleichzeitig die Intimsphäre abschirmten. Hier wurde das Bett in einen Wandschrank integriert, in dessen Unterbau Fächer und Schubladen zusätzlichen Stauraum bieten.*

RECHTS *In einem großen Schlafzimmer kann man verschwenderisch mit dem Platz umgehen und eine Chaiselongue und einen Beistelltisch aufstellen. Auf dem Kleiderschrank haben ein paar altmodische Koffer Platz gefunden, in denen man jeweils die Kleider der anderen Saison aufheben kann.*

LINKS *Der Platz, der durch nicht mehr benötigte Kamine frei wird, kann sinnvoll genutzt werden. In dieser Küche wurde der Herd an der Stelle des ursprünglichen Kamins installiert. Unter Umständen müssen Kücheneinheiten nach Maß angefertigt werden, damit man alle Ecken sinnvoll nutzen kann.*

ARCHITEKTUR UND WOHNSTIL

OPTISCHE TRICKS

Nicht alle modernen Errungenschaften, die uns das Leben erleichtern, erfreuen das Auge; deshalb muß man sich entscheiden, welche man diskret verbergen möchte. Für Gebrauchsgegenstände, die man nicht verstauen kann, sollte man wenigstens ein gutes, zeitgenössisches Design wählen. Heizkörper kann man zum Beispiel in der Farbe der Wände anstreichen, damit sie mit dem Hintergrund verschmelzen – das kann auch ein Farbeffekt sein, den man durch alte Maltechniken wie Tupfen oder Ziehen der Farbe erreicht; oder man kann sie hinter einem Messinggitter, einem Rohrgeflecht oder einer Holzverkleidung verschwinden lassen. Ein paar antike Stücke aus vergangenen Epochen passen in fast jedes Ambiente; ein altes Waschbecken aus Belfaster Porzellan oder ein Duschbecken im Edwardian Stil sind attraktive Accessoires für ein traditionell ausgestattetes Heim. Was Sie aber unbedingt vermeiden sollten, sind moderne Gebrauchsgegenstände in historischer Verkleidung.

Farbe

Die Farbe ist ein wichtiges Gestaltungselement, mit dem sich die Proportionen eines Raumes verändern lassen. Durch blasse, kühle Farben wirkt ein Raum größer; warme Töne und dunkle Farben ziehen die Wände optisch nach innen. Sehen Sie sich die Proportionen eines Raumes kritisch an. Sehr hohe Räume wirken leicht höhlenartig; dunkle Farben und gemusterte Oberflächen lassen einen hohen Raum gemütlicher erscheinen.

Die niedrigen Räume von Cottages und modernen Wohnungen wirken häufig beengend; eine hell gestri-

UNTEN *Mit Wandmalereien läßt sich manch trauriger Anblick perfekt kaschieren, zum Beispiel fehlerhafter Stuck an den Wänden oder eine allzu sparsame Möblierung. Die phantasievolle Parklandschaft ist eine zauberhafte Kulisse für ein Speisezimmer – und ein Konversationsthema außerdem.*

OBEN *Der Rahmen einer stillgelegten Tür wurde in ein offenes Porzellankabinett verwandelt. Die Abschlußleiste der Lamperie läuft quer über die Öffnung, den Heizkörper verdeckt ein Holzgitter.*

chene Decke kann hier Abhilfe schaffen. Türen und Fenster, mit amüsanten Mustern oder Farbeffekten bemalt, werden weniger als Türen und Fenster wahrgenommen, ihre Bedeutung tritt in den Hintergrund. Vertikale Streifen lassen eine Fläche höher erscheinen; und großflächige, dominierende Muster ziehen die Wände nach innen.

Bilderleisten und Abschlußleisten an der Lamperie teilen den Raum in Farbzonen, wodurch die Raumhöhe optisch reduziert wird. Bei niedrigen Räumen sollten horizontale Teilungen möglichst vermieden werden.

Spiegelungen

Spiegel sind wertvolle Accessoires; abgesehen davon, daß sie sehr dekorativ wirken, vervielfältigen sie das Licht und vergrößern den Raum. Und außerdem kann man sie als das benutzen, was sie sind: als Spiegel. Spiegelglas, hinter Regalbrettern angebracht, steigert die Wirkung der ausgestellten Objekte oder Pflanzen. Ein Spiegel, in traditioneller Weise zwischen zwei Fenstern oder gegenüber vom Fenster angebracht, vervielfältigt das Licht. Über dem Kamin steigert er die Wirkung des Feuers.

LINKS *Durch geschickt angebrachte Spiegel läßt sich Raum optisch vergrößern. Hier wurde die hintere Wand des Ankleidezimmers, in das man vom angrenzenden Schlafzimmer aus blicken kann, durch eine Verspiegelung der Wand hinter dem Waschbecken geöffnet. Außerdem wird das Licht vom Spiegel reflektiert und kommt dem kleineren Raum zugute. Ein einheitliches Raumgefühl zwischen beiden Räumen wurde dadurch erreicht, daß die Dekorationskonzepte aufeinander abgestimmt wurden: Das Blau der Wand wiederholt sich in den blauen Streifen des Vorhangs im angrenzenden Raum.*

ARCHITEKTUR UND WOHNSTIL

Beleuchtung

Von der Lage eines Raumes hängt nicht nur die Qualität des Lichtes ab. Sie bestimmt auch, zu welcher Tageszeit am meisten Sonnenlicht einfällt, und das erleichtert die Entscheidung, welche Funktion der Raum haben soll. Räume, die Fenster nach zwei entgegengesetzten Himmelsrichtungen haben – Nord–Süd oder Ost–West –, sind den ganzen Tag über optimal beleuchtet, doch die meisten Wohnräume haben nur eine Fensterfront. In der nördlichen Hemisphäre ist ein Raum mit Fenstern nach Osten nicht unbedingt ein ideales Schlafzimmer – außer für Frühaufsteher; man könnte aber ein wunderbares Frühstückszimmer daraus machen, in dem man den Tag mit Sonnenschein beginnen kann. Für ein Wohnzimmer würde sich dieser Raum nicht so gut eignen, da man sich dort gewöhnlich nur abends aufhält, um abzuschalten und miteinander zu plaudern – es sei denn, die Familie benutzt es auch tagsüber. In diesem Fall wäre eine Südwestlage ideal. Ein Raum, der nach Süden geht, eignet sich eher für ein Wohnzimmer als für eine Küche, man könnte ihn mit einer Markise ausstatten, die die größte Hitze abhält. Zimmer mit kaltem, klarem Nordlicht werden im allgemeinen von Künstlern und von Leuten bevorzugt, die geistig arbeiten.

Auch die geographische Lage des Hauses ist wichtig für die Ausstattung, vor allem für die farbliche Gestaltung der Räume. Je näher man den Tropen kommt, desto günstiger sind kühle oder dunkle Farbtöne, während man in der gemäßigten Zone eher blasse Farben bevorzugt, die das Licht reflektieren.

Lichtregie

Beleuchtung sollte mehr leisten, als die Dunkelheit aufhellen. Sie sollte den ganzen Raum in ein nicht zu helles, dezentes Licht tauchen, sollte Blickpunkte hervortreten lassen, direktes Licht auf den Arbeitsplatz lenken und durch weiche Lichtinseln Atmosphäre schaffen. Kerzenlicht hat immer etwas Dramatisches an sich und bleibt besonderen Gelegenheiten vorbehalten. Im allgemeinen benötigt jeder Raum wenigstens zwei der erwähnten Beleuchtungsarten; Räume mit vielerlei Funktionen, wie das Familienwohnzimmer, benötigen alle vier.

Lichteinfälle

Zu den dekorativen Beleuchtungskörpern gehören Lüster, Kerzenleuchter, Pendelleuchten, Deckenleuchten, Wand- und Tischleuchten. All diese Beleuchtungskörper sind sichtbar, und ihre Gestaltung ist genauso wichtig wie das Licht, das sie hervorbringen. Andere Lichtquellen, wie Deckenstrahler, die in die Decke eingelassen werden, sind dagegen vorwiegend funktionell.

In Wohnräumen kombiniert man heute in den meisten Fällen die Vorteile funktioneller und dekorativer Beleuchtung, wobei die erstere schlicht und einfach die Szenerie beleuchtet und die letztere für interessante Effekte sorgt. Im Wohnzimmer sind eingelassene Deckenstrahler oder unauffällige Wandleuchten für die allgemeine Beleuchtung zuständig, sie werden ergänzt durch Spots oder Deckenfluter, die Schwerpunkte setzen, und durch individuell plazierte Stehleuchten, die für Atmosphäre sorgen. Tischleuchten oder Pendelleuchten mit Schirmen können zusätzlich verwendet werden, um niedrige Lichtinseln zu schaffen.

Eine traditionelle Pendelleuchte in der Mitte des Raumes vervollständigt ein dekoratives Stuckornament an der Decke. Bilderleuchten tauchen die Gemälde in sanftes Licht; und die zur Schau gestellten Objekte werden von Spots ins rechte Licht gesetzt – für die allgemeine Beleuchtung ist ihr Licht zu grell und der Kontrast zu den unbeleuchteten Zonen zu groß. Deckenstrahler verwen-

RECHTS *In warmen Klimazonen muß man das Sonnenlicht dämpfen, wenn man einen angenehmen Platz zum Sitzen haben möchte – besonders am Nachmittag, wenn die Sonnenstrahlen schräg einfallen. Auf dieser Veranda wird das grelle Sonnenlicht durch Jalousien gefiltert.*

LINKS *Die Sapper-Lampe in mattem Schwarz ist eine ideale Arbeitslampe. Sie ist mit Gewichten ausgestattet, die bewirken, daß die Lampe in jeder Stellung im Gleichgewicht ist. Das starke, weiße Licht der Halogenlampe bringt die Weiß- und Grautöne der Ausstattung zur Geltung.*

det man häufig als allgemeine Beleuchtung für die Küche. Sie werden ergänzt durch Spots, die an der Decke oder an der Wand angebracht werden, oder durch abgeschirmte Leuchtröhren, die an der Unterseite von Wandschränken befestigt werden und ein gutes, blendfreies Arbeitslicht abstrahlen. Wenn die Küche zusätzlich als Eßraum dient, kann man ergänzend für weicheres Licht sorgen.

Diele und Treppenabsätze sollten aus Sicherheitsgründen gut beleuchtet sein. Es empfiehlt sich daher, an Treppen und bei einem Niveauwechsel im Fußboden Wandleuchten oder Deckenstrahler zu verwenden. Im Schlafzimmer liefern Pendelleuchten oder Wandleuchten eine sanfte Hintergrundbeleuchtung, sie werden durch Nachttischlampen und abgeschirmte Leuchtröhren am Frisiertisch ergänzt, die rechts und links vom Spiegel angebracht werden, damit das Gesicht beleuchtet wird und nicht der Spiegel. Ein kombiniertes Arbeits- und Schlafzimmer erfordert zusätzlich bewegliche Lichtquellen. Nur im Speisezimmer ist die konventionelle Pendelleuchte über dem Tisch angebracht, die sich während des Essens tief herunterziehen läßt; ergänzt wird sie durch Deckenstrahler oder Wandleuchten.

Warm und kalt

Konventionelle Fadenglühbirnen geben ein warmes, schmeichelndes Licht, das besonders die pfirsichfarbenen, gelben und rosa Farbtöne belebt. Reflektorlampen werden in Spots angebracht, sie sind verspiegelt und reflektieren das Licht, das sie – je nach Machart – in breiten oder schmalen Lichtbahnen abstrahlen. Lampen für Fluoreszenzanregung mit Schwarzglaskolben geben ein kühles, bläuliches Licht, das für Wohnräume im allgemeinen zu hart ist. Für die Verwendung im Wohnbereich werden sie daher mit warmem Weiß getönt. Das hellste Licht geben Halogenlampen, für die speziell konstruierte Leuchten erforderlich sind. Man verwendet sie meist in beweglichen Beleuchtungskörpern. Besonders wirkungsvoll ist Halogenlicht, wenn man es gegen die Wand oder die Decke richtet, von wo es als warmes, indirektes Licht in den Raum zurückgeworfen wird – vorausgesetzt natürlich, der Putz ist in gutem Zustand.

RECHTS *Unauffällig in die hohe Decke eingelassene Deckenstrahler sorgen für eine weiche Hintergrundbeleuchtung, und in den Ecken erzeugen Tischleuchten helle Lichtinseln. Schwarze Lackschirme lenken das Licht nach unten.*

OBEN *Die Kerzen auf der Etagère verstärken das flackernde Licht der Kerzen auf dem Tisch – eine feierliche Kulisse für ein Souper in einem intimen Rahmen.*

RECHTS *Ein schöner Blickpunkt: Zwei symmetrisch plazierte Lampen beleuchten eine Sammlung blau-weißer Keramiktöpfe und die Ahnengalerie.*

BELEUCHTUNG

ARCHITEKTUR UND WOHNSTIL

DIE FARBPALETTE DES INNENAUSSTATTERS

Farben, Texturen und Muster sind die wichtigsten Elemente eines Ausstattungskonzeptes. Die Farbe ist die mächtigste Verbündete des Innenausstatters. Sie ist so wandlungsfähig wie ein Chamäleon, sie verändert Proportionen und Perspektiven, dämpft Wärme und Licht und wirkt – das ist ganz wörtlich zu verstehen – auf unser Gemüt und unser physisches Befinden: Rot kann den Blutdruck in die Höhe treiben, während Blau beruhigend wirkt. Texturen wirken durch ihre nuancenreichen haptischen Qualitäten; auf allen Oberflächen, von glatten, bemalten Flächen bis zu Textilien, lassen sie ihre Helldunkel-Wirkung spielen. Muster steigern die Vitalität des Raumes und können seinen Charakter verändern – je nachdem, ob man sie als dramatischen Blickfang oder als gedämpften Hintergrund einsetzt. Diese drei Komponenten sind, wenn sie harmonisch aufeinander abgestimmt werden, die Eckpfeiler der Ausstattung, die einem Raum Leben einhauchen.

Farbe und Stimmung

Mit Farbe läßt sich auch die Stimmung eines Raumes beeinflussen. Gedämpfte Elfenbein- und Taupetöne und blasses Jadegrün, kombiniert mit Graublautönen oder sanftem Rosé und Gold, eignen sich für ein elegantes Interieur im englischen Landhausstil, wo die verblaßten Farben die Patina der antiken Möbel ergänzen. Die frischen Farben von Gartenblumen, leuchtendes Rot, Jadegrün und Vergißmeinnichtblau, vor weißem Hintergrund, wirken sehr lebhaft und hellen dunkle Räume wie Küchen oder Schlafzimmer auf. Für delikatere Farbwirkungen eignen sich die Farben der Gartenwicke, zartes Rosa und Flieder. Dunkle, satte Farben wie Burgunder oder Mitternachtsblau passen in ein konventionelles Interieur. Wenn man sie mit Silber- oder Goldtönen kombiniert, läßt sich die Wirkung ins Pompöse steigern; mit Sand und dunklem Tannengrün als Ergänzung erzielt man eine intime Stimmung.

RECHTS *Die dramatischdunklen Farbtöne dieses traditionellen viktorianischen Schlafzimmers sind typisch für die Epoche. Das tiefe Dunkelrosa kontrastiert harmonisch mit dem Mitternachtsblau.*

UNTEN *Das Gelb der Wände und das Saphirblau der Raumtextilien sorgen für Licht und fröhliche Stimmung in diesem kleinen Morgenzimmer – unabhängig vom Wetter.*

OBEN *Die Farbwahl für die Raumtextilien richtet sich auch nach dem Stil der Möbel. Das ausdrucksvolle Muster in kräftigen Rot-, Blau- und Goldtönen erinnert an kostbare Tapisserien – es verleiht dem Lehnstuhl statuarische Würde.*

ARCHITEKTUR UND WOHNSTIL

Ideenquellen

Zu den Primärfarben Rot, Blau und Gelb wurde der Mensch durch die Natur inspiriert, die ihn umgab: das Feuer, der Himmel und die Sonne. Aus diesen drei Farben sind alle anderen Farben entstanden. Landschaften regen zu subtileren Farbzusammenstellungen an, von den Grau- und Blautönen eines Heidemoors bis zu den leuchtenden Blau- und Gelbtönen der Provence, wie sie van Gogh malte. Auch Gemälde sind reiche Ideenquellen: die warmen Rot-, Blau- und Goldtöne der Renaissancemalerei, die gedämpften Graublautöne holländischer Interieurs und die überschäumende Farbigkeit impressionistischer Gemälde. Die Stile des neunzehnten Jahrhunderts haben sich noch heute in traditionell ausgestatteten Häusern erhalten und werden häufig auf Theater- und Opernbühnen neu interpretiert, vor allem der viktorianische. Die Grün- und Terrakottatöne des amerikanischen Federal-Stils, die pudrigen Blautöne des schwedischen Gustav-Stils und die warmen Töne von Mahagoni und Pflaume des elisabethanischen England – sie alle können uns heute als Ideenquelle für Farbzusammenstellungen dienen.

Wie man Farbe einsetzt

Mit dem Wechsel der Mode wechseln auch die Farben, aber die Art und Weise, wie man mit Farben umgeht, ist immer die gleiche. Die Farbkonzepte lassen sich im großen und ganzen in drei Typen einteilen. Räume, in denen eine einzige Farbe in verschiedenen Tönen vorherrscht, wirken elegant und sind einfach auszustatten. Ein einziger Akzent in einer kontrastierenden Farbe oder eine Vielfalt von Texturen in der Grundfarbe kann eine solche Ausstattung äußerst interessant machen. Bei Zusammenstellungen von verwandten Farben wie Blau mit Grün oder Sand mit Elfenbein entstehen subtile Farbüberschneidungen und Mischungen. Zusammenstellungen von Komplementärfarben oder von kontrastierenden Farben, ob klar oder gedämpft, wirken belebend und malerisch.

Die Wirkung der Farbe wird durch die Textur entweder verstärkt oder gedämpft. Glatte, glänzende Oberflächen wie Seide, Lack oder Keramik verstärken die Farbwirkung; matte Oberflächen wie Wolle oder Holz wirken dämpfend. Die Wirkungen lassen sich weiter differenzieren, je nachdem, ob man warme oder kalte Farben wählt. Warme Farben wie Rot oder Orange ziehen die Aufmerksamkeit auf sich, kalte Blau- und Lavendeltöne treten optisch in den Hintergrund.

Mit Weiß oder Schwarz gemischte Farben verstärken oder absorbieren das Licht. Die Mischungen erlauben feinste Abstufungen: Durch Pink (eine Mischung aus Rot und Weiß) erscheint ein Raum in einem wärmeren Licht, während durch Graubeige (eine Mischung aus Beige und Schwarz) das Tageslicht in einem Wohnzimmer mit Südlage gedämpft wird. Neutrale Töne wie Grau, Sand, Elfenbein und Taupe strahlen Ruhe aus und eignen sich als Basis für lebhafte Farben. Sie spielen eine wichtige Rolle bei der Ausstattung: Neutrale Farben an den Wänden lassen die Bilder zur Geltung kommen, und von einem neutralen Fußbodenbelag heben sich Teppiche und Möbel vorteilhaft ab.

RECHTS *Die lieblichen Farben der Wicken heben sich wirkungsvoll von dem hellen Untergrund und den Cremetönen des Vinylbodens und der Möbel ab. Die frische Farbkombination reflektiert das Tageslicht und bringt Gartenatmosphäre ins Haus.*

UNTEN *Die weiß gestrichene Decke, das zarte Chinoiseriemuster der Tapete und die elfenbeinfarbenen Polsterbezüge bilden den Hintergrund für die ausdrucksvollen Streifen der Rollos und der Tischdecken. Die gelb gestrichene Lamperie schafft eine Verbindung zu dem hellen Parkettboden und bringt einen Hauch von Sonnenwärme in den Raum.*

OBEN *Das ausgewogene Farbkonzept von Taupe und kühlem Rauchblau, mit einem Hauch von Koralle, unterstreicht die untertriebene Eleganz dieses Gesellschaftszimmers.*

ARCHITEKTUR UND WOHNSTIL

TEXTUREN

Die Maserung einer Tür oder eines Fensterrahmens, der Schimmer einer bemalten Fläche und die Lichteffekte auf einer Glasfläche sind Beispiele für Oberflächenstrukturen, die zum Charakter eines Raumes beitragen. Neben dem Zusammenspiel der Farben und der Reizwirkung von Mustern sind es die Texturen der verschiedenen Dekorationsmaterialien, die dem Interieur eine zusätzliche Dimension verleihen. Ohne diese Vielfalt würde so manche Einrichtung langweilig wirken, wenn sie auch noch so sorgsam geplant wurde.

Weich und warm

Der Kontrast von Marmor und Wolle zeigt, wie unterschiedlich – selbst bei gleicher Farbe – Texturen wirken können. Matte Oberflächen absorbieren das Licht und vermitteln den Eindruck von Wärme. Dieser Eindruck ist besonders in der gemäßigten Zone erwünscht, wenn man kalte Farben verwendet. Blau wirkt wärmer, wenn man es in das Holz einreibt, so daß die Maserung sichtbar wird, und gescheuerte, silberhelle Naturholzböden wirken wärmer als gebohntes Parkett. Diese Wärme ist nicht nur scheinbar vorhanden. Die braunroten Ziegelmauern englischer Häuser absorbieren die Sonnenstrahlen und speichern die dringend benötigte Wärme. Dagegen wird in den wärmeren Regionen des europäischen Kontinents die Außenseite der Häuser häufig weiß verputzt, damit die Sonnenstrahlen und die nicht erwünschte Wärme reflektiert werden. Unebene Texturen wirken besonders warm – leider lassen sie manchmal auch den Raum kleiner erscheinen – und unkonventionell, daher eignen sie sich vor allem für zeitgenössische Ausstattungen und für Cottages. Langstaplige Teppiche und Schlingenteppiche, Rattanmöbel, ungebeizte Holzmöbel, Tweedpolster und genoppte Vorhänge strahlen Wärme und Behaglichkeit aus.

Glänzende Oberflächen

Die glatten Texturen von Marmor, Chintz und Keramikfliesen haben etwas Formelles an sich, daher sind sie wie geschaffen für ein traditionelles Ambiente. Spiegel und Kristall sind wichtige Dekorationselemente, sie verleihen jedem Interieur Brillanz, ob es sich um Spiegel über dem Kamin oder zwischen den Fenstern handelt, die das Licht reflektieren, oder um geschliffene Kristallpokale und Kristallkronleuchter, die das Licht tausendfach brechen.

Es müssen durchaus nicht immer Materialien mit natürlichem Glanz sein, auch solche, die von Natur aus stumpfe Oberflächen haben, kann man glätten, so daß sie

TEXTUREN

das Licht reflektieren. Holzböden können auf Hochglanz poliert werden, bis sie mit Keramikfliesen konkurrieren können; und Baumwollstoffen kann man durch Chintzen zu einer sanft schimmernden Oberfläche verhelfen. Die Texturen von dichtgewebten Stoffen und kurzstapligen Teppichen können so glatt sein, daß sie sich mit anderen lichtreflektierenden Materialien ergänzen; und eine reiche Auswahl an Lackfarben ermöglicht elegante Wandanstriche, deren Wirkung vom matten Schimmer des *Eggshell*-Lackes bis zum Lüster opalisierender Lasuren reicht.

Mit dunklen, warmen Farben lassen sich Holzglanzeffekte dämpfen: Denken Sie an das Rot ostasiatischer Lackarbeiten oder an das Schwarz der Eingangstüren von englischen Stadthäusern. Sehr gute Kontrastwirkungen erzielt man dadurch, daß man glatte, glänzende Oberflächen mit stumpfen, unebenen Texturen kombiniert. Traditionelle Kombinationen dieser Art sind schmiedeeiserne Tore in Ziegelmauern, Schilfmatten auf Steinplattenböden und Fransenteppiche auf poliertem Parkett. Ein Beweis, daß man unbewußt auf die ausgleichende Wirkung von warmen und kalten Elementen vertraut.

OBEN *Die einfarbig gestrichene Holzwand, der Damast der Kissenbezüge und das Fischgrat-Webmuster bilden den Hintergrund, vor dem sich der warme Holzton des Beistelltisches und das blanke Silber entfalten können.*

LINKS AUSSEN *Bei diesem Küchenregal liegt der Akzent auf den Texturen: Blankes Kupfer, schimmerndes Glas und die warmfarbige Lasur der irdenen Gefäße kontrastieren mit weich getönten Holzflächen. Auch der Knoblauchzopf und die Würste tragen zu der Komposition bei.*

LINKS *Neben den strengen Linien der Fensterläden, den schlichten Holzdielen und den sich verjüngenden Bettpfosten wirken die dicken Daunendecken um so einladender.*

ARCHITEKTUR UND WOHNSTIL

MUSTER

Muster, ob abstrakt oder figürlich, ob in verwandten oder kontrastierenden Farben, beleben und akzentuieren den Raum rhythmisch. Sie schaffen Ordnungen durch die regelmäßige Wiederholung von Motiven, ob es sich um geometrische, figürliche oder florale Dessins handelt.

Quellen

Viele moderne Druckmuster wurden von historischen Mustern inspiriert. Als LAURA ASHLEY begann, Stoffe und Tapeten zu entwerfen, orientierte sie sich an Dekorationsstoffen viktorianischer Interieurs. Es waren einfache Muster, die aus kleineren Landhäusern und Cottages stammten und die ihrerseits auf Muster des frühen achtzehnten Jahrhunderts zurückgingen. Sie sind ideal für kleinere Räume und Zimmer mit ungünstigen Proportionen, die sich am besten mit kleinteiligen All-over-Mustern kaschieren lassen. Die anspruchsvolleren Muster dieser Epoche, wie sie in den Stadthäusern des Mittelstandes gebräuchlich waren, eignen sich genausogut für große, modern ausgestattete Wohnungen. Die Farben wurden zum Teil dem heutigen Geschmack angepaßt: Die Blautöne wurden intensiviert, und die düsteren

UNTEN *Die Tapete im Chinoiseriemuster, die pompöse, elfenbeinfarbige Bettdraperie und die bodenlangen Vorhänge bilden den Hintergrund für den lebhaft gemusterten Orientteppich. Das kräftige Blau des Teppichs wiederholt sich mehrfach.*

viktorianischen Farbtöne wurden durch Salbeigrün und Pflaume ersetzt.

Ältere Inspirationsquellen sind der Mittlere und der Ferne Osten. Von dort kamen die Anregungen für die Paisleys, die floral gemusterten Chintze und die chinesisch inspirierten Muster, die im achtzehnten Jahrhundert in Europa populär wurden. Die abstrakten Muster gehen zurück auf maurische und türkische Motive, die die religiösen Vorschriften des Islam widerspiegeln, der keine figürlichen Darstellungen erlaubt. Auch die Schablonenmuster und die Patchworkarbeiten des frühen Amerika und die Folkloremuster aus Osteuropa beeinflussen das moderne Design. Ebenso die warmfarbigen, golddurchwirkten Damaststoffe aus venezianischen und Renaissance-Interieurs, die man von Gemälden kennt. Auch die überschäumenden Bloomsbury-Muster der dreißiger Jahre mit ihren großen, bunten Farbklecksen wurden von der heutigen Mode vereinnahmt.

Wie man Muster einsetzt

Wenn Sie mit Ihrem Ausstattungskonzept die Atmosphäre einer Epoche einfangen möchten, ist die Wahl der entsprechenden Muster sehr wichtig. Eine Tapete mit einem William-Morris-Muster evoziert die Begeisterung der Arts-and-Crafts-Bewegung; ein Damastmuster aus dem achtzehnten Jahrhundert beschwört die Anmut der georgianischen Epoche herauf. Auch das Format der Motive kann das Wesen einer Epoche charakterisieren; natürlich muß es auch zu der Proportion des Raumes passen. Ein großformatiges Muster in pudrigem Blau und Gold verleiht einem Interieur Grandezza; ein kleinteiliges Muster in einer einzigen Farbe hat den unkomplizierten Charme rustikaler Ausstattungen.

Spalier-, Streublümchen- und Streifenmuster sind ein Zwischending zwischen figurativen Mustern und einfarbigen Stoffen. Sie eignen sich vorzüglich für Tapeten und Polsterbezüge, denn sie sind interessanter als einfarbige Stoffe und kollidieren nicht mit anderen Mustern. Sehr extravagante Muster eignen sich besser für Vorhänge als für Tapeten, weil der weiche Fall und die Textur des Stoffes dämpfend wirken. Auf der Tapete sind zurückhaltendere Motive angebracht, die mit dem Hauptmuster im Raum harmonieren. Vorhang- und Tapetenmuster können von Borten oder Bordüren, von Kissen, Bettdecken, Tischdecken oder Teppichen wiederaufgenommen werden, so daß sich eine vielschichtige Komposition von Mustern und Farben ergibt, die das Auge erfreut. Auch mit einer einzigen gemusterten Fläche – einem Sofa oder einem Teppich zum Beispiel – läßt sich ein Blickpunkt schaffen, wenn im übrigen Raum ungemusterte Flächen vorherrschen.

UNTEN *Die Anhäufung von Mustern war ein Lieblingskonzept der Viktorianer. Diese schlichte Kombination von Streublümchen- und Spaliermuster gehört zu den geglückten Konzepten. Das Muster auf dem Fußboden ist eine vergrößerte Version des Tapetenmusters.*

UNTEN LINKS *: Wie man diese fünf verschieden gemusterten Stoffe zusammenstellt, man kann absolut nichts falsch machen.*

DEKORATIONS-ARBEITEN

TAPETEN UND BORDÜREN	46
Wände tapezieren	50
Bordüren und Decken	52
MALERARBEITEN	54
Wände und Holzflächen streichen	56
DEKORATIVE MALTECHNIKEN	58
Welche Technik paßt zu welchem Dekorationsstil?	60
Eine Anleitung für dekorative Maltechniken	62
Schabloniertechnik	66
WANDFLIESEN	68
Wandfliesen verlegen	70
STOFFBESPANNUNGEN	72
Stoffverkleidungen	74
HARTE FUSSBODENBELÄGE	76
Fußbodenbeläge	80
TEPPICHE UND TEPPICHBÖDEN	84
Matten und Flechtteppiche anfertigen	86
TÜREN	88
Türen dekorieren	90

DEKORATIONSARBEITEN

Tapeten und Bordüren

Man braucht nur eine kleine Ecke Tapete irgendwo im Haus abzulösen, und nicht selten kommt ein Stück Dekorationsgeschichte zum Vorschein. Das Schmücken kahler Wände mit Mustern ist ein jahrhundertealtes Dekorationsprinzip. Die Tapete diente ursprünglich als Ersatz für Tapisserien. Später verwendete man sie, um den Mangel an architektonischen Elementen wie plastische Gesimse oder Friese zu kaschieren. Im Laufe der Zeit schlichen sich sogar Säulen- und Girlandenmotive in die Muster ein, und die Tapete wurde zum wertvollen, dekorativen Bindeglied zwischen Raumtextilien und Architektur.

Nirgends ist die Ersatzfunktion der Tapete wichtiger als in den Korridoren und Arbeitsräumen eines Hauses. Tapeten mit Kachelmustern für die Küche gab es bereits im achtzehnten Jahrhundert. Damals diente sie als Ersatz für Delfter Kacheln – der Inbegriff des Luxus. Bordüren mit architektonischen Ornamenten verdanken ihre Existenz ähnlichen Gründen; sie sind heute unentbehrlich geworden, da es echte plastische Ornamente in Wohnhäusern kaum noch gibt. Bordüren mit Zinnenfries, Eierstab und anderen klassischen Motiven, sorgfältig mit plastisch modellierender Licht- und Schattenwirkung gestaltet, ersetzen nicht vorhandene Gesimse. Und breite Bordüren oder Friese – speziell für diesen Zweck hergestellt oder aus Tapeten mit wiederkehrenden Mustern ausgeschnitten – füllen den Zwischenraum zwischen Karnies und Bilderleiste. Als Lamperie verwendet man entweder einen breiten Tapetenstreifen oder eine Holzverkleidung mit Profilpaneelen. Für spezielle dekorative Effekte eignen sich Bordüren mit Girlanden und verschlungenen Bändern; man kann sie für Spiegel- oder Fensterrahmungen oder als Akzente für Fuß- oder Bilderleisten verwenden.

LINKS *Wer glaubt, daß Blau eine kalte Farbe ist? Pudriges Blau, Creme und Gold bringen Farbe und Wärme in dieses Speisezimmer, sie ergänzen den warmen Holzschimmer der Eichenmöbel. Die Farbe ist auf die Wände konzentriert; die zarten Goldmotive auf der Tapete werden verstärkt durch die Tapetenbordüre und stellen farblich die Verbindung zum Fußboden her. Die Textilien sind die Statisten auf dieser Bühne; sie beschränken sich auf ein weich gerafftes Rollo und Sitzkissen auf den Stühlen.*

TAPETEN UND BORDÜREN

Die Wahl der Tapete

Die Wände sind die größten Flächen im Raum – ein guter Grund, die Tapete mit großer Sorgfalt auszusuchen. Feine, zurückhaltende Muster eignen sich am besten für Wohnräume, da die Faszination eines sehr ausdrucksvollen Musters meist nicht lange anhält. Damasteffekte in warmen Farben passen gut in das traditionelle Wohnzimmer mit konventioneller Einrichtung. Wenn es weniger formell sein soll, bieten sich Streublümchenmuster an oder sehr kleinformatige, abstrakte Muster, wie man sie häufig als Grundmuster von Druckstoffen findet. Ein Overallmuster wirkt weich und verschwommen und verschmilzt mit der Grundfarbe der Tapete zu einem einzigen, gebrochenen Farbton. Es läßt sich auch leicht mit anderen Mustern kombinieren, zum Beispiel mit einem ausdrucksvollen Vorhangmuster, das durch die dezente Tapete noch besser zur Geltung kommt.

Eine Streifentapete im Wohnzimmer wirkt immer elegant. Aber Vorsicht, wenn Sie selbst tapezieren wollen; bei Streifen und geometrischen Mustern müssen Sie darauf gefaßt sein, daß Sie mit sämtlichen Regeln brechen müssen. Streifentapeten müssen nämlich so gehängt werden, daß das Muster für das Auge gerade erscheint – das muß nicht unbedingt mit der Fallinie übereinstimmen. Etwaige Unregelmäßigkeiten lassen sich dann in einer Nische oder neben dem Türrahmen unauffällig korrigieren. Unregelmäßige Wände lassen sich mit Hilfe einer Bilderleiste oder einer Lamperieleiste optisch ins rechte Lot bringen.

Satte Farbtöne wie Jadegrün oder Pflaume auf blassem Grund wirken sehr beruhigend; Elfenbein oder Creme lassen viel Licht herein und sind subtiler als Weiß. Wenn Sie auf der Suche sind nach Farb- und Musterkombinationen, sollten Sie sich von Beispielen aus der Vergangenheit inspirieren lassen. Vergessen Sie nicht, daß histori-

UNTEN *Die weißgrundige Tapete mit dem floralen Streifenmuster holt die Frische des Gartens ins Innere des Hauses und hat eine raumerweiternde Wirkung. Dieses Schlafzimmer im Cottagestil hat keinerlei architektonische Finessen aufzuweisen, aber die Tapetenbordüre mit den Wickenmotiven ist ein perfekter Abschluß der Wand und zieht die Aufmerksamkeit auf die unverputzten Balken, die weiß getüncht wurden.*

DEKORATIONSARBEITEN

sche Dekorationsstoffe und -tapeten im Laufe der Zeit verblaßt sind und daß unsere Vorstellung von alten Stoffen oder Tapeten dadurch beeinflußt wurde. Ursprünglich hatten die alten Tapeten häufig erstaunlich intensive Farben. Das achtzehnte Jahrhundert hatte eine Vorliebe für gelbe, schokoladenbraune und blaugraue Tapeten, auch Salbeigrün, das häufig mit dieser Zeit in Verbindung gebracht wird, war sehr beliebt. In Horace Walpoles Haus in Strawberry Hill gab es nicht weniger als sieben Tapeten- und Bordürenmuster, alle in verschiedenen Farben; er schrieb: »Der Wohnraum, in dem wir uns immer aufhalten«, war dekoriert mit einer »Tapete in Blau und Weiß, geschmückt mit Festons ... und luxuriösen Sitzbänken, die mit Leinen im gleichen Muster bezogen waren« – ein frühes Beispiel für die Koordinierung einer Innenausstattung.

Viktorianische Tapeten waren dunkler und dicht mit Paisley- oder dreilobigen Blattmotiven in sattem Burgunder oder Tannengrün bedeckt; das paßte zu dem schwereren Dekorationsstil der Zeit und war außerdem noch sehr praktisch, denn die dunklen Farben schluckten die Resultate der Luftverschmutzung durch Rauch und Smog.

Ein Sinn für das Ungewöhnliche

Eine spektakuläre Ausstattung eignet sich besser für Räume, die nicht so häufig benutzt werden. Ein Speisezimmer prunkt in Creme mit Renaissancegold, akzentuiert mit dunklem Mitternachtsblau und sattem Rot. Ein anderes erinnert durch ein Muster mit exotischen Vögeln, Blumen und Früchten an die anmutige Chinoiseriemode des achtzehnten Jahrhunderts. Die gewundenen Linien des *Art Nouveau* oder die kraftvollen, vegetabilen Muster von William Morris sind dort angebracht, wo ein ausdrucksvolles, dominierendes Muster gefragt ist. Scheuen Sie nicht vor dunklen Farben zurück, besonders dann nicht, wenn der Raum vorwiegend am Abend benutzt wird; durch weiche Lichtinseln läßt sich die Dekoration aufhellen.

Sehr originell wirken von Bordüren gerahmte Paneele aus einer gemusterten Tapete oder Paneelrahmen aus Bordüren, die auf eine einfarbige Wand geklebt werden – ein Trick, wenn man die Proportionen eines Raumes korrigieren will. Vertikale Paneele lassen den Raum höher erscheinen, horizontale machen ihn optisch breiter. Auch eine langgestreckte Decke läßt sich durch zwei quadratische Paneele, jedes mit einem Motiv in der Mitte, verbreitern. Eine sehr amüsante Dekoration wäre ein »Kupferstichkabinett« im Stil des achtzehnten Jahrhunderts. Man klebt einfach Schwarzweiß-Reproduktionen von Stichen an die Wände und rahmt sie mit einer Bordüre. Eine Abreibung mit kaltem Tee sorgt für Patina.

Bett und Bad

Florale Muster, von Streublümchenmotiven bis zu kleinen Zweigen, in den Farben Flieder, Dunkelrosa, Entenblau, Butterblumengelb und Salbei, sind die großen Favoriten fürs Schlafzimmer. Mit verschiedenen Tapeten- und Bordürenmustern an Decken und Wänden läßt sich ein Raum sehr pompös gestalten; schlichtere Muster in einer einzigen Farbe, wie sie einst den Schlafkammern im Dachgeschoß vorbehalten waren, verbreiten Cottage-Atmosphäre und eignen sich vor allem für kleinere Räume. In einem gutdurchlüfteten Bad wäre eine gemusterte Tapete, die auf die Fliesen abgestimmt ist, sehr attraktiv; man kann sie oberhalb der Fliesen anbringen. Am besten eignet sich eine wasserfeste Vinyltapete.

LINKS *Eine breite Bordüre läßt die Decke optisch niedriger erscheinen und schafft einen Ausgleich für ein fehlendes Karnies.*

UNTEN *Die Bordüre ist eine vergrößerte Version des Tapetenmusters; sie vervielfältigt den Effekt. Das Muster beschränkt sich auf den oberen Teil der Wand, die Lamperie darunter bestimmt die Proportionen des Raumes. Das stilisierte Muster ist ein idealer Untergrund für die Sammlung von Drucken.*

TAPETEN UND BORDÜREN

RECHTS *Ein Wandpaneel aus Kordeln und dicken Rosetten aus Seidenband in warmen Farben unterstreicht den Effekt des Damastbezuges darunter. Die gleiche Kordel folgt der Abschlußleiste der Lamperie; durch die Betonung der Horizontalen wird die Wirkung der schmalen, hohen Kordelpaneele an der Wand ausgeglichen, die dem Interieur etwas Formelles geben.*

OBEN *Die Tapete mit den großformatigen Blütenmotiven beschränkt sich auf ein Wandpaneel, das von einer schmalen Profilleiste gerahmt wird, die das Salbeigrün der Wandfarbe aufnimmt. Das Paneel zieht nicht nur die Blicke auf sich, es ist ein perfekter Hintergrund für das Arrangement auf dem Kaminsims. Ein Gegenbeweis zu der These, daß Bilder am besten auf einfarbigen Wänden hängen.*

LINKS *Eine Bordüre mit floralen Motiven umgibt den Türrahmen. Eine hübsche Dekoration für dieses traditionelle Kinderzimmer, die das Muster der Vorhänge und des Teppichs aufnimmt. Alle anderen Flächen, einschließlich der praktischen Lamperie und einiger robuster Möbelstücke sind einfarbig gestrichen.*

49

DEKORATIONSARBEITEN

WÄNDE TAPEZIEREN

Wenn alle Räume vollkommen regelmäßig wären, mit geraden Wänden und rechtwinkligen Ecken, wäre das Tapezieren leicht. Um sicher zu sein, daß die Tapete geradehängt, sollte man ein Senklot zu Hilfe nehmen; man verwendet es, bevor man die erste Bahn an der Wand ansetzt, und nach jeder Ecke, um mögliche Unregelmäßigkeiten zu korrigieren.

Normalerweise beginnt man an einer Tür, an einem Einbauschrank oder an einem Fenster, damit Unregelmäßigkeiten, die auftauchen könnten, wenn man wieder am Anfang angelangt ist, sich leichter korrigieren lassen. Bei auffallenden Mustern sollte die erste Bahn dort angesetzt werden, wo sich ein wichtiger Blickpunkt des Raumes befindet – zum Beispiel in der Mitte des Kamins oder eines Fensters.

Bevor Sie beginnen, besorgen Sie sich ein Senklot oder ein Gewicht, das an einer Schnur befestigt wird, ein Stück Kreide, einen Eimer und eine breite Einstreichbürste, einen Tapeziertisch oder eine Holzplatte, die über zwei Böcke gelegt wird. Sie sollte mindestens 55 cm breit und 150 cm lang sein. Außerdem brauchen Sie eine Tapezierbürste, eine große Papierschere, eine kleinere Schere, ein Universalmesser und einen Nahtroller.

Die Tapetenrollen sind meist 10 m lang und 53 cm breit. Wenn Sie ausrechnen wollen, wie viele Sie brauchen, schlagen Sie auf Seite 212 nach.

Tapetenkleister gibt es in Pulverform und fertig gemischt zu kaufen. Das Pulver ist sparsamer im Verbrauch, leichter zu handhaben und gibt einen guten Kleister für normale Tapeten und Vinyltapeten. Wenn Sie eine Vinyltapete anbringen wollen, sollten Sie darauf achten, daß der Kleister eine Fungizidbeimischung hat.

1. Den Kleister nach Gebrauchsanweisung mischen. Messen, wie lang die Tapetenbahnen sein müssen und mindestens 10 cm für Verschnitt zugeben. Die Schnur des Senkbleis mit Kreide einreiben und am oberen Rand der Wand an der Stelle befestigen, wo die erste Tapetenbahn angesetzt wird – das ist 53 cm (die Tapetenbreite)

von der Ecke entfernt. Das Gewicht festhalten und die mit Kreide eingeriebene Schnur gegen die Wand schnellen lassen.

2. Die Tapete auf den Tapeziertisch legen, die linke Seite nach oben, Kante an Kante mit dem Tisch, auch an der Schmalseite. Dadurch wird vermieden, daß die rechte Seite der Tapete mit Kleister beschmiert wird. Mit dem Einstreichen in der Mitte der Bahn beginnen und den Kleister – quer zur Bahn – zu der Kante hin einstreichen, die mit der Tischkante fluchtet, bis die eine Hälfte der Tapete, die auf dem Tisch liegt, eingestrichen ist. Die Tapete zur anderen Tischkante schieben, bis die Kanten übereinanderliegen, und die andere Hälfte der Tapete auf die gleiche Art und Weise einstreichen.

3. Wenn das ganze Stück, das auf dem Tisch liegt, gleichmäßig mit Kleister eingestrichen ist, vom Tisch ziehen und den Rest der Bahn bearbeiten. Das eingestrichene Stück S-förmig

zusammenfalten und auf den Boden legen. Das untere Ende der Bahn, das jetzt auf dem Tisch liegt, einstreichen und genauso zusammenfalten wie das erste. Die eingestrichene Bahn eine Weile ruhen lassen, damit der Kleister gut eindringen kann – Gebrauchsanweisung auf der Packung beachten.

WÄNDE TAPEZIEREN

4. Die zusammengefaltete Tapete über den Arm legen und zur Wand tragen. Das obere Ende so ansetzen, daß es an der Bilderleiste oder an der Oberkante der Wand etwa 5 cm übersteht und eine Seitenkante der Tapete entlang der Kreidelinie verläuft. Die Bahn langsam auseinanderfalten und sie mit der Tapezierbürste mit wenig Druck von oben nach unten glattstreichen. Nicht zu fest andrücken, sonst könnte die Tapete auseinandergezogen werden. Immer darauf achten, daß die rechte Seite nicht mit Kleister beschmiert wird.

Sollten Blasen oder Falten auftreten, die Tapete noch einmal vorsichtig bis über die fehlerhafte Stelle von der Wand ablösen und wieder glattstreichen. Falls erforderlich, noch etwas Kleister auf die Wand auftragen.

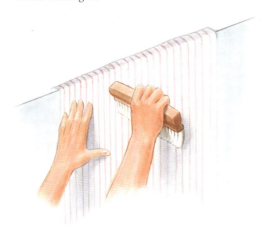

5. Wenn die ganze Bahn richtig an der Wand sitzt, mit dem stumpfen Ende einer Schere an der Kante, wo sich Wand und Decke treffen, entlangfahren. Das obere Ende der Tapete vorsichtig von der Wand ablösen und den überstehenden Streifen entlang der markierten Linie abschneiden. Man kann ihn auch mit einem scharfen Messer direkt an der Wand abschneiden. Das gleiche wird am unteren Ende der Bahn wiederholt.

6. Die weiteren Bahnen schneiden, dabei Verschnitt für eventuelle Musteranschlüsse zugeben. Mit dem Auftragen des Kleisters und mit dem Hängen immer am oberen Ende der Bahn beginnen und darauf achten, daß die Musteranschlüsse stimmen. Man kann sich die Arbeit erleichtern, wenn man die betreffenden Stellen an den Kanten vorher markiert. Die Nahtstellen mit dem Nahtroller andrücken, damit sie gut haften.

7. Die Bahn vor einer Ecke 2,5 cm breiter schneiden, als der Abstand bis zur Ecke ist, und so ansetzen, daß sie um die Ecke herumgeht. In der Ecke besonders gut andrücken und, falls erforderlich, Tapete in der Ecke einschneiden, damit sich keine Blasen bilden. Eine neue senkrechte Linie an der Wand um die Ecke markieren, die genausoweit von der Ecke entfernt ist, wie die Breite des abgeschnittenen Streifens. Den Streifen einkleistern und so ansetzen, daß er den vorhergehenden Streifen leicht überlappt. Die gleiche Technik bei Außenecken anwenden.

8. Wenn man um ein Hindernis – etwa einen Lichtschalter oder eine Steckdose – herum tapezieren muß, die Tapete ansetzen und die entsprechende Stelle ausschneiden: Bei einem eckigen Schalter mit der Schere ein Loch in die Tapete bohren und diagonal zu den Ecken einschneiden. Die Deckplatte des Schalters abnehmen, die Tapete so ausschneiden, daß ein winziger Rand übersteht, ihn unter die Deckplatte schieben und die Platte wieder anbringen. Bei großen Hindernissen wie Türen und Fenstern, die Tapete vorher in den erforderlichen Abmessungen zuschneiden, das erleichtert die Arbeit.

9. Wenn sich nach dem Hängen eine Blase in der Tapete bilden sollte, mit einem scharfen Messer einen kleinen, kreuzförmigen Einschnitt quer über die Blase machen. Die vier Ecken vorsichtig von der Wand abheben und noch etwas Kleister auf die Wand auftragen. Die vier Ecken wieder andrücken, vorsichtig ausstreichen, den überflüssigen Kleister abtupfen und mit dem Nahtroller darüberfahren. Es dauert ein oder zwei Tage, bis die Tapete getrocknet ist – bei Vinyltapeten noch länger. Es kann vorkommen, daß die Tapete fleckig aussieht – das kommt vom Kleister und verschwindet, sobald die Tapete getrocknet ist.

51

DEKORATIONSARBEITEN

Bordüren und Decken

Wenn man eine Decke tapeziert, ist es ratsam, zwischen Wand und Decke eine Bordüre anzubringen, die die Nahtstelle zwischen Wand und Decke verdeckt. Auf jeden Fall wäre das die beste Lösung, wenn weder Karnies noch Bilderleiste vorhanden sind.

Bordüren anbringen

Mit Bordüren lassen sich große Wandflächen unterteilen. Das kann auf vielerlei Art und Weise geschehen: Man kann sie zum Beispiel als Akzent über der Fußleiste, als Abschluß der Lamperie (in etwa 90 cm Höhe über dem Fußboden) oder als oberen Wandabschluß verwenden, oder man kann sie als Paneelrahmen auf die Wand kleben.

Überlegen Sie genau, wo und wie die Bordüre sitzen soll, bevor Sie mit dem Kleben beginnen: Ziehen Sie mit Hilfe einer Latte oder eines Lineals eine waagerechte Linie, und wenn sie dann immer noch nicht sicher sind, wie die Bordüre wirkt, befestigen Sie zur Probe ein Stück Bordüre mit einem Klebestreifen. Wenn Sie die Bordüre an einer sehr langen, glatten Wand anbringen wollen, markieren Sie die Position am besten mit einem dünnen Bleistiftstrich. Ist die Wand tapeziert, können Sie sich nach dem Tapetenmuster richten.

Bordüren werden in den verschiedensten Breiten gehandelt. Es gibt sie vom Meter und in Rollen von 10 m Länge. Es gibt Bordüren aus Papier und aus Vinyl, und es gibt selbstklebende Bordüren.

1. Wenn man eine Bordüre auf einer Vinyltapete anbringen will, braucht man einen Spezialklebstoff. Die Papierbordüre wird wie Tapete behandelt: Bordüre mit der linken Seite nach oben auf den Tisch legen und mit Kleister bestreichen, von einem Ende zum anderen. Jedesmal, wenn ein Stück eingekleistert ist, den Tisch abwischen. Die eingestrichene Bordüre wie bei Tapeten beschrieben in Ziehharmonikafalten legen, damit man sie bequem in der Hand halten kann. Die Bordüre ansetzen und mit einem Schwamm oder einer Tapezierbürste vorsichtig glattstreichen. Prüfen, ob sie genau an der markierten Stelle sitzt. Falls an den Rändern Kleister austritt, sorgfältig abwischen.

2. Wenn man einen rechten Winkel mit Bordüre kleben muß – zum Beispiel einen Rahmen um die Tür oder ein Paneel auf einer glatten Wand –, die Ecken auf Gehrung schneiden.

Am besten schneiden Sie ein paar Ecken zur Probe – es ist nicht ganz einfach, Gehrung und Muster unter einen Hut zu bringen. Beim Schneiden der Streifen für den Rahmen jeweils 15 cm zugeben. Streifen ansetzen und 15 cm über die Ecke hinauskleben. Bei allen Streifen wiederholen. Bevor die Bordüre angetrocknet ist, die übereinandergeklebten Streifen an den Ecken vorsichtig abheben und ein Stück Pappe darunterschieben. Beide Enden der Bordüre über die Pappe legen, mit Lineal und Bleistift eine diagonale Linie durch die Ecke ziehen und auf dieser Linie mit einem Messer durch die beiden Bordürenstreifen schneiden. Die Pappe und die beiden abgeschnittenen Enden entfernen und die Ecke vorsichtig glattstreichen.

1

2

BORDÜREN UND DECKEN

Decken tapezieren

Wand- und Deckenanstriche wirken glatter, wenn man die Flächen vor dem Anstrich mit Makulaturtapete tapeziert. Wenn Sie eine Decke mit einer gemusterten Tapete tapezieren wollen, wählen Sie am besten eine blasse Farbe (außer wenn die Decke sehr hoch ist) und ein Muster, das nicht ausgesprochen richtungsgebunden ist.

Beim Tapezieren sollten Sie so stehen, daß Ihr Kopf dicht unter der Decke ist. Am besten benutzen Sie Bockleitern und starke Planken.

Überlegen Sie, in welcher Richtung Sie die Tapete anbringen wollen. Gemusterte Tapeten werden im allgemeinen so geklebt, daß das Muster längs zum Raum verläuft. Bei glatten, einfarbigen Tapeten oder kleinformatigen Mustern können Sie es sich leichter machen, indem Sie kürzere Bahnen quer über den Raum kleben.

1. Eine gerade Linie quer über die Decke ziehen – etwa 53 cm von der Wand entfernt – als Richtschnur für die Tapetenbahnen: Auf jeder Seite der Decke, dicht an der Wand, einen Punkt markieren und beide Punkte durch eine mit Kreide eingeriebene Schnur verbinden, die an der Decke befestigt wird. Die Schnur vorsichtig von der Decke wegziehen und zurückschnellen lassen, so daß sich eine Kreidelinie an der Wand abzeichnet. An dieser Linie wird die erste Bahn angelegt.

2. Die Tapete mit Kleister einstreichen, wie beim Tapezieren von Wänden, und sie in Ziehharmonikafalten legen; so läßt sie sich leichter handhaben. Die Falten sollten etwa 50 cm breit sein; die eingekleisterten Seiten müssen aufeinanderliegen.

3. Die zusammengefaltete Tapete dicht unter die Decke halten und das obere Ende ansetzen. Die erste Falte auseinanderziehen, das obere Ende an die Decke drücken und darauf achten, daß die Kante genau auf der Kreidelinie verläuft. Am Anfang und am Ende der Bahn ein paar Zentimeter für Verschnitt zugeben. Eine Falte nach der anderen auseinanderziehen und jedes Stück sorgfältig mit der Tapezierbürste glätten. Zum Schluß mit dem stumpfen Ende einer Schere in dem Winkel zwischen Decke und Wand entlangfahren und den überschüssigen Streifen abschneiden.

Die Prozedur bei den übrigen Bahnen wiederholen. Darauf achten, daß die Bahnen an den Nahtstellen genau aufeinandertreffen und Nahtstellen mit dem Nahtroller andrücken.

4. Wenn in der Mitte der Decke eine Rosette mit einem Lichtanschluß ist, ein Loch in die Tapete schneiden und die Kabelenden hindurchziehen. Vorsicht, die Sicherungen vorher rausschrauben! Die Tapete rund um die Rosette ausschneiden und einen Rand von wenigen Millimetern überstehen lassen. Die Schrauben der Deckplatte ein wenig lockern, die Tapete darunterschieben und die Schrauben wieder anziehen.

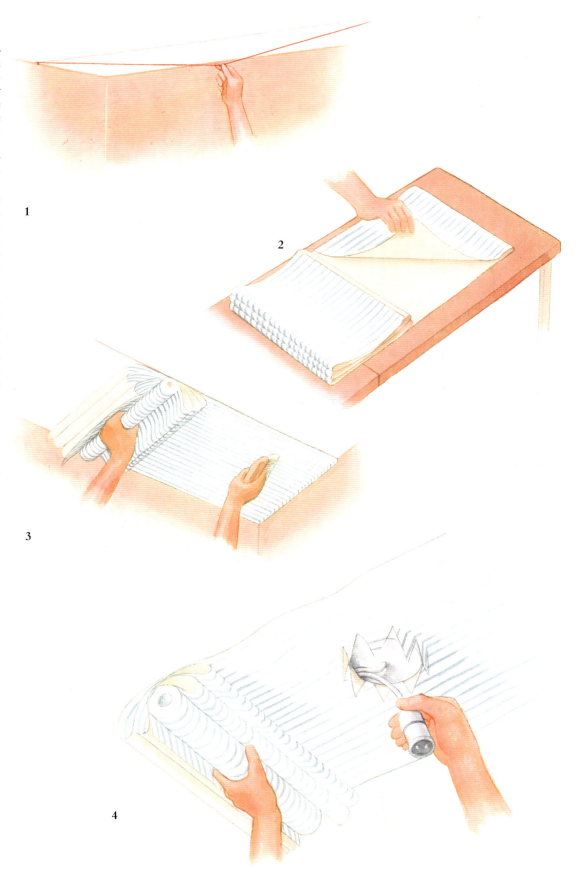

53

DEKORATIONSARBEITEN

MALERARBEITEN

Alle Farben des Spektrums – und dazu noch 1000 verschiedene Nuancen – sind als Anstrichfarben auf dem Markt. Diese große Auswahl an fertigen Farben bedeutet, daß Sie genau die Farbnuancen und die Schattierungen kaufen können, die Ihren Vorstellungen entsprechen.

Natürliche Farbstoffe

Den Innenausstattern früherer Epochen stand nur eine sehr begrenzte Farbauswahl zur Verfügung. Es herrscht allgemein die vage Vorstellung, daß die Räume früher in Pastelltönen dekoriert waren. Richtig ist, daß die Farben natürliche Farbstoffe enthielten und daher schnell verblaßten. Ein stumpfer, gedeckter Lederton, Himmelblau und Braun gehörten zu den ersten kommerziell gefertigten Anstrichfarben, und eine beliebte Farbkombination der georgianischen Epoche waren salbeigrün gestrichene Holzflächen und schokoladenbraune Wände – eine abenteuerliche und wirkungsvolle Zusammenstellung.

Kräftige Farbtöne von gleicher Intensität unterstreichen die Schönheit von perfekt proportionierten Räumen; durch Farben verschiedener Intensität lassen sich die Proportionen eines Raumes optisch verändern. Eine dunkle Farbe läßt die Decke niedriger erscheinen, und unansehnliche Raumelemente – wie Heizkörper oder Heizrohre –, die in dem gleichen gedämpften Farbton wie die Wand angestrichen werden, sind fast unsichtbar.

In der ersten Hälfte des neunzehnten Jahrhunderts begann man, synthetische Farben herzustellen. Es fing an mit einem grellen, bläulichen Rot, mit Fuchsin (Anilinrot) und Preußischblau. Schließlich, gegen Ende des Jahrhunderts, gelang es, feine Farbnuancen wie Perlmuttrosa, Creme und zarte Grüntöne herzustellen, die zu Farben mit raffinierten Effekten verarbeitet wurden. Diese neuen Produkte wurden auf Ölbasis hergestellt, genau wie der neue halbmatte *Eggshell*-Lack von LAURA ASHLEY, dessen matter Glanz sich ebenso für Wände wie für Holzflächen eignet, und der mit seinem subtilen Schimmer raumerweiternd wirkt.

Die kreidigen Dispersionsfarben wurden einst zur Dekoration schlichter Cottages verwendet, während man im neunzehnten Jahrhundert in der Stadt dunkle Farben bevorzugte, weil sie den Schmutz besser kaschierten. Bis weit ins zwanzigste Jahrhundert hinein waren pastellige Farben ein Privileg der Reichen, die sich über Reinigungsprobleme nicht den Kopf zerbrechen mußten. Reines Weiß als Anstrichfarbe gibt es seit den zwanziger Jahren; sie verdankt ihr Image und ihre Popularität den Interieurs des renommierten Innenausstatters Syrie Maugham für Filmstars der zwanziger und dreißiger Jahre.

LINKS *Beim Dekorieren kleiner Räume verwendet man am besten Farben, die den Raum vergrößern. Hier wurde ein elfenbeinfarbener Anstrich für die Wände und die Decke dieses Schlafzimmers gewählt.*

UNTEN *Eine Dekoration in warmen Terrakotta- und Gelbtönen ergibt eine aufregende Kombination. Die Holzteile in beiden Räumen sind wie die Wände gestrichen – eine ungewöhnliche Dekoration.*

MALERARBEITEN

Die moderne Entwicklung

Seit einiger Zeit sind helle Farben sehr beliebt, weil sie das Licht reflektieren und raumerweiternd wirken. Die weichen, matten Dispersionslacke haben die gleiche Wirkung wie die herkömmlichen Dispersionsfarben, haben aber nicht deren Nachteile. Ein Voranstrich, mit einer Lackschicht versiegelt, ergibt eine sehr schöne, samtig schimmernde Oberfläche – eine interessante Alternative zu stark glänzenden Lacken. Übrigens eignet sich ein Farbanstrich auch für Tapeten mit Oberflächenstruktur.

OBEN *Farbtöne wie Teerose und Creme geben diesem viktorianischen Wohnzimmer Wärme, ohne dem Stil Abbruch zu tun. Blasse Farben sind angebracht, wo der Lichteinfall begrenzt ist, kalte Farben wären hier fehl am Platz gewesen. Creme statt hartem Weiß wurde gewählt, um den Relieffries und das filigrane Muster über dem Fenster herauszuarbeiten.*

RECHTS UND OBEN *Brechen Sie mit der Konvention, streichen Sie Decken und Holzteile mit einem halbmatten Lack in einer dramatischen Farbe, die für Wände und Holzflächen geeignet ist. Wenn Sie einen vielbenutzten Raum haben, in dem Bücher und Bilder unmittelbar zur Dekoration beitragen, streichen Sie alles in einer einzigen Farbe.*

DEKORATIONSARBEITEN

Wände und Holzflächen streichen

Je besser der Zustand der Oberfläche, desto leichter lassen sich Wände, Decken oder Holzteile streichen und desto gleichmäßiger und glatter wird der Anstrich. Wenn man gute Resultate erzielen will, muß die Oberfläche gut präpariert werden (S. 208–214).

Wenn Sie mit dem Farbroller arbeiten, streichen Sie zuerst die Decke, dann die Wände und zuletzt die Holzflächen, da sonst benachbarte Flächen leicht von tropfender Farbe verschmutzt werden. Wenn Sie ein Schaumstoffkissen oder eine Deckenbürste benutzen, streichen Sie zuerst die Decke, dann die Holzteile und zum Schluß die Wände.

Sorgen Sie dafür, daß der Raum, in dem Sie arbeiten, sauber und staubfrei ist; arbeiten Sie, wenn möglich, bei Tageslicht. Fangen Sie immer ganz oben mit dem Streichen an. Wenn Sie eine Fläche bearbeiten, die viel Farbe aufsaugt – eine verputzte Wand oder Makulaturtapete –, verdünnen Sie die Farbe für den Voranstrich nach Gebrauchsanweisung, damit er möglichst gleichmäßig wird. Öffnen Sie den Farbkanister vorsichtig, damit kein Staub vom Deckel in die Farbe fällt.

Lesen Sie die Gebrauchsanweisungen genau durch, bevor Sie eine Farbe kaufen: Bei wasserlöslichen Farben können die Pinsel in Wasser ausgespült werden, bei Ölfarben braucht man Terpentinersatz oder einen Pinselreiniger. Große Flächen lassen sich gut mit einem Farbroller, kleinere mit einem Schaumstoffkissen anstreichen, Maler bevorzugen allerdings häufig die breite Deckenbürste. In den Ecken, dort wo die Wände zusammentreffen, benötigen Sie wahrscheinlich einen kleineren Pinsel oder ein Schaumstoffkissen, um einen gleichmäßigen Anstrich zu erzielen. Legen Sie sich genügend Plastikplane zurecht, damit Sie Böden, Türen, Steckdosen und Schalter gut abdecken können.

Decken und Wände

1. Wenn Sie Decken und hohe Räume streichen, brauchen Sie zwei stabile Trittleitern mit einer starken Planke oder einen stabilen Kasten, der hoch genug ist.

2. Am äußersten Rand von Decken oder Wänden beginnen: Mit einem etwa 5 cm breiten Pinsel zuerst 5 cm breite Streifen um Decken und Wände, um Türrahmen, Fenster, Lichtschalter und Kaminumrandungen streichen. Der Pinsel darf nicht zu naß sein; überflüssige Farbe an einer Schnur ausstreichen, die über den Farbeimer gespannt wird. Mit leichtem Pinselstrich arbeiten

und die Farbe gut verstreichen. Die Pinselstriche dürfen nicht zu sehen sein.

Nicht die ganze Wand auf einmal streichen, sondern Teilstücke von jeweils etwa 50 × 50 cm. Wenn Sie mit dem Pinsel arbeiten, die Farbe mit waagerechten Strichen einstreichen, noch einmal mit senkrechten Strichen über die gleiche Fläche streichen, zum Schluß noch einmal – ohne Farbe – von unten nach oben darüberstreichen.

Wenn Sie einen Farbroller benutzen, tauchen Sie ihn in die Farbmulde und streifen die überflüssige Farbe am Gitter der Farbmulde oder an einem Abstreifgitter ab. Senkrecht und waagerecht über die Fläche streichen, damit der Anstrich gleichmäßig wird. Wenn Sie lieber mit dem Schaumstoffkissen arbeiten, mit senkrechten Strichen beginnen, dann mit waagerechten oder, falls erforderlich, mit diagonalen Strichen darüberstreichen. Das Ziel ist immer das gleiche: Die Fläche soll einen gleichmäßigen Anstrich erhalten, und die Pinselstriche dürfen nicht sichtbar sein.

Dann das nächste Teilstück in Angriff nehmen, zuerst aber den noch nassen Rand des vorhergehenden überstreichen, damit die Ränder der einzelnen Flächen nicht zu sehen sind. Sie müssen allerdings schnell arbeiten, damit die Ränder nicht trocknen, bevor Sie mit der nächsten Teilfläche beginnen.

WÄNDE UND HOLZFLÄCHEN STREICHEN

HOLZFLÄCHEN

Holz erfordert im allgemeinen einen kratz- und stoßfesten Polyurethanlack, besonders wenn die Holzfläche starken Beanspruchungen ausgesetzt ist – wie eine Fußleiste oder ein Türrahmen. Wenn Sie dekorative Farbeffekte erzielen möchten (S. 62–65), verwenden Sie die entsprechenden Farben.

Holzflächen müssen noch sorgfältiger vorbehandelt werden als Wände (S. 208). Wenn das Holz in keinem guten Zustand ist, waschen Sie es zuerst ab und schleifen die Oberfläche mit feinem Schmirgelpapier, bevor Sie mit dem Streichen beginnen. Wenn Sie Ölfarben verwenden, sollten Sie gute Pinsel benutzen, die keine Haare verlieren.

Nach dem Gebrauch müssen die Pinsel gründlich in Terpentinersatz oder in einem speziellen Pinselreiniger ausgespült werden, je nachdem, was der Hersteller der Farbe in der Gebrauchsanweisung empfiehlt. Wenn Sie die Arbeit nur kurze Zeit unterbrechen, wickeln Sie den Pinsel in Silberpapier ein, damit die Haare feucht bleiben und nicht hart werden. Vergessen Sie nie, den Deckel des Farbkanisters fest zu schließen, wenn Sie fertig sind.

1. Die Farbe in Richtung der Maserung auftragen und größere Flächen in Teilflächen unterteilen: Quadrate von ungefähr 30 × 30 cm haben sich als sehr praktisch erwiesen. Bei Fußleisten sind Teilstücke von 60 cm Länge sehr vorteilhaft, weil man sie von einem Standpunkt aus erreichen kann.

Die Farbe in Richtung der Maserung auftragen und darauf achten, daß der Pinsel nicht zu naß ist. Den Pinsel wieder eintauchen und mit wenig Farbe – im rechten Winkel zu den ersten Strichen – noch einmal über die gleiche Fläche streichen.

Zum Schluß noch einmal in Richtung der Maserung streichen, d. h., wenn die Maserung senkrecht verläuft, streicht man von unten nach oben. Das nennt man Verschlichten.

2. Beim Streichen von Fensterrahmen genügend Farbe auftragen, daß sie sich bis über den Kitt und ein paar Millimeter über das Glas ausbreiten kann, dadurch wird die Oberfläche des Holzrahmens gut versiegelt. Wer weder eine ruhige Hand noch ein gutes Auge hat, sollte für die Arbeit einen Japanspachtel benutzen. Den Spachtel beim Streichen gegen die Glasscheibe halten. Auch beim Streichen der Fußleiste tut er gute Dienste. Man kann natürlich auch mit Klebeband arbeiten und die Ränder gut abdecken. Das Band läßt sich leicht ablösen; es muß entfernt werden, wenn die Farbe sich trocken anfühlt, aber noch nicht hart geworden ist.

3. Die verschiedenen Teile des Fensterrahmens in der richtigen Reihenfolge streichen, dadurch kann man vermeiden, frischgestrichene Stellen zu berühren.

Beim Streichen von Schiebefenstern die Fenster zunächst öffnen, so daß der äußere Rahmen unter dem inneren Rahmen hervorschaut. Zuerst den unteren Teil des äußeren Rahmens streichen und ihn wieder nach oben schieben, so daß er über den inneren Rahmen hinausragt. Dann den äußeren Rahmen fertigstreichen und schließlich den inneren Rahmen und das Fensterbrett. Die Zugschnüre dürfen nicht gestrichen werden.

4. Bei Sprossenfenstern zuerst die Sprossen streichen, dann den Rahmen und das Fensterbrett.

1

2

3

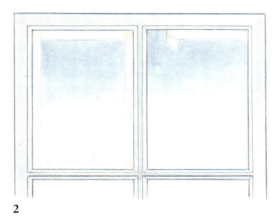

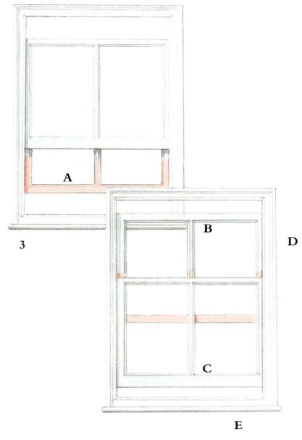

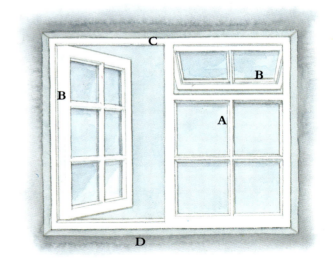

4

57

DEKORATIONSARBEITEN

DEKORATIVE MALTECHNIKEN

Es gibt Maltechniken, mit denen sich Farbeffekte erzielen lassen, die von Tapetenmustern kaum zu unterscheiden sind – eine ideale Wanddekoration, wenn Sie sich an glatten Wänden sattgesehen haben, sich aber noch nicht für Tapeten erwärmen können. Maltechniken wie die Kammzugtechnik, die Schabloniertechnik und naturgetreue Marmor- und Holzimitationen gehören seit Jahrhunderten zum Repertoire fortschrittlicher Dekorationsmaler. Bei dem heutigen Angebot von Farben und traditionellen, opalisierenden Lasuren kann jeder Amateur diese Techniken selbst ausführen.

Welche Technik paßt zu welchem Dekorationsstil?
Es gibt Farbeffekte für jedes Ausstattungskonzept. Der schimmernde Streifeneffekt der Kammzugtechnik oder der Effekt von fließendem Wasser auf Seide, den man durch die Wickeltechnik erzielen kann, passen zu traditionellen Interieurs, z.B. als Hintergrund für antike Möbel, Gemälde oder *objets d'art*. Durch Auftupfen der Farbe mit einem Schwamm oder einem zusammengerollten Lappen oder durch Stupfen mit einem stumpfen Pinsel entsteht eine gebrochene Farbwirkung und eine Vielfalt von Farbnuancen, die der Wandfläche Plastizität verleiht und die sich gut für die Dekoration von Cottages und kleineren Wohnungen eignet.

Aufgemalte Schablonenmuster haben eher ornamentale Qualitäten. Sie waren besonders populär im Amerika des achtzehnten Jahrhunderts, denn wegen der ungenügenden Versorgung mit Papierrohstoffen waren Tapeten sehr rar. Schablonenmuster lassen sich vielfältig verwenden – als Ersatz für architektonische Ornamente wie Friese oder Abschlußleisten, als Wanddekoration anstelle von Tapete oder als Einzelmotive zur Dekoration von Möbeln. Die Schablonenmalerei hat einen ganz besonderen Charme, ob es sich um einfache Motive handelt, die an Volkskunst erinnern, um kunstvolle vegetabile Muster oder um architektonische Ornamente.

Eine andere Maltechnik dient der Imitation kostbarer oder seltener Materialien. Das Marmorieren als Imitation von Marmor ist allgemein bekannt, aber auch Malachit, Schildpatt, Bambus oder Holzmaserungen werden nachgeahmt. Diese Techniken sind ziemlich zeitaufwendig; man sollte sich auf kleinere Flächen wie Tischplatten oder Kaminverkleidungen beschränken. Noch kunstvoller sind die illusionistischen Landschafts- und Architekturausblicke, wie man sie noch heute in Norditalien findet, wo Bemalungen von Hausecken, Fensterläden und Ziergiebeln das einfachste Reihenhaus zieren.

LINKS *Wenn man ein Stück Marmor als Vorlage benutzt und die Adern und natürlichen Farbabweichungen naturgetreu nachahmt, läßt sich Marmor verblüffend ähnlich imitieren. Eine schwarzweiße Marmorierung wirkt sehr authentisch; dunklere Farben wirken wärmer.*

DEKORATIVE MALTECHNIKEN

LINKS *Die Wickeltechnik ist ein Farbeffekt, der sehr einfach herzustellen ist; man benötigt nur Dispersionslack und einen fusselfreien Lappen. Man kann mit allen möglichen Textilien experimentieren, zum Beispiel mit Käseleinen oder gewirkten Stoffen, aber auch mit den Farben.*

RECHTS *Marmorieren paßt zu zeitgenössischen Ausstattungen ebenso wie zu historisch inspirierten Stilarten. Diese Marmorierung ist rein dekorativ.*

UNTEN *Wenn man die Farbe Ton-in-Ton auf die Wand »wickelt« oder mit dem Schwamm auftupft, entsteht ein gebrochener Farbeffekt, der die Wandfläche nicht nur interessanter macht, sondern auch zu einem perfekten Untergrund für Schablonenmalerei. Hier wurde aus einem einzigen Motiv eine Bordüre aufgemalt; sie umrandet die Fenster und folgt der Lamperie.*

RECHTS *Schablonenmalerei ist mehr als Tapetenersatz, es ist eine durchaus amüsante Dekoration. Kleine Flächen und einzelne Motive sind am leichtesten zu gestalten, daher wird Schablonenmalerei oft für Bordüren verwendet: Oder zum Dekorieren von Möbeln. Auch anstelle von Gemälden oder als Trompe l'œil-Effekt ist Schablonenmalerei interessant.*

59

Eine Anleitung für dekorative Maltechniken

Vor dem Anstreichen wird der Untergrund sorgfältig präpariert, dann wird eine Grundierung aufgetragen (S. 208/209) und schließlich der Voranstrich. Erst danach erfolgt der Auftrag des eigentlichen Farbeffekts. Er besteht aus einer oder mehreren Schichten Dispersionslack oder Ölfarbe in verschiedenen Nuancen. Normalerweise müssen die Farben für diesen Zweck verdünnt werden; außerdem kann man noch eine opalisierende Lasur auf Ölbasis (das muß man sich wie Lackfarbe ohne Pigmente vorstellen – sie ist in Spezialgeschäften erhältlich) hinzufügen, die den Anstrich transparent erscheinen läßt. Die Lasur trocknet nicht so schnell wie normale Ölfarbe; man kann sich also Zeit lassen bei der Arbeit.

Durch Mischen von Farben für die oberen Farbschichten können Sie Ihre eigenen Farbnuancen kreieren – Sie nehmen dazu ganz gewöhnliche Anstrichfarbe oder fügen zusätzlich Pigmente hinzu. Wasserlösliche Farben lassen sich mit Farbpulver oder mit Künstler-Acrylfarben mischen.

Bevor Sie mit der Arbeit beginnen, sollten Sie unbedingt mit den Farben ein wenig experimentieren, um die Wirkung auszuprobieren. Die Marke der Farbe, die Porosität der Oberfläche und sogar das Wetter sind Faktoren, die das Resultat Ihrer Arbeit beeinflussen können; es läßt sich also nie vorhersagen, wie sich die Farbe verhält. Daher lassen sich auch keine festen Regeln aufstellen, die mühelos zum gewünschten Erfolg führen.

Für die Maltechniken, wie sie auf S. 62–65 beschrieben werden, benötigen Sie ein paar Spezialwerkzeuge. Für das Tupfen mit dem Schwamm brauchen Sie einen echten Naturschwamm; wenn Sie die Farbe mit einem Lappen abwickeln oder auftupfen wollen, können Sie mit Stofflappen, mit Papier oder mit Plastiktüten experimentieren.

Für eine naturgetreue Imitation bestimmter Materialien – sei es Marmor oder Schildpatt – benötigen Sie eine Auswahl von Künstlerpinseln, und für die Nachahmung von Holzmaserungen brauchen Sie spezielle, kammartige Werkzeuge. Stellen Sie sich eine Anzahl von Marmeladengläsern, Farbkanistern oder Blechbüchsen bereit, in denen Sie die Farben für die diversen Farbschichten mischen. Von der Lasur brauchen Sie sehr viel; sie muß für die gesamte bemalte Fläche reichen.

Anschließend finden Sie einige Anleitungen für die bekanntesten Maltechniken, mit denen sich dekorative Farbeffekte erzielen lassen.

Das Mischen der Lasur

Vorschlag für eine Lasurmischung: 1 bis 2 Teile *Eggshell*-Lack (ein seidenmatter Lack auf Ölbasis und eine Spezialität von Laura Ashley) – falls erforderlich mit Künstlerölfarbe getönt – mit 5 Teilen farbloser Lasur mischen und mit 3 bis 4 Teilen Terpentinersatz oder -öl verdünnen.

Vor dem Hinzufügen der Lasur den richtigen Farbton mischen, indem Sie Künstlerölfarbe mit weißem oder farbigem *Eggshell*-Lack mischen. Wenn Sie Lasur in mehreren abgestuften Nuancen brauchen, mischen Sie, bevor Sie die Lasur hinzufügen, alle Farbnuancen, damit alle Abstufungen den gleichen Farbton haben.

Fügen Sie die transparente Lasur in kleinen Mengen hinzu und rühren Sie jedesmal gut durch. Sie brauchen mindestens doppelt soviel Lasur wie Farbe. Zum Schluß die Lasur mit Terpentinersatz verdünnen, den Sie nach und nach hinzufügen. Prüfen Sie jedesmal, ob die Mischung die erwünschte cremige Konsistenz hat.

Das Tupfen mit dem Schwamm

Das Tupfen mit dem Schwamm geht schnell und ist sehr einfach; man braucht dazu gewöhnlichen Dispersionslack. Wenn Sie subtile Farbeffekte erzielen wollen, nehmen Sie für die diversen Farbschichten verwandte Farbtöne. Probieren Sie verschiedene Kombinationen aus; mischen Sie nur geringe Mengen, bis Sie mit der Farbwirkung zufrieden sind.

Präparieren Sie die Wand wie üblich (S. 209/210) und tragen Sie den Voranstrich mit einem Dispersionslack in »matt« oder »seidenmatt« auf. Ob mit dem Pinsel, dem Farbroller oder dem Schaumstoffkissen, bleibt Ihnen überlassen.

Für den Voranstrich sollten Sie eine helle Farbe nehmen. Und seien Sie nicht allzu kritisch; dieser erste Anstrich muß nicht unbedingt perfekt und gleichmäßig sein. Wenn die letzte Farbschicht aufgetragen ist, sind kleine Unebenheiten im Voranstrich sowieso nicht mehr zu sehen. Bevor Sie weiterarbeiten, muß die erste Schicht trocken sein.

Nehmen Sie Ihre erste Farbe und verdünnen Sie sie mit etwas Wasser. Tauchen Sie die flachste Seite eines Naturschwammes in die Farbe, drücken Sie die überschüssige Farbe auf dem gerippten Teil der Farbmulde aus. Dann probieren Sie das Tupfen mit dem Schwamm auf einer Probefläche aus – Makulaturtapete ist ideal für diesen Zweck. Dadurch wird die überschüssige Farbe aus dem Schwamm gedrückt, und außerdem können Sie testen, wieviel Druck Sie aufwenden müssen.

Dann können Sie mit dem Tupfen auf die Wand beginnen, ohne den Schwamm vorher nochmal in die Farbe zu tauchen. Tupfen Sie so lange, bis die Farbe blaß wird. Bei jedem Tupfer führen Sie mit der Hand eine leicht rollende Druckbewegung aus; drehen Sie die Hand jedesmal in eine andere Richtung, bevor Sie den Schwamm von der Wand abheben. Auf diese Art und Weise ergibt sich ein Allover-Muster, das die Form des Schwammes nicht erkennen läßt. Drehen Sie den Schwamm nicht auf der Wand, sonst gibt es Schlieren und Wirbel.

Tragen Sie die erste Farbschicht auf die gesamte Wandfläche auf, dann wiederholen Sie die Prozedur mit der zweiten Farbe. Wenn Sie eine durchschnittlich große Wand haben, werden Sie bemerken, daß die Farbe bereits trocken ist, wenn Sie wieder am Anfang angekommen sind. Je nach Bedarf tragen Sie weitere Farbschichten – entweder mit Ihrer ersten Farbe oder mit den anderen Farben – auf die gesamte Wandfläche auf.

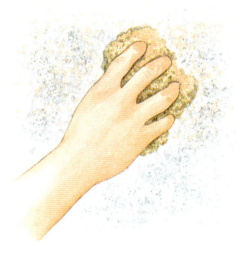

EINE ANLEITUNG FÜR DEKORATIVE MALTECHNIKEN

DIE FARBWÄSCHE

Mit Dispersionslack in »matt« oder »seidenmatt« den Voranstrich auftragen und warten, bis er getrocknet ist. Für die Farbwäsche Dispersionslack in der gleichen Farbe oder in einem verwandten Ton mit Wasser im Verhältnis 1:1 mischen. Nach und nach mehr Wasser zugeben, bis die Farbe so dünn ist, daß der Voranstrich durchscheint. Die Mischung testen und mit einem breiten Pinsel in langen, bogenförmigen Strichen auftragen. Man kann auch weitere Schichten in anderen abgestimmten Farbtönen auftragen.

Wenn der Anstrich besonders haltbar sein soll, eine leicht getönte, verdünnte Lasurschicht darüberstreichen.

DIE WICKELTECHNIK – DAS TUPFEN

Mit *Eggshell*-Lack (auf Ölbasis) in einem mittelkräftigen bis hellen Farbton den Voranstrich auftragen und warten, bis er getrocknet ist. Eine Menge getönter, verdünnter Lasur in einem dunkleren Farbton vorbereiten. Ein paar weiße, nicht fusselnde Stofflappen zum Auftragen der Farbe zurechtlegen. Am leichtesten sind quadratische Stücke von 40 × 40 cm zu handhaben. Auch Dispersionslack eignet sich für die Wickeltechnik; in diesem Fall für den Voranstrich und auch für die weiteren Farbschichten Dispersionslack verwenden wie beim Tupfen mit dem Schwamm.

Ein Stück Stoff zusammenknüllen, in die Farbe tauchen und die überschüssige Farbe auf einem Stück Papier oder auf dem gerippten Teil der Farbmulde ausdrücken. Den zusammengeknüllten Lappen wie einen Stempel auf die Wand drücken. Die Prozedur wiederholen, bis der Lappen von der Farbe verklebt ist. Einen neuen Lappen nehmen und fortfahren.

Man kann auch mit anderen Materialien experimentieren, zum Beispiel mit zusammengeknüllter Makulaturtapete oder mit Plastiktüten. Darauf achten, daß der Effekt auf der gesamten Wandfläche gleichmäßig ist; immer, wenn die Farbe am Papier angetrocknet ist, das Papier wechseln.

ANTIKISIEREN

Einen Voranstrich mit Ölfarbe in »halbmatt«, »glänzend« oder mit *Eggshell*-Lack auftragen und trocknen lassen. Einen Kanister Lasur in einem dunkleren oder ähnlichen Farbton oder in einer kontrastierenden Farbe mischen. Ein paar nicht fusselnde, weiße Lappen zurechtlegen und einen davon in Terpentinersatz tauchen. Nicht alle Lappen gleichzeitig befeuchten; der Terpentinersatz verfliegt schnell, und außerdem ist er feuergefährlich.

Die Lasur schnell auftragen und darauf achten, daß sie in die Vertiefungen der Oberfläche eindringt. Eine Fläche von ein paar Quadratmetern streichen – bei einer Leiste oder einem plastischen Fries dürfen es ein paar Meter sein. Mit dem befeuchteten Lappen die Lasur auf den hochstehenden Teilen wieder wegwischen. Trocknen lassen.

Wenn Sie einen abgestuften Effekt erzielen wollen, die Prozedur mit einer zweiten, dunkleren Lasurschicht wiederholen, aber diesmal etwas mehr wegwischen, damit die erste Farbschicht wieder zum Vorschein kommt.

DIE WICKELTECHNIK – DAS ABWICKELN

Mit Dispersionslack in einem mittleren bis blassen Farbton den Voranstrich auftragen und trocknen lassen. Einen Kanister Lasur in einem dunkleren Ton mischen und eine Menge Lappen von etwa 30 × 30 cm bereitlegen.

Die Lasur in Teilflächen von jeweils mehreren Quadratmetern auf die Wand auftragen. Einen Lappen zusammendrehen, bis er wie eine Wurst aussieht. Den Lappen von unten nach oben über die Fläche rollen und die frische Farbe abwickeln. Die Streifen müssen sich überschneiden, damit es keine Ränder gibt.

Das nächste Teilstück schnell streichen und abrollen, bevor die erste Fläche, die Sie bearbeitet haben, getrocknet ist. Das nächste Teilstück so ansetzen, daß sich die Ränder überschneiden und die Anschlußstellen nicht zu sehen sind. Man kann sich die Arbeit erleichtern, wenn man zu zweit arbeitet: Der eine streicht die Fläche ein und der andere rollt die Lasur ab. Aber nicht die Rollen mitten in der Arbeit tauschen, denn nicht jeder arbeitet mit dem gleichen Druck und mit gleichen Bewegungen.

DEKORATIONSARBEITEN

Ein Leitfaden für dekorative Maltechniken

Vorwiegend für Wandflächen geeignet

Das *Tupfen mit dem Schwamm* ist die schnellste und leichteste Maltechnik, mit der sich auf Wandflächen und Decken ein gebrochener Farbeffekt erzielen läßt.
VORANSTRICH: Dispersionslack in einem hellen Farbton *(rechts:* Hellgrau, *ganz außen:* Weiß).
SCHLUSSLACKIERUNG: Leicht verdünnter Dispersionslack in einem oder mehreren, dunkleren Farbtönen. Die hier verwendeten Farben sind dunkles Grau mit Koralle *(rechts)* und helles Pflaume und Taupe *(ganz außen).* Für subtilere Effekte verwendet man den gleichen Farbton in verschiedenen Abstufungen.
SPEZIALWERKZEUGE: Ein Naturschwamm zum Auftupfen der Lasurschicht(en).

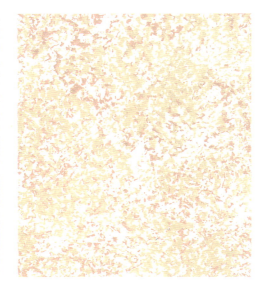

Durch die *Farbwäsche* erhält man feine Ton-in-Ton-Schattierungen, deren weicher, gebrochener Farbton sehr wohnlich wirkt.
VORANSTRICH: Heller Dispersionslack (Creme), verdünnt mit Wasser im Verhältnis 10:1.
SCHLUSSLACKIERUNG: Es gibt zwei Möglichkeiten, diesen Effekt zu erzielen. Entweder man trägt die Farbwäsche in zwei oder mehr Schichten auf, in einem Ton, der etwas dunkler ist als der Voranstrich – die Farbe wird mit Wasser im Verhältnis 5 Teile Farbe und 1 Teil (oder mehr) Wasser verdünnt. Oder man trägt – wie die Abbildung zeigt – nur eine Farbwäsche mit gelb getönter Lasur auf – das ergibt einen opalisierenden Effekt.
SPEZIALWERKZEUGE: Die Farbwäsche wird mit einem 10 cm breiten Flächenstreicher aufgetragen.

Das *Tupfen mit dem Lappen* – eine Variante der *Wickeltechnik* – hat eine intensivere Farbwirkung. Mit Ölfarben erzielt man sattere Farbwirkungen als mit Dispersionslacken.
VORANSTRICH: *Eggshell*-Lack (auf Ölbasis) oder Dispersionslack (blasses Enteneierblau).
SCHLUSSLACKIERUNG: *Eggshell*-Lack (auf Ölbasis), verdünnt mit Terpentinersatz oder Terpentinöl, gegebenenfalls mit einer opalisierenden Lasur (auf Ölbasis) gemischt; oder verdünnter Dispersionslack. Hier wurden helles Taupe und blasses Rauchblau verwendet.
SPEZIALWERKZEUGE: Die obere Farbschicht wird mit einem zusammengeknüllten, nicht fusselnden Lappen auf die Wand getupft, man kann auch zusammengeknülltes Papier oder Plastiktüten verwenden.
Das *Abtupfen* – eine Variante der *Wickeltechnik*. Man trägt die Lackschicht mit dem Pinsel auf und tupft sie mit einem zusammengerollten Lappen wieder ab.

Das *Abwickeln* – eine Variante der *Wickeltechnik*. Hier wird die Lasur mit einem Pinsel aufgetragen und mit einem zusammengeknüllten Lappen wieder abgewickelt.
VORANSTRICH: *Eggshell*-Lack (auf Ölbasis) in Creme.
SCHLUSSLACKIERUNG: Getönte, verdünnte Lasur (auf Ölbasis), gewöhnlich in einem dunkleren Ton als der Vorlack; hier in Saphirblau.
SPEZIALWERKZEUGE: Fusselfreie Lappen.

Das *Aufwickeln* – eine Variante der *Wickeltechnik*. Hier wird die Lasur mit einem zusammengeknüllten Lappen auf die Wand gewickelt.

Das *Antikisieren* ist eine Technik, die sich nur bei reliefartigen Oberflächen anwenden läßt: Am besten geeignet sind stark texturierte Tapeten oder Prägetapeten mit reliefartigen Mustern (siehe Abbildung), Profile, Türpaneele oder Rahmen, Fußleisten und traditionelle, gußeiserne Kamingitter im viktorianischen oder Edwardian Stil.
VORANSTRICH: *Eggshell*-Lack (auf Ölbasis) in hellen Farben (Grau).
SCHLUSSLACKIERUNG: Getönte, verdünnte Lasur in einem dunkleren Farbton oder in einer kontrastierenden Farbe (Jadegrün).
SPEZIALWERKZEUGE: Nicht fusselnde Stofflappen zum Abwischen der Lasur.

Vorwiegend für Holzflächen geeignet

Mit der *Kammzugtechnik* läßt sich ein weicher Streifeneffekt erzielen, der vorwiegend zur Dekoration von Holzflächen verwendet wird, aber auch für Wandflächen genommen werden kann. Auf Holzflächen lassen sich – mit einer etwas abgewandelten Technik – Holzmaserungen vortäuschen. Hierbei müßte man allerdings Farben in natürlichen Holztönen verwenden und die Pinselstriche so variieren, daß Astlöcher und Maserungen möglichst naturgetreu erscheinen.
VORANSTRICH: *Eggshell*-Lack (auf Ölbasis) in hellen Farbtönen (Dunkelrosa *rechts* und Elfenbein *ganz außen*).
SCHLUSSLACKIERUNG: Verdünnter *Eggshell*-Lack oder getönte, verdünnte Lasur (burgunderfarbene Lasur *rechts,* graugrüne Lasur *ganz außen*).
SPEZIALWERKZEUGE: Ein breiter, steifer Flachpinsel, mit dem man über die frisch aufgetragene, obere Farbschicht streicht, um den Streifeneffekt zu erzielen. Künstlerpinsel für die Nachahmung von Holzmaserungen.

Das *Marmorieren* dient der Nachahmung von Marmorarten. Man sollte sich dabei auf Flächen beschränken, die wirklich aus einem so schweren Material wie Marmor sein könnten; auf Fußleisten, Kaminverkleidungen, Fußböden und Lamperien wirkt eine Marmorierung überzeugend. Die beiden dargestellten Beispiele zeigen eine Imitation von Sienamarmor *(rechts)* und Brecciamarmor *(ganz außen).*
VORANSTRICH: *Eggshell*-Lack und Ölfarbe in Creme oder Weiß für hellen Marmor oder in sehr dunklem Grauschwarz, tiefem Dunkelrosa oder in erdigen Tönen, je nachdem, welche Art von Marmor nachgeahmt werden soll.
SCHLUSSLACKIERUNG: Verdünnte, getönte Lasur (auf Ölbasis) in zwei oder drei Nuancen, je nachdem, welche Art von Marmor imitiert werden soll. Hier wurden Sienabraun und Grau verwendet. Durch die Lasurschicht ziehen sich Adern in unverdünnter Künstlerölfarbe (Siena) und in verdünntem, gelbbraunem Umbra und Schwarz (Breccia).
SPEZIALWERKZEUGE: Sehr feine Künstlerpinsel und Federn zum Zeichnen der Adern. Mit einer Feder ist der Farbauftrag weicher als mit einem Pinsel.

EINE ANLEITUNG FÜR DEKORATIVE MALTECHNIKEN

Der *Schildpatteffekt* ist eine satte, warmfarbige Tönung, geeignet für Holzflächen und kleinere Objekte wie Holzkästchen oder Rahmen. Entweder man imitiert echtes Schildpatt oder man erfindet Phantasieeffekte in sattem Meergrün oder in warmen Rot- und Dunkelrosatönen.
VORANSTRICH für Schildpatt: Lackfarbe in Chrom oder leuchtendem Gelb.
SCHLUSSLACKIERUNG: Hier wurden drei verschiedene Lasuren verwendet – Siena, gelbbraunes Sienabraun und gelbbraunes Umbra. Über die noch feuchten Lasurschichten wurde mit einem breiten, sauberen Pinsel gestrichen, um einen weichen Effekt zu erzielen, dann wurden mit Terpentinersatz und gelbbraunem Umbra kleine Spritzer aufgebracht.
SPEZIALWERKZEUGE: Saubere, staubfreie Malerpinsel, mit denen die Lasur aufgetragen wird, und weiche Künstlerpinsel für die gesprenkelten Effekte.

Malachit (rechts) ist ein Phantasieeffekt, der keine Nachahmung des leuchtend grünen Malachits andeuten soll.
VORANSTRICH: Heller *Eggshell*-Lack (Weiß).
SCHLUSSLACKIERUNG: *Eggshell*-Lack (Jadegrün), mit etwas Terpentinersatz verdünnt.
SPEZIALWERKZEUGE: Der Effekt wurde erreicht, indem man ein Stück eingekerbte Pappe durch die obere Lackschicht zog. Die hellen Flecken im Innern der Maserungen wurden mit einem kleinen Künstlerpinsel gestupft.

Mit *Maserieren* lassen sich verschiedene Holzarten imitieren. Hier handelt es sich um das kostbare *Walnußholz (rechts)*.
VORANSTRICH: *Eggshell*-Lack in einer sehr hellen Farbe (blasses Gelb oder Wollweiß).
SCHLUSSLACKIERUNG: Eine Lasurschicht in Umbra und rötlichbraunem Siena wurde in unregelmäßigen Flecken aufgetragen, dann wurde mit der festen Ecke eines zusammengefalteten Lappens darübergewischt. Der Lappen wurde so bewegt, daß die Schlieren wie flatternde Bänder wirken; die Astlöcher kamen durch Drehen eines stumpfen Pinsels auf der Stelle zustande; und die Stellen zwischen den Astlöchern und den wirbelnden Bändern wurden mit einem kleinen Pinsel gestupft.
SPEZIALWERKZEUGE: Stoff, eine Auswahl kleiner Pinsel, darunter ein kleiner, stumpfer Pinsel.

65

DEKORATIONSARBEITEN

Schabloniertechnik

Früher wurden Schablonen aus gewachstem Karton, Messing oder anderen Metallblechen geschnitten; heute gibt es auch Plastikschablonen. Sie lassen sich leicht reinigen, sind durchsichtig und daher leicht anzulegen. Im Handel gibt es Schablonen aus Pappe und Plastik, fertig ausgeschnitten und als Sets – für jede Farbe eine Schablone – was man früher als »mehrschlägige« Schablonen bezeichnete. Auch Schablonen aus Metallblech sind auf dem Markt; sie werden gewöhnlich einzeln verkauft, nicht als Sets. Sie sind außerordentlich haltbar, und man muß nicht besonders vorsichtig mit ihnen umgehen.

Es gibt auch Schablonen mit aufgedrucktem Muster zum Selbstausschneiden. Wenn Sie eine künstlerische Ader und eine sichere Hand haben, können Sie sich auch selbst Schablonen aus gewachstem Karton oder aus Plastik anfertigen. Die wichtigsten Werkzeuge sind ein scharfes Schablonenmesser, eine Gummiunterlage zum Schneiden und ein Metallineal.

Schöne Resultate lassen sich erzielen, wenn man die Farben mit einem stumpfen Schablonenpinsel oder einem Schwamm aufträgt. Verwenden Sie gewöhnliche Dispersionslacke oder Ölfarben. Mischen Sie die Farbe, bis sie eine cremige Konsistenz hat und nicht am Pinsel oder am Schwamm kleben bleibt; sie darf aber auch nicht so dünn sein, daß sie hinter der Schablone an der Wand herunterläuft. Wenn Sie einen ganz bestimmten Farbton haben möchten, können Sie Dispersionslack mit Künstler-Acrylfarben oder Ölfarben mit Künstlerölfarben tönen.

Wenn Sie für Holzflächen wasserlösliche Farben verwenden, müssen Sie den Anstrich mit einem schützenden Polyurethanlack versiegeln; »matt« oder »seidenmatt« eignen sich am besten, da durch die gedämpften Lichtreflexe die handgemalten Motive besser zur Geltung kommen. Wenn Sie Farben mischen müssen, um den gewünschten Farbton zu erhalten, mischen Sie genügend Farbe für den ganzen Raum; es ist unwahrscheinlich, daß einem genau die gleiche Farbmischung zweimal gelingt. Für Plastikschablonen gibt es außerdem spezielle, schnelltrocknende Schablonenfarben und -stifte.

1. Die Fläche vor dem Aufmalen der Schablonenmuster wie üblich streichen. Die waagerechten und senkrechten Grundlinien der Schablonenbordüre mit Hilfe eines Senkbleis und einer Wasserwaage markieren.

2. Die Schablone als Vorlage benutzen und auf der markierten Bordüre alle Positionen der Schablone an allen vier Ecken markieren. Das sind wichtige Orientierungspunkte für das korrekte Anlegen der Schablone. Am besten nimmt man gewöhnliche Schulkreide; sie läßt sich schnell wieder wegwischen, wenn die Arbeit beendet ist.

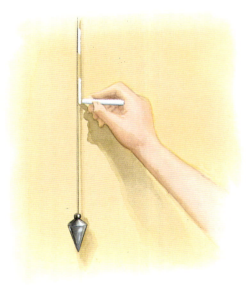

1

2

66

3. Die Schablone an den Kreidemarkierungen anlegen und mit Klebestreifen befestigen. Wird die Schablone für mehr als eine Farbe verwendet, beim Ausmalen alle Motive abkleben, die mit der nächsten Farbe ausgemalt werden sollen.

4. Den Schablonenpinsel oder Schwamm in die Farbe tauchen, ganz wenig Farbe aufnehmen – Pinsel oder Schwamm müssen fast trocken sein. Wenn die Farbe die richtige, cremige Konsistenz hat, mit dem Aufmalen oder Auftupfen beginnen – von der Mitte der Motive zu den Rändern hin arbeiten. Die Farbe soll nicht als gleichmäßig starke Schicht aufgetragen werden; der weiche, pastose Farbauftrag und seine unterschiedliche Stärke von Motiv zu Motiv gehören zum Charme der Schablonenmalerei.

5. Wenn sich die Farbe trocken anfühlt, die Schablone an der nächsten Position anlegen. Darauf achten, daß die Schablone immer sauber ist, bevor sie wieder angelegt wird; Pinsel oder Schwamm auswaschen, wenn sie verschmiert sind. Wenn das letzte aufgemalte Motiv noch nicht trocken ist und die Schablone beim Anlegen an die nächste Position das eben fertiggestellte Motiv verschmieren könnte, eine Position auslassen und den Zwischenraum später ausfüllen. Beim ersten Durchgang alle Motive ausmalen, die die gleiche Farbe haben. Schablone und Pinsel gründlich reinigen und mit der nächsten Farbe beginnen.

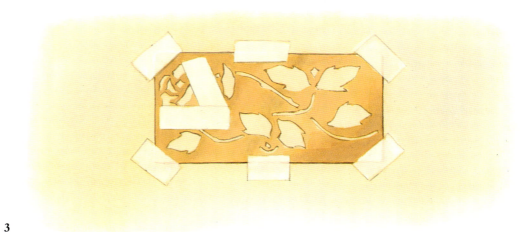

3

4

5

DEKORATIONSARBEITEN

WANDFLIESEN

Die Schönheit von Keramikfliesen überdauert die Zeiten. Die Fliesen, die einst römische Fußböden, holländische Wohnzimmer und viktorianische Kamine schmückten, haben ihre warme Farbigkeit, geschützt von einer undurchdringlichen Glasur, bis heute bewahrt. Da Fliesen sehr langlebig sind und zu den dauerhaftesten Oberflächen des Hauses gehören, sollte man sie mit Sorgfalt aussuchen. Wählen Sie Farben und Muster, die zum vorhandenen Farbkonzept passen, sich aber ebensogut in andere Kombinationen einfügen lassen. Fliesen mit Spalier- oder Bordürenmustern haben diese chamäleonartige Eigenschaft; eine schmale Fliesenbordüre als Abschluß einer einfarbigen Kachelwand läßt sich leicht mit anderen Mustern koordinieren und ist ein eleganter Akzent.

Man kann Fliesen durchaus auch zum Blickpunkt eines Raumes machen. In einem kleinen Badezimmer kann ein einfarbiges Muster, das Wände und Fußboden bedeckt, sehr wirkungsvoll sein; kunstvollere Muster, die auf Tapete und Vorhänge abgestimmt sind, passen besser über ein Waschbecken im Schlafzimmer, auf ein breites Fensterbrett oder auf eine Tischplatte. Buntgemusterte Fliesen mit mediterranem Flair eignen sich für ein tropisch angehauchtes Ambiente.

Akzente

Fliesen sollten mit viel Phantasie verlegt werden. Gemusterte Fliesen müssen nicht unbedingt *en masse* eingesetzt werden; man kann sie als Paneele oder waagerechte Bänder verlegen, die den Raum – und wahrscheinlich auch das Budget – strecken.

Lassen Sie sich von der Vergangenheit inspirieren: Bringen Sie eine schmale Fliesenbordüre über der Fußleiste an – das ist nicht nur dekorativ, es schützt auch die Wand –, koordinieren Sie die Bordüre mit dem Fußboden, dem Karnies oder der Bilderleiste.

Fliesen lassen sich wegen ihrer Hitzebeständigkeit und ihrer Unempfindlichkeit gegen Feuchtigkeit auch dort als Dekoration verwenden, wo eine Tapete oder ein Farbanstrich weniger angebracht wären. Was könnte dekorativer sein als ein Blickfang aus Fliesen in einem viktorianischen Kamin, rechts und links vom Grill, eine Tischplatte oder eine Fensterbank aus gemusterten Fliesen? Regale oder eine Fensterlaibung lassen sich mit antiken Fliesen verschönern, und aus den Scherben zerbrochener Fliesen läßt sich ein Mosaik für eine einfarbige Fliesenwand zusammensetzen.

OBEN *Fliesen sind wegen ihrer Haltbarkeit und ihrer wasserabweisenden Oberfläche die ideale Dekoration für Küche und Bad. Für große Flächen eignen sich unauffällige, zeitlose Dessins wie dieses feine Spaliermuster.*

LINKS *Hier wurden Fliesen im Schachbrettmuster verlegt. Die Bordüre unter der Decke läßt den Raumes niedriger erscheinen. Neben den grünen wurden blaue und weiße Fliesen verwendet.*

WANDFLIESEN

RECHTS *Eine Fliesenbordüre schließt die Fliesenwand ab. Blauweiß ist die Farbe des Bordürenmusters, des Spaliermusters auf den Wandfliesen und auf der Arbeitsplatte, und blauweiß sind die Candystreifen der Tapete. Ergänzt wird das Dekorationskonzept der Küche durch einfarbig blau gestrichene Holzteile.*

UNTEN *Die Koordinierung von Fliesenmustern und Stoffmustern schafft ein einheitliches Raumkonzept. Die Wandfliesen dieses Badezimmers haben einfache, geometrische Motive; für die Wand über dem Handwaschbecken und im unteren Teil der Wand wurde ein florales Muster gewählt. Diese beiden Hauptmuster bestimmen die Gestaltung des Raumes.*

69

DEKORATIONSARBEITEN

Wandfliesen verlegen

Falls Sie planen, eine Wand zu fliesen, bereiten Sie die Arbeit sorgfältig vor, damit Sie genau ausrechnen können, wie viele Fliesen Sie benötigen und – was noch wichtiger ist – möglichst wenige Fliesen zerschneiden müssen. Das sieht nicht nur besser aus, es erleichtert auch die Arbeit. Es lohnt sich, wenn Sie sich einen Wandaufriß auf Millimeterpapier zeichnen und die Fläche, die gefliest werden soll, maßstabgetreu einzeichnen. Achten Sie darauf, daß Sie an den äußeren Rändern der gefliesten Fläche keine geschnittenen Kacheln anbringen; dort würden sie unangenehm auffallen.

Zum Befestigen der Fliesen verwendet man Fliesenkleber, den es fertig zu kaufen gibt; im Bad und überall dort, wo mit Wasser umgegangen wird, sollte man wasserfesten Kleber verwenden; der Spachtel wird meist mitgeliefert. Zum Schneiden der Fliesen braucht man einen Fliesenschneider, mit dem die Schnittlinie markiert wird – er wird gewöhnlich mit Gebrauchsanweisung geliefert – und eine Fliesenbrechzange zum Brechen der Fliesen auf der markierten Linie. Wenn Sie starke Fliesen schneiden müssen, kaufen oder leihen Sie sich einen elektrischen Fliesenschneider. Wenn die Fliesen an der Wand verlegt sind, wird in die Fugen ein dünner Zementbrei oder ein handelsüblicher, elastischer Fugendichter gepreßt, damit eine glatte Oberfläche entsteht.

Die Oberfläche der Wand, auf der die Fliesen verlegt werden sollen, muß bestimmte Voraussetzungen erfüllen und gut präpariert werden. Glattverputzte Wände sind ein idealer Untergrund, aber auch auf bereits gefliese Wände können neue Fliesen verlegt werden. Auch auf eingezogenen Wänden aus Holzriegelwerk können ohne weiteres Fliesen verlegt werden. Anders ist es bei Holzwänden, die noch arbeiten; hier muß man Streckmetall anbringen, das die Bewegungen des Holzes auffängt, und es mit Gipsmörtel verputzen. Auch Spanplatten sind als Untergrund nicht geeignet, sie dehnen sich aus, wenn sie feucht werden, und die Fliesen würden Risse bekommen oder abfallen.

Nach dem Verlegen der Fliesen müssen die Fugen zwischen der gekachelten Wand und dem Waschbecken, der Badewanne oder der Duschkabine mit einem elastischen Fugendichter abgedichtet werden. Beim Abdichten der Fuge die Tülle der Tube von sich wegdrücken, anstatt sie zu sich hinzuziehen.

Kleine Flächen fliesen

1. Machen Sie sich einen genauen Plan für das Verlegen der Fliesen und achten Sie darauf, daß geschnittene Fliesen möglichst nicht an exponierten Stellen plaziert werden. Über einem Waschbecken sollten zum Beispiel nur ganze Kacheln verlegt werden. Wenn die Breite des Waschbeckens nicht mit der vielfachen Breite der Fliesen übereinstimmt, die geschnittenen Fliesen in der Mitte der Fläche verlegen. Wenn die Höhe der vorgesehenen Fliesenwand es erfordert, eine Reihe Fliesen zu verkürzen, die geschnittenen Fliesen in der untersten Reihe anbringen. Wenn die Ecke eines Raumes, zum Beispiel hinter einem Arbeitstisch in der Küche oder im Bad, gefliest werden soll, geschnittene Fliesen in der Ecke verlegen.

2. Den Fliesenkleber auf einer Fläche verteilen, auf der sechs Fliesen Platz haben (wenn Sie schon etwas Erfahrung haben, können Sie auch größere Flächen in Angriff nehmen).

3. Die Fliesen in das Klebebett drücken und darauf achten, daß sie genau auf der waagerechten Linie sitzen, die zuvor mit Hilfe einer Wasserwaage markiert wurde. Fliesen mit abgerundeten Kanten können auf Stoß verlegt werden; Fliesen mit geraden Kanten müssen mit Fugen verlegt werden. Das macht sich leichter, wenn man Fugenhölzer zwischen die Fliesen legt, damit der Abstand überall gleich ist. Zuerst alle ungeschnittenen Fliesen verlegen.

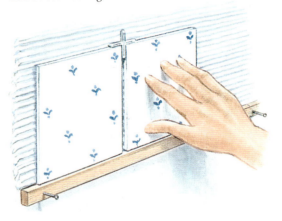

4. Wenn eine Fliese zerschnitten werden muß, zuerst die Linie markieren, auf der geschnitten werden soll, dann die glasierte Oberfläche mit dem Fliesenschneider einritzen. Die Fliese über einen Bleistift legen, der genau unter der eingeritzten Linie liegt, und rechts und links von der Linie fest auf die Fliese drücken, damit sie auseinanderbricht.

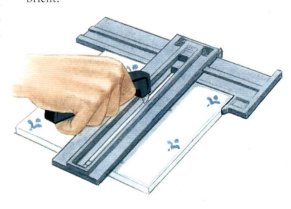

WANDFLIESEN VERLEGEN

5. Bei stärkeren Fliesen die Bruchlinie mit dem Fliesenschneider markieren, die Fliesenbrechzange rechts und links von der markierten Linie ansetzen und fest zudrücken, bis die Fliese auseinanderbricht. Die Bruchstelle mit einem feinen Schleifstein glätten.

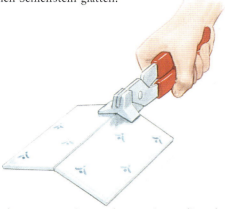

6. Wenn ein Stück aus einer Fliese herausgeschnitten werden muß – zum Beispiel für ein Rohr –, die Stelle nach und nach mit einer Kneifzange herausbrechen. Als Hilfsmittel dient ein Stück Papier in der Größe der herauszuschnei-

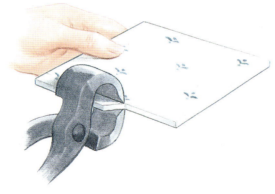

denden Stelle, mit dessen Hilfe die Umrisse auf die Fliese übertragen werden.

7. Wenn alle Fliesen verlegt sind, den Kleber trocknen lassen – das dauert gewöhnlich 12 Stunden. Den Fugenfüller mit einem Gummischaber in die Fugen pressen. Den überschüssigen Mörtel sofort mit einem feuchten Schwamm abwischen und den Schwamm mit Wasser ausspülen.

GROSSE FLÄCHEN FLIESEN

1. Fertigen Sie sich einen genauen Plan an, wie die Fliesen verlegt werden sollen, bevor Sie die Arbeit beginnen. Planen sie so, daß an äußeren Ecken und an der Oberkante von halbhoch gefliesten Wänden keine geschnittenen Kacheln plaziert werden müssen. Von einer waagerechten Linie ausgehen und die Unter- und Oberkante der Fliesenwand auf die Fußleiste ausrichten. Allerdings sind Fußleisten nicht immer waagerecht, und vielleicht entschließen Sie sich sogar, eine neue Fußleiste an der Unterkante der Fliesen anzubringen.

Auch beim Verlegen von Fliesen über Fenstern und Türen könnte es Probleme geben. Die einfachste Lösung wäre, eine waagerechte Holzlatte als Orientierungshilfe beim Verlegen der untersten Fliesenreihe anzubringen. Bei der Plazierung der Latte kann man sich – falls vorhanden – nach der Oberkante der halbhohen Fliesenwand richten oder nach bereits vorhandenen Fliesen über dem Fenster oder der Tür. Die Latte mit langen Stahlnägeln befestigen und mit der Wasserwaage prüfen, ob sie genau waagerecht ist.

Den Fliesenkleber auf der Wand verteilen, die Fliesen andrücken und wie oben beschrieben weiterarbeiten – von der Latte aufwärts. Es gibt Spezialfliesen mit integrierter Seifenschale oder Handtuchhalter; falls sie sehr schwer sind, mit Klebeband festhalten, bis der Fliesenkleber getrocknet ist. Zum Schluß, falls erforderlich, etwaige Lücken im unteren Teil der Wand, über dem Fenster oder über der Tür mit geschnittenen Fliesen ausfüllen. Wenn der Fliesenkleber getrocknet ist, den Fugenfüller in die Fugen drücken und die Fliesen reinigen.

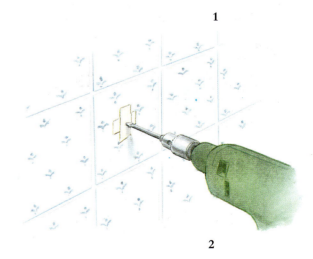

2. Wenn Löcher in bereits verlegte Fliesen gebohrt werden müssen, mit niedriger Drehzahl bohren und Rundkopf- oder Linsenkopfschrauben verwenden. Beim Bohren ein Stück Klebeband über die Fliese kleben, damit der Bohrer beim Arbeiten nicht abrutscht.

71

DEKORATIONSARBEITEN

Stoffbespannungen

Mit Stoff läßt sich ein langweiliger Raum in einen romantischen Pavillon verwandeln. Stoffverkleidete Wände und eine zeltartig bespannte Decke eignen sich besonders gut für ein Speisezimmer; einem durchschnittlichen Schlafzimmer verleihen sie einen Hauch von Tausend und einer Nacht. Quadratische Räume sind prädestiniert für solche Ausstattungen: Der Stoff wird im Mittelpunkt der Decke angebracht und in bauschenden Bögen zu den Seiten geführt. Bei einem langrechteckigen oder asymmetrischen Raum müssen die von der Decke herabfallenden Stoffbahnen genau berechnet werden.

Stoffvorschläge

Mit Stoff sollte man bei einer solchen Ausstattung verschwenderisch umgehen, denn ihre Wirkung hängt allein von der Fülle der Drapierungen ab. Sie brauchen nicht etwa luxuriöse Stoffe, um einen opulenten Effekt zu erzielen – ein leichter Baumwollstoff läßt sich genausogut drapieren; aber auch mit Käseleinen oder Musselin in Hülle und Fülle lassen sich wahre Wunder vollbringen; die duftige, diaphane Wirkung der Stoffwolken ist noch umwerfender, wenn sie von Wänden in satten, warmen Farben hinterfangen werden. Stellen Sie sich breite, uni oder gestreifte Stoffbahnen vor, mit Bändern und Rosetten geschmückt, oder einen Baumwollsatin in glühenden Farben, die das Licht reflektieren, verziert mit Fransen und Quasten. Moiréseide als Wandbespannung wirkt sehr elegant und keineswegs raumverkleinernd. Wenn es sich um einen großen Raum handelt, kann man Muster neben Muster setzen: Zum Beispiel würde sich ein Girlandenmuster an der Decke mit einem floralen Streifenmuster oder einem Spaliermuster mit einzelnen Blattmotiven an den Wänden gut vertragen.

Proportionen

Wählen Sie Stoffe und Muster, die günstig für die Proportionen des Raumes sind. Feine gazeartige Stoffe an einer niedrigen Decke und ein feines Streifenmuster an der Wand lassen den Raum höher erscheinen; wogegen ein lebhaft gemusterter Stoff für eine zeltartige Deckenverkleidung und dazu ein dunkler, einfarbiger Stoff für die Wände eher eine intime Atmosphäre schaffen. Wenn Sie eine ungewöhnlich hohe Decke optisch herunterziehen möchten, verkleiden Sie nur die Decke mit einer Draperie und kaschieren Sie die Kanten an der Wand mit einer Borte oder einem Karnies. Wenn Sie eine Decke mit reicher Stuckierung haben, beschränken Sie sich auf eine gefältelte Wandverkleidung oder auf Stoffpaneele, und vervollständigen Sie das Raumkonzept mit Portieren über den Türen und üppigen, bodenlangen Vorhängen an der Fenstern.

RECHTS *Opulent, aber praktisch ist diese zeltartige Deckenbespannung: eine dramatische Dekoration für das Speisezimmer mit Wintergartencharakter, aber gleichzeitig ein Schutz vor grellen Sonnenstrahlen. Viele Meter Baumwollvoile wurden von der Deckenmitte aus in weiche Falten gelegt, die Voilefestons vor den Fenstern werden von Rosetten gehalten. Die gekräuselten Querbehänge schließen mit einer spitzenbesetzten Bogenkante ab.*

RECHTS *In diesem Schlafzimmer verschmelzen Wände und Fenster: die Wand hinter dem Bett ist von bodenlangen Vorhängen bedeckt, die im gleichen Stil wie die Fenstervorhänge aufgemacht sind. Sie sind aus cremefarbenem Voile, passend zur Wand, und werden von Schärpen aus gestreiftem Baumwollstoff gerahmt, dem gleichen Stoff aus dem die Fenstervorhänge und die Bettdecke sind. Die Wandverkleidung wird von zwei hölzernen Säulen begrenzt.*

DEKORATIONSARBEITEN

Stoffverkleidungen

Die Wände

Messen Sie, wie groß die Wandfläche ist, die Sie verkleiden wollen, und vergewissern Sie sich, wie breit der Stoff ist, den Sie verwenden möchten. Dann rechnen Sie sich aus, wie breit die Gesamtfläche ist, die verkleidet werden soll. Wenn Sie Stoff auf Drahtseile spannen und kräuseln, brauchen Sie eineinhalbmal die Breite der gesamten Wandfläche; wenn die Stoff glatt gespannt und mit Heftklammern befestigt werden soll, müssen Sie in der Breite etwas zugeben für die Nähte zwischen den Stoffbahnen und außerdem noch etwa 10 cm für den Umschlag auf beiden Seiten; wenn der Stoff gefältelt und mit Heftklammern befestigt werden soll, brauchen Sie zwei- bis dreimal die Breite der Fläche plus 10 cm für den Umschlag an den beiden Seiten. Dividieren Sie die gesamte Stoffbreite durch die Breite des Stoffes, den Sie verwenden möchten, dann wissen Sie, wie viele Stoffbreiten Sie benötigen. Bei der Berechnung der Länge müssen Sie bei jeder Stoffbahn 10 cm zugeben für Futteralkanten oder für einen Umschlag oben und unten zum Befestigen der Heftklammern – außerdem brauchen Sie bei gemusterten Stoffen für jede Bahn noch eine Zugabe für den Verschnitt. Multiplizieren Sie die Anzahl der Stoffbahnen mit der erforderlichen Länge, dann haben Sie den gesamten Stoffverbrauch.

1. Rund um den Raum müssen oben und unten Latten angebracht werden zum Befestigen des Stoffes mit Heftklammern oder Gardinenhaken (S. 211). Die Latten kann man mit langen Stahlnägeln oder Schrauben an den Wänden befestigen oder mit einem starkhaftenden Klebstoff ankleben.

2. Da die Stoffbahnen nicht direkt auf der Wand aufliegen, müssen Lichtschalter und Steckdosen höher gelegt werden, damit sie mit den Latten fluchten; außerdem muß rund um die Schalter ein kleiner Lattenrahmen zum Befestigen des Stoffes angebracht werden. Drehen Sie immer die Sicherungen heraus.

3. Wenn der Stoff gekräuselt werden soll, spannen Sie an den Latten rund um den Raum Stahlseile. Bringen Sie auch Stahlseile an den Latten über und unter den Steckdosen und Lichtschaltern, über den Türen und über und unter den Fenstern an. Die Stoffbahnen für die großen Wandflächen nähen und an den Seiten je einen schmalen Saum umschlagen. Oben und unten je eine Futteralkante von 5 cm Breite nähen; die Futteralkante durch eine Längsnaht in der Mitte in zwei Futterale von je 2,5 cm Breite teilen. Die Stahlseile durch das Futteral ziehen und die Stoffbahnen aufhängen. Den Stoff gleichmäßig über die Wand verteilen.

Die Position von Steckdosen und Lichtschaltern auf dem Stoff markieren. Den Stoff wieder abnehmen, an der markierten Stelle H-förmig einschneiden, die beiden losen Enden nach oben bzw. nach unten einschlagen und je eine Futteralkante nähen, die an den Latten oberhalb und unterhalb der Steckdose befestigt wird. Die Kanten an der Öffnung mit Zickzackstichen versäubern und die Stoffbahn wieder aufhängen.

4. Wenn die Stoffbahnen glatt gespannt und mit Heftklammern befestigt werden sollen, müssen zusätzlich senkrechte Latten an den Ecken des Raumes und rund um Türen und Fenster angebracht werden. Die Stoffpaneele für die einzelnen Flächen vorbereiten, rundherum 10 cm Stoff einschlagen. Den Stoff mit Heftklammern an den Latten befestigen. An einer senkrechten Latte in einer Ecke des Raumes beginnen. Die ersten Heftklammern auf der linken Seite des Stoffes befestigen und ihn in die richtige Richtung kippen, d. h. rechte Seite nach oben. Die Oberkante des Stoffes zuerst an der oberen, waagerechten Latte befestigen. Vor dem Befestigen an der unteren Latte muß der Stoff sehr stramm gezogen werden. Es ist leichter, wenn sich zwei Personen diese Arbeit teilen: Einer arbeitet an der Decke, der andere an der Fußleiste.

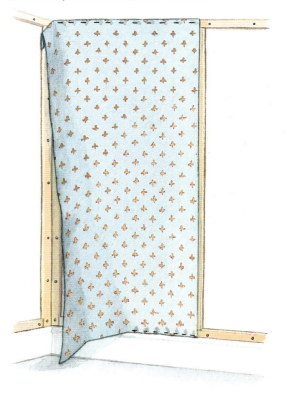

STOFFVERKLEIDUNGEN

5. Wenn der Stoff gefältelt und mit Heftklammern befestigt werden soll, die Stoffpaneele nähen und die Falten einbügeln. Zuerst wird der Stoff an einer der senkrechten Latten mit Heftklammern befestigt. Dann wird jede Falte einzeln, zuerst oben, dann unten, befestigt.

6. Bei Lichtschaltern ein kleines Loch in den Stoff schneiden und diagonale Schnitte zu den Ecken des Schalters machen, alle vier Ecken umkippen und den Stoff mit Heftklammern auf dem Lattenrahmen am Schalter befestigen. Die Heftklammern auf den Latten mit schräggeschnittenen Stoffstreifen oder mit einer fertigen Webborte verdecken.

ZELTARTIGE DECKENBESPANNUNGEN

Wenn Sie außer der Decke auch die Wände mit Stoff verkleiden wollen, beginnen Sie mit der Decke. Danach befestigen Sie die Latten für die Wände. Entfernen Sie die Deckenlampe in der Mitte des Raumes und schrauben Sie die Sicherungen heraus, bevor Sie die Latten an der Decke befestigen.

1. Die Latten rundherum an den Wänden befestigen, entweder direkt unterhalb der Decke oder 30 bis 40 cm tiefer, wenn Sie den zeltartigen Charakter betonen oder die Decke optisch herunterziehen wollen.

2. Machen Sie sich einen maßstabgetreuen Schnitt für das Zelt: Messen Sie die Breite der Wände, dann berechnen Sie den Abstand von der Mitte der Decke zu jeder Ecke des Raumes. Damit haben Sie die Seitenlängen der vier Stoffdreiecke, die Sie für das Zelt benötigen. Machen Sie genug Zugaben für Kräuselungen, falls erforderlich, und für Nähte und Säume. Dann rechnen Sie aus, wieviel Stoff Sie brauchen: Teilen Sie die Breite der Paneele durch die Breite des Stoffes. Vergessen Sie auch nicht, bei der Länge den Verschnitt durch den Rapport mit einzukalkulieren.

Nähen Sie die vier Dreiecke und säumen Sie alle drei Seiten; die Grundlinie des Dreiecks wird jeweils an den Latten am oberen Teil der Wand befestigt und – falls erforderlich – gekräuselt oder gefältelt.

3. Sie können selbst eine einfache Deckenrosette basteln, an der Sie den Stoff im Mittelpunkt der Decke befestigen. Versuchen Sie, unter dem Putz einen geeigneten Deckenbalken in der Mitte des Raumes zu finden, indem Sie in Abständen von einigen Zentimetern die Decke anbohren, bis Sie auf Holz stoßen. Sie können sich die Suche nach dem Deckenbalken durch Abklopfen der Decke erleichtern (S. 121). Statt der Rosette kann man auch einen starken Haken in den Balken schrauben, an dem die Stoffdreiecke befestigt werden.

Einen quadratischen Holzklotz von 4 cm Stärke

und 5 cm Seitenlänge schneiden. Aus Sperrholz oder aus einer Spanplatte eine runde Platte von 20 cm Durchmesser schneiden.

Die runde Platte mit Stoff bespannen und den Stoff auf der Rückseite festkleben oder mit Heftklammern befestigen. Löcher in den Holzwürfel bohren und ihn am Deckenbalken anschrauben.

4. Die mit Stoff bespannte Sperrholzplatte mit Schrauben oder Nägeln an dem Holzblock befestigen, und schon ist die Deckenrosette fertig. Die Stoffdreiecke mit Heftklammern auf der

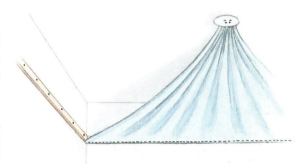

Unterseite der Holzlatten an den Wänden befestigen.

Die Stoffdreiecke an der Spitze kräuseln, entweder mit Stichen oder mit Hilfe einer Futteralkante, durch die eine Kordel gezogen wird, auf der Unterseite oder der Oberseite der Deckenrosette mit Heftklammern befestigen.

Eine dekorative Stoffrosette über die unversäuberte Kante kleben, mit einem passenden Stoff einfassen und mit Borte oder Quasten verzieren.

75

HARTE FUSSBODENBELÄGE

Der Glanz gutgewachster Holzböden, die kühle Schönheit von Keramikfliesen und die Wärme von Vinylböden – das sind nur wenige Beispiele für die Vielfalt der Materialien, die uns als Bodenbeläge zur Verfügung stehen. Genauso vielfältig ist die Auswahl von Materialien, die andere, wertvollere Stoffe vortäuschen sollen. Erfindungsgabe und der Bedarf an kostengünstigen Materialien führten zur Herstellung von Holzdielen mit Schablonenmalerei, die Teppichmuster vortäuschen, von Keramikfliesen, die wie Marmor aussehen, und von Vinylplatten mit klassischen Kachelmustern.

Die Schönheit von Holz

Wegen seiner Wärme und seiner Schönheit wurde Holz als Innenausstattungsmaterial von jeher geschätzt und hat bis heute nichts von dieser Beliebtheit eingebüßt. Denken Sie an die dunkelglänzenden, breiten Eichendielen, die regelmäßig gewachst wurden, oder daran, daß man im achtzehnten Jahrhundert Holzböden mit nassem Sand scheuerte, damit sie heller wurden und diese wunderschöne, silbriggraue Farbe bekamen.

Dielen aus Weichfaserholz haben häufig einen gelblichbraunen Farbton, der sich mit einer durchsichtigen Farbwäsche in Grau oder Blau, mit einer cremigen Lasur oder einer pfirsichfarbenen Beize günstig beeinflussen läßt. Sie wird in Richtung der Maserung eingerieben und dämpft den natürlichen, kräftigen Farbton. Damit wäre gleichzeitig ein idealer Untergrund für Schablonenmalerei geschaffen – die sich wiederum mit einer Lackschicht versiegeln läßt. Man könnte zum Beispiel eine Bordüre aufmalen, ein marmoriertes Schachbrettmuster oder ein Teppichmuster.

Wenn die Dielen zu dünn oder zu splittrig sind, um den Erfolg einer solchen Behandlung zu garantieren, wäre die beste Lösung, sie durch versiegelte Weichfaserdielen zu ersetzen, die nicht poliert werden müssen, oder

RECHTS *Breite, gewachste Holzdielen stehen als Fußbodenbelag, was Behaglichkeit und Aussehen betrifft, immer noch an erster Stelle. Versuchen Sie nicht, ihren Boden auf Hochglanz zu polieren. Gehen sie ökonomisch um mit Ihrer Energie: Legen Sie einen Teppich in die Mitte und bohnern Sie drum herum. Ein weiterer Vorteil: Der Teppich sorgt für zusätzliche Wärme, und der Boden wird nicht so stark abgenutzt.*

LINKS *Die milchige Blässe der Holzdielen kam durch Einreiben mit Farbe zustande. Der Boden erinnert an das achtzehnte Jahrhundert, als man Holzböden mit Sand scheuerte und bleichte, bis sie einen silbrigen Schimmer hatten. Hier wurde Eggshell-Lack in die Holzfasern eingerieben: Man wollte damit einen weichen Grundton erzielen, der auf die Farben der Tapete und der Raumtextilien abgestimmt ist.*

HARTE FUSSBODENBELÄGE

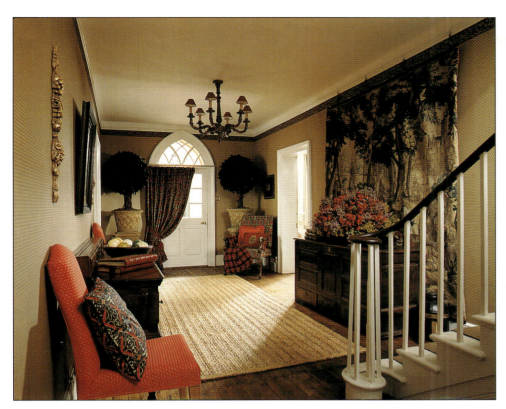

RECHTS *Schwere Steinplatten bedeckten jahrhundertelang die Fußböden von Bauernhäusern und kleineren Landhäusern. Sie erfordern ein Minimum an Pflege. In diesem Haus wurden die Steinplatten pur verwendet – man läßt sie für sich selbst sprechen. Wer Wert auf Komfort legt, kann indische oder Orientteppiche darauflegen, die zu dem traditionellen Stil des Hauses passen.*

OBEN *Holzdielen im klassischen Muster von Marmorböden, gebeizt und versiegelt – der täuschend ähnlichen Wirkung wegen. Die Technik ist relativ einfach. Das Marmormuster wurde gewählt, weil Wände und Lamperie marmoriert sind. Auch ein gesprenkelter Farbeffekt oder eine Dekoration in einer der alten Farbtechniken könnte man sich hier gut vorstellen.*

durch Parkett im traditionellen Fischgrat- oder Würfelmuster, das durch eine Wachspolitur einen bräunlichen Schimmer erhält.

Fußbodenbeläge aus Naturstoffen

Fußbodenfliesen sind dicker und weniger glänzend als Wandfliesen und werden häufig aus Sicherheitsgründen texturiert. Auch die Muster sind ausdrucksvoller, sie reichen von kunstvollen, maurischen Motiven und von Reproduktionen viktorianischer Muster bis zu modernen Siebdrucken. Einfarbige Fliesen gibt es in vielen Formen, sechseckige und florentinische Formen, rechteckige und quadratische. Man kann sie – in Anlehnung an traditionelle Marmorböden – zusammen mit rautenförmigen Fliesen verlegen oder sie mit einer dekorativen Bordüre akzentuieren. Ein gemusterter Fliesenboden wird zum Blickpunkt des Raumes; wählen Sie daher Muster und Farben so aus, daß sie nicht mit Ihrem jetzigen oder künftigen Ausstattungskonzept kollidieren können – mit »gotischem« Grün für den Wintergarten, abgestimmt auf Pflanzen und Rattanmöbel, mit Delfter Blau für die Küche oder mit einem klassischen, schwarzweißen Schachbrettmuster für die Diele kann man so gut wie nichts falsch machen.

Unglasierte Fliesen haben einen natürlichen, ungekünstelten Charme. Verlegen Sie mediterrane Tonfliesen in der Diele oder in der Eingangshalle und traditionelle, terrakottafarbene Steinfliesen in der Küche oder kreieren Sie ein eindrucksvolles Entree im viktorianischen Stil mit einem Fliesenboden im Schachbrettmuster.

Ziegel- und Steinfußböden sind aus Materialien, die zu den Baustoffen eines Hauses gehören. Genau wie Steinfliesen, werden sie häufig deshalb verlegt, weil sie unempfindlich gegen Feuchtigkeit sind und weil sie ein Minimum an Pflege brauchen. Sie müssen weder versiegelt noch poliert werden – das könnte sogar schädlich sein.

Industriell gefertigte Fußbodenbeläge

Kork-, Vinyl- und Linoleumbeläge haben nicht nur die praktischen Vorzüge eines glatten Bodens, sie speichern auch Wärme – was in kälteren Klimazonen sehr willkommen ist. Ein gewachster Korkboden hat einen weichen Schimmer, der sich besonders gut für ein Schlafzimmer eignet. Da Kork, genau wie Holz, sich bei Feuchtigkeit ausdehnt, sollte man ihn versiegeln, falls man ihn in der Küche oder im Bad verlegt. Dort wäre Vinyl mit seiner wasserabweisenden Eigenschaft die bessere Wahl. Wählen Sie ein einfaches Fliesenmuster oder ein gesprenkeltes Muster, wenn Sie einen unaufdringlichen Untergrund für Ihre Ausstattung suchen oder ein ausdrucksvolleres Muster, das die Wirkung der Dekoration unterstreicht; wählen Sie Vinylfliesen für kleinere, unregelmäßige Flächen und Vinyl vom laufenden Meter, wenn es sich um große Flächen handelt, die schnell verlegt werden sollen.

Eine andere Möglichkeit wäre Linoleum, das aus natürlichen Materialien hergestellt wird. Es steht in einer großen Auswahl warmer Farben, meist in gesprenkelten Muster zur Verfügung und gehört zu den strapazierfähigsten Bodenbelägen.

RECHTS *Ein optischer Trick: Das Muster der Vinylfliesen hat plastische Wirkung. Ein Lieblingsmuster von Stoffdesignern, das sich genauso gut für Fußböden verwenden läßt.*

UNTEN *Bodenbeläge aus Vinyl sind ökonomisch. Sie sind warm und elastisch – ein Vorteil gegenüber vielen anderen glatten Böden. Ein Vinylbelag ohne Naht ist leicht zu verlegen und eignet sich hervorragend für Badezimmer, weil die Feuchtigkeit ihm nichts anhaben kann.*

OBEN *Keramikfliesen wirken in jeder Umgebung elegant. Hier ist ein Schachbrettmuster gewählt, das an Marmorböden erinnert. Das Rautenmuster der Bordüre ergänzt es.*

Dekorationsarbeiten

FUSSBODENBELÄGE

Holzböden restaurieren

Holzböden erfordern eine sorgfältige Behandlung, bis die Oberfläche glatt und gleichmäßig in der Farbe ist und man eine Schutzschicht aus Polyurethanlack oder eine Fußbodenversiegelung auftragen kann. Diese Arbeit ist mit den üblichen elektrischen Schleifmaschinen nicht zu bewältigen und durch Schleifen von Hand schon gar nicht. Wenn Sie vor diesem Problem stehen, sollten Sie sich eine Bodenschleifmaschine ausleihen – sie sieht aus wie eine Kreuzung zwischen Rasenmäher und Staubsauger. Das Schleifpapier sitzt auf einer großen Trommel; das Sägemehl wird in einen Sack gesaugt, der an der Seite sitzt. Sie müssen unbedingt Schutzkleidung tragen – vor allem eine Gesichtsmaske mit auswechselbarem Musselinfilter. Auch die können Sie ausleihen. Zusätzlich brauchen Sie eine kleine Schleifmaschine mit einem kleineren Band, damit Sie die Ecken bearbeiten können; auch die können Sie ausleihen. Schließlich brauchen Sie mehrere Blätter grobes und feines Schleifpapier, je nach Beschaffenheit der Holzdielen.

1. Den Raum vollständig ausräumen und die Fenster öffnen. Die Türritzen mit Zeitungspapier verstopfen. Wenn der Boden vorher einen Belag aus Linoleum, Teppich oder Hartfaserplatten hatte, der mit Nägeln befestigt war, so viele Nägel wie möglich entfernen und den Rest gut einklopfen.

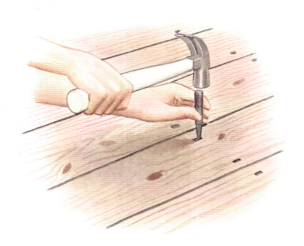

2. Legen Sie grobes Schleifpapier in die Maschine, und schleifen Sie diagonal über die Dielen, hin und zurück auf der gleichen Bahn. Wenn Sie die ganze Bodenfläche bearbeitet haben, die Sie mit der Maschine erreichen konnten, feineres Schleifpapier einlegen und die Dielen in Richtung der Maserung bearbeiten, ebenfalls vor und zurück. Zum Schluß mit einer kleineren Schleifmaschine die äußeren Ränder des Bodens bearbeiten, ebenfalls in Richtung der Maserung.

Nach dem Schleifen gründlich staubsaugen und anschließend den Boden mit einem fusselfreien, in Terpentinersatz getauchten Lappen aufwischen. Das Holz darf dabei nicht feucht werden. Nicht mehr als unbedingt nötig auf dem Boden herumlaufen.

Oberflächenbehandlung von Holzdielen

Da Holz ein poröses Material ist, muß die Oberfläche versiegelt werden, um es vor dem Eindringen von Schmutz und Wasser zu schützen, denn Wasser würde Flecken hinterlassen. Was die Farbe anbetrifft, so lassen sich Holzböden entweder mit einem handelsüblichen Zweiphasenbleichmittel bleichen oder mit einer Beize dunkler tönen.

Zum Bleichen der Dielen den ersten Teil des Bleichmittels auftragen – danach wird der Boden zunächst etwas dunkler. Den zweiten Teil auftragen und das Bleichmittel einwirken lassen. Beachten Sie die Gebrauchsanweisungen.

Zum Beizen des Holzbodens verwendet man eine speziell für diesen Zweck hergestellte Beize auf Spiritusbasis; bei dieser Behandlung quillt die Maserung des Holzes nicht, wie es bei einer Beize auf Wasserbasis der Fall wäre. Die Beize gleichmäßig mit einem Tuch verteilen, dabei die Gebrauchsanweisung beachten.

Das Versiegeln des Bodens erfolgt zum Schluß; man nimmt dazu einen Zweiphasen-DD-Lack. Er muß in einer Porzellan- oder Glasschüssel gemischt werden (nicht in Plastik) und mit einem Pinsel auf die Dielen aufgetragen werden. Der Raum muß sauber und staubfrei sein, bevor man mit der Arbeit beginnt. In einem gutdurchlüfteten Raum arbeiten und dafür sorgen, daß Kinder und Personen mit Atemschwierigkeiten nicht in die Nähe kommen. Der Lack trocknet schnell, zwei oder drei Schichten sollten reichen.

Zum Polieren des Bodens verwendet man eine eigens für diesen Zweck hergestellte Hochglanzcreme, die einen rötlichen Schimmer hinterläßt. Wenn Sie einen natürlicheren Glanz vorziehen, reiben Sie die Oberfläche mit feiner Stahlwolle ab. Nehmen Sie etwas Wachspolitur zur Hilfe, dann gleitet die Stahlwolle besser, und es arbeitet sich leichter.

Wenn Sie sich für Polyurethanlack entscheiden, verdünnen Sie die erste Schicht mit Terpentinersatz. Tragen Sie zwei weitere Schichten Hochglanz-Polyurethanlack auf und zum Schluß entweder Polyurethan »matt« oder »seidenmatt« oder – wenn Sie einen natürlichen Glanz bevorzugen – bearbeiten Sie den Boden mit Stahlwolle, die Sie kurz in Wachs tauchen.

Damit die Polyurethanlackierung nicht so synthetisch aussieht und die Dielen nicht gelblich werden, können Sie ihn mit ein wenig weißem *Eggshell*-Lack (auf Ölbasis) mischen, dann wirkt die Deckschicht leicht milchig.

Vinylböden verlegen

Vinyl ist als Meterware oder in Form von Fliesen erhältlich; sehr populär sind auch Vinylbodenbeläge, die andere Materialien wie Ziegel, Fliesen, Holz oder Kork vortäuschen.

Vermessen Sie den Raum (S. 212) und wählen Sie die passende Breite. Sie sollten eine Breite wählen, bei der Sie am wenigsten Nahtstellen haben. Wenn Sie Vinyl auf alten Holzdielen verlegen, präparieren Sie den Boden, indem Sie Hartfaserplatten darüberlegen; sie werden im Abstand von 15 cm festgenagelt. Rollen Sie das Vinyl auf und lassen Sie es, wenn möglich, 24 Stunden in einem warmen Raum liegen.

Die meisten Vinylarten müssen nicht befestigt werden; dünnere Varianten kann man mit doppelseitigem Klebeband befestigen.

1. Entscheiden Sie sich, in welcher Richtung Sie das Vinyl verlegen wollen und rollen Sie es so auf, daß es mit einer Kante an einer Wand des Raumes liegt. Wenn die Wand gerade ist, können Sie das Vinyl ohne weiteres paßgenau anlegen; wenn die Wand unregelmäßig verläuft, ziehen Sie das Vinyl ein paar Zentimeter von der Wand weg.

Nun muß der Verlauf der Wand auf das Vinyl übertragen werden: Man nimmt ein rechteckiges Stück Holz von 10 cm Länge, hält das Holz senkrecht gegen die Fußleiste und einen Bleistift fest gegen das andere Ende des Holzstückes gedrückt. Mit dem Holz an der Fußleiste entlangfahren, während der Bleistift gleichzeitig den Verlauf der Wand auf das Vinyl zeichnet.

Mit einem scharfen Universalmesser das Vinyl auf der markierten Linie durchschneiden. Wenn eine der angrenzenden Wände ebenfalls kleine Unregelmäßigkeiten aufweist, die Prozedur wiederholen und den Verlauf der Wand auf das Vinyl übertragen. Bei größeren Unregelmäßigkeiten, etwa einem Kaminvorsprung oder einem Erkerfenster, muß anders verfahren werden (s. Punkt 3).

2. Die geschnittene Kante paßgenau an die Wand anlegen und das Vinyl so flach wie möglich ausbreiten. Als nächstes müssen »befreiende Schnitte« an den Ecken des Raumes gemacht werden, indem man in das überschüssige Material hineinschneidet. Die Ecke mit einem diagonalen Schnitt abschneiden. Aber nicht zuviel auf einmal, sondern nur stückchenweise; dabei immer wieder anlegen und überprüfen.

3. Je mehr von den Ecken abgeschnitten wird, desto höher schiebt sich das überschüssige Material an der Fußleiste hoch und erschwert die Arbeit. Den überschüssigen Streifen auf etwa 10 cm zurückschneiden – dann läßt sich das Vinyl leichter handhaben.

Wenn das Vinyl schließlich flach auf dem Boden liegt, muß es fest in die Ecke der Fußleiste hineingedrückt werden. Den überschüssigen Streifen mit einem scharfen Messer völlig abschneiden; dabei der Fußleiste so genau wie möglich folgen und vorsichtig um etwaige Rohre herumschneiden.

Falls größere Ausschnitte für WCs oder für Waschbeckensäulen erforderlich sind, tut man sich leichter, wenn man sich vorher eine Papierschablone schneidet. Prüfen, ob der Ausschnitt die richtige Form hat und ihn dann auf das Vinyl übertragen. Den Abfall mit einem scharfen Messer abschneiden.

4. Wenn Sie das Vinyl mit einer Naht verlegen müssen, versuchen Sie, sich die saubere Außenkante der Bahn zunutze zu machen, damit die Naht möglichst glatt wird. Die erste Bahn flach auf den Boden legen und einen Streifen doppelseitiges Klebeband unter die gerade Kante der nächsten Bahn kleben, die verlegt werden soll. Diese Bahn dicht an die erste heranschieben und darauf achten, daß der Musteranschluß stimmt. Die Kante der

ersten Bahn ebenfalls auf das Klebeband legen und beide Bahnen fest anpressen.

5. Wenn Ihnen keine saubere Außenkante für die Naht zur Verfügung steht, legen Sie die Bahnen so auf den Boden, daß sich die Kanten überlappen. Darauf achten, daß das Muster auf beiden Bahnen genau übereinanderliegt. Ein Lineal anlegen und mit dem Universalmesser durch beide Schichten gleichzeitig schneiden. Die abgeschnittenen Streifen beseitigen, doppelseitiges Klebeband unter die Nahtstelle legen und beide Bahnen fest andrücken, damit die Naht möglichst glatt wird (s. Punkt 4).

Wenn Sie ein quadratisches oder rechteckiges Muster haben, versuchen Sie, die Naht so zu legen, daß sie auf den Kanten der Rechtecke verläuft.

DEKORATIONSARBEITEN

Vinyl- und Korkfliesen verlegen

Es gibt Fliesen in den verschiedensten Formen, Größen und Materialien. Es lohnt sich also, einen genauen Plan zu machen, wenn man ungeschicktes Beschneiden der Fliesen an den äußeren Rändern der Bodenfläche vermeiden will. Es erleichtert die Arbeit, wenn man im Mittelpunkt des Raumes beginnt.

Es gibt selbstklebende Fliesen und Fliesen, die mit einem Spezialkleber auf den Unterboden geklebt werden. Das gilt auch für Vinylfliesen. Für Korkfliesen gibt es einen Spezialkleber, der nicht in den Kork eindringt. Vinylfliesen sollten, genau wie Vinyl vom laufenden Meter, auf Hartfaserplatten oder einem Unterboden aus Sperrholzplatten verlegt werden (S. 210). Sehen Sie sich die Rückseite der Fliesen genau an: Einige sind mit einem Pfeil markiert – das bedeutet, sie müssen in Pfeilrichtung verlegt werden.

1. Die Mitte des Raumes bestimmen, indem Sie die Mitte der Wände markieren und die gegenüberliegenden Punkte miteinander verbinden. Die geraden Linien, die sich hieraus ergeben, müssen sich im rechten Winkel in der Mitte des Raumes schneiden. Je eine Reihe Kacheln an die Linien legen, um festzustellen, wie man sie am besten auf der Fläche verteilt. Sinn dieser Übung ist, daß man die Fliesen so arrangiert, daß von der letzten Reihe entlang der Wände – falls erforderlich – möglichst weniger als ein bis zwei Drittel abgeschnitten werden muß, sonst wird die Arbeit sehr schwierig. Außerdem hat man etwas Spielraum bei nicht ganz gerade verlaufenden Wänden.

2. Eine dünne Schicht Fliesenkleber auf einer Fläche von etwa 1 qm verteilen; an dem Linienkreuz in der Mitte des Raumes beginnen und zuerst den Teil der Fläche bearbeiten, der am weitesten von der Tür entfernt ist.

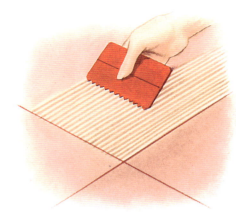

3. Die erste Fliese in die richtige Position bringen und die zweite auf Stoß danebenlegen. Das erste Quadrat füllen, dann das nächste mit Fliesenkleber bestreichen und in Richtung Wand arbeiten. Überflüssigen Kleber, der zwischen den Fliesen hervorquillt, mit einem weichen Tuch abwischen. Zuerst alle Fliesen verlegen, die nicht geschnitten werden müssen; zuletzt die Teilfläche an der Tür verlegen. Den Klebstoff 24 Stunden trocknen lassen; nicht über die Fliesen laufen. Wenn Sie mit selbstklebenden Fliesen arbeiten, die Schutzschicht auf der Rückseite abziehen und die Fliesen in der gleichen Reihenfolge verlegen.

4. Zum Einpassen der Randfliesen eine der Fliesen, die geschnitten werden muß, genau auf die letzte ungeschnittene, schon verlegte Fliese legen. Eine dritte Fliese darüberlegen, so daß sie mit einer Kante an die Fußleiste stößt. Auf der Fliese, die geschnitten werden muß, die Schnittlinie entlang der Kante der dritten Fliese markieren.

5. Entlang der markierten Linie schneiden und die geschnittene Fliese einpassen. Das gleiche gilt für alle anderen Fliesen, die geschnitten werden müssen.

6. Für die Innenecken eine Papierschablone anfertigen, die genau in die Ecke paßt und die Fliesen danach schneiden. An den Außenecken die Fliesen genauso markieren wie bei der geraden Wand: Zwei Fliesen für die Ecke schneiden, das erste Stück einpassen, das zweite entsprechend kürzen.

7. An den Türen die Konturen der Profile auf die Fliesen übertragen. Den Fliesenkleber 24 Stunden trocknen lassen, falls die Gebrauchsanweisung es nicht anders vorschreibt.
Korkfliesen mit drei Lackschichten versiegeln, wie beim Versiegeln von Holzdielen beschrieben.

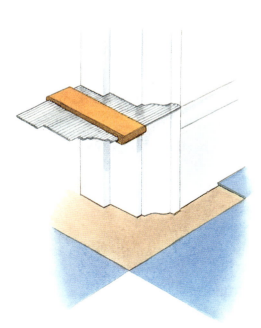

KERAMIKFLIESEN VERLEGEN

Keramikfliesen werden auf einer dünnen Schicht Keramikfliesenkleber verlegt, Steinfliesen auf einem Mörtelbett. Bei beiden Materialien die Fugen mit Fugenfüllmasse füllen – für Steinfliesen nimmt man einen dünnen Fugenmörtel.

Die besten Resultate lassen sich erzielen, wenn man Keramikfliesen auf einem festen Unterboden verlegt. Unglasierte Fliesen müssen – das gilt besonders für Küchen und Badezimmer – versiegelt werden, damit sie weder Wasser noch Fett aufsaugen.

1. Die Position der Fliesen festlegen, wie beim Verlegen von Vinyl- und Korkfliesen beschrieben. Fugenhölzer verwenden, damit die Fugen gleichmäßig werden. Fliesenkleber auf eine kleine Fläche verteilen und jeweils vier Fliesen verlegen. Mit der Wasserwaage prüfen, ob die Oberfläche eben ist.

Von der Mitte des Raumes zu den Seiten arbeiten, bis alle nicht geschnittenen Fliesen verlegt sind. Zuletzt die Teilfläche an der Tür verlegen – wie beim Verlegen von Vinyl- und Korkfliesen beschrieben. Den Kleber 24 Stunden trocknen lassen, die Fliesen an den äußeren Rändern einpassen. Einen Fliesenschneider oder eine Fliesenbrechzange verwenden (S. 71); den Kleber auf die Fliesen aufbringen, nicht auf den Unterboden.

2. Die Fugenfüllmasse mit einem Gummischaber in die Fugen drücken. Den Fugenmörtel mit einem abgerundeten Holzstab oder einem Spachtel glätten. Den überflüssigen Mörtel abwischen. Steinfliesen eventuell versiegeln.

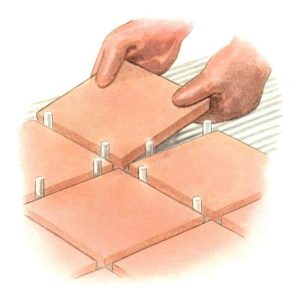

DEKORATIONSARBEITEN

Teppiche und Teppichböden

Ursprünglich betrachtete man Teppiche als Kostbarkeiten, sie wurden über Möbelstücke drapiert, voller Stolz an der Wand zur Schau gestellt – aber niemals auf den Boden gelegt. Dafür waren Schilfmatten gut genug. Heute sind Teppichböden eine Selbstverständlichkeit, aber trotzdem machen wir uns nicht immer bewußt, daß Teppiche ein wichtiger Teil der Innenausstattung sind, in praktischer wie in ästhetischer Hinsicht – ob es sich um Auslegeware handelt oder um mehrere Einzelstücke. Ein Orientteppich oder ein Brüssel-Bouclé-Teppich (ein gewebter Schlingenteppich aus Wolle) auf gewachstem Parkett, auf Keramikfliesen oder auf einem Teppichboden, verbreiten sie eine Atmosphäre von Luxus und Opulenz.

Ähnliche Effekte lassen sich mit Flechtteppichen oder mit bemalten Stoffmatten erzielen; sie wirken besonders gut auf einem gebleichten oder leicht getönten Holzboden im Schlafzimmer; auch Sisalmatten auf Steinfliesen in einer rustikalen Küche sind sehr effektvoll. Und überhaupt gibt es gar keinen Grund, weshalb Teppiche auf den Fußboden beschränkt sein sollen: Sie wirken genauso prächtig, wenn man sie auf einen Rahmen spannt und an die Wand hängt oder in traditioneller Manier über ein Sofa oder über ein Bett wirft.

Teppichböden

Teppichböden sind warm und luxuriös; sie sind in vielen Farben und Mustern erhältlich. Ein Teppichboden sollte das Ausstattungskonzept unterstreichen, sich aber nicht in den Vordergrund drängen. Im allgemeinen sind einfarbige Teppichböden vorzuziehen, da sie raumerweiternd wirken. Wenn Sie es für unpraktisch halten, einen dunklen Raum mit einem hellen Teppich auszulegen, weil er mehr Licht reflektiert, sollten Sie einen weichen Apricot-, Gold- oder Jadeton in die engere Wahl ziehen.

Für vielbenutzte Dielen und Treppen sollten Sie ein gesprenkeltes Muster wählen, auf dem auch bei starker Beanspruchung kaum Schmutz zu sehen ist, oder stilisierte Muster – zum Beispiel ein *Fleur-de-lys*-Motiv oder ein Spaliermuster.

Teppiche

Teppiche dienen unter anderem dazu, bestimmte Teile des Raumes zu definieren – ob es sich um geometrische oder florale Muster, um Bordürenteppiche, um antike Kelims oder um stark texturierte Teppiche in neutralen Farben handelt. Dabei ist ein großer Teppich mehreren kleinen vorzuziehen.

OBEN *Fußbodenbeläge in mehreren Schichten wirken opulent, selbst wenn es sich – wie hier – um so bescheidene Materialien wie Sisal handelt. Die Farben wurden passend zu den Raumtextilien und der Tapete gewählt: Gold und Mitternachtsblau.*

LINKS *Traditionelle, rechteckige Webteppiche sind die natürlichen Begleiter eleganter Möbel. Dieser mitternachtsblaue Teppich nimmt das geometrische Muster der Kissen auf.*

TEPPICHE UND TEPPICHBÖDEN

RECHTS *Im Bad ist ein Teppich immer eine Wohltat für die Füße. Schon durch seine Textur wirkt er warm im Vergleich mit den kalt glänzenden, wasserdichten Keramikfliesen. Selbst wenn der Teppich klein ist, sollte er sich in das allgemeine Dekorationskonzept einfügen: Farben und Muster sollten so gewählt werden, daß sie mit den im Raum vorhandenen harmonieren.*

Gemustert oder einfarbig

Es gibt Teppichkollektionen mit gemusterten und einfarbigen Teppichen in vielen aufeinander abgestimmten Farben. Einfarbige Teppiche kann man mit einer Bordürenumrandung anfertigen lassen; sie unterstreichen die Form des Raumes und stellen – wenn man sie im ganzen Haus verlegt – eine Verbindung zwischen den einzelnen Räumen dar. Beachten Sie besonders die Muster- und Farbkombinationen, die sich ergeben, wo Räume zusammentreffen. Wo zwei gemusterte Teppiche aufeinandertreffen, sollten Sie darauf achten, daß die Muster harmonieren oder zumindest einige Farben gemeinsam haben.

Bei kleineren Wohnungen wäre es angebracht, nur einen einzigen Teppichboden zu verlegen, um den Raum optisch zu erweitern und um einen neutralen Untergrund für die Ausstattung zu schaffen. Vielleicht wäre in diesem Fall ein ungemusterter Teppich in einer einzigen Farbe, aber in zwei verschiedenen Texturen – einer feineren und einer gröberen – das richtige, oder ein sehr strapazierfähiger, schlichter Bodenbelag wie Sisal. Wenn man auf einen Bodenbelag aus Sisal ein paar sorgfältig ausgewählte Teppiche legt, wirkt selbst ein so sparsames Konzept durchaus luxuriös.

LINKS *Die viktorianische Fußbodenmatte ist wiederauferstanden. Sie läßt sich vielfältig verwenden, und auch das Muster läßt sich gut kombinieren. Entwerfen Sie selbst ein Muster, und malen Sie es freihändig oder mit Hilfe von Schablonen auf den ruppigen Stoff.*

85

DEKORATIONSARBEITEN

Matten und Flechtteppiche anfertigen

Stoff läßt sich auf vielerlei Art und Weise als Bodenbelag verwenden. Flechtteppiche und Stoffmatten gehören zu den ältesten textilen Bodenbelägen. Wenn Sie selbst eine gemusterte Stoffmatte arbeiten möchten, besorgen Sie sich ein Stück grobe Leinwand. Es gibt sie in vielen Abmessungen in Geschäften für Künstlerbedarf – falls Sie in den Textilabteilungen von Einrichtungshäusern nicht das Richtige finden. Der grobe Bezugstoff für Liegestühle eignet sich gut für diesen Zweck; da er gewöhnlich sehr schmal liegt, kann man ihn nur für Korridorläufer oder ähnliches verwenden. Als Dekoration können Sie mit Stoffarben ein Schablonenmuster oder ein selbstentworfenes Muster freihändig aufmalen. Vor dem Bemalen muß die Appretur aus dem Gewebe herausgewaschen werden. Wenn Sie das Material färben möchten, damit Sie eine schöne Untergrundfarbe für die Bemalung haben, verwenden Sie eine Kaltwasserfarbe.

Wenn Sie die Stoffmatte auf einen Holzboden legen wollen, legen Sie am besten ein Haftgitter darunter, damit sie nicht rutscht.

Stoff mit Schablonenmustern bemalen

Als erstes machen Sie sich eine weiche Arbeitsfläche zurecht – eine alte Decke mit einem weißen Laken auf einem Tisch wäre ideal. Bügeln Sie die Leinwand, bevor Sie mit dem Ausmalen der Schablonen beginnen, und stecken Sie sie auf dem weichen Untergrund fest.

Markieren Sie mit Schneiderkreide, wo die Schablonen angelegt werden müssen – je nachdem, ob es sich um ein Bordürenmuster oder um eine Abfolge von Motiven handelt, die gleichmäßig oder unregelmäßig über die ganze Fläche verteilt werden sollen. Legen Sie fest, welche Farben die Teilmotive der Schablone haben sollen. Legen Sie die Schablone auf die Markierung und fixieren Sie sie mit Klebeband, damit sie nicht verrutscht.

1. Ein wenig Schablonenfarbe in eine Untertasse gießen und mit einem Schablonenpinsel oder mit einem Schwamm auftupfen. Immer nur wenig Farbe aufnehmen und sie nach und nach auftupfen. Zuwenig Farbe ist besser als zuviel: Wenn man zuviel aufträgt, sickert die Farbe durch und es dauert lange, bis sie trocknet, oder sie wird von dem Gewebe aufgesogen und die Ränder verlaufen. Man wartet mit jedem neuen Farbauftrag solange, bis der vorherige getrocknet ist. Die Prozedur so oft wiederholen, bis die Farbe die richtige Intensität hat.

MATTEN UND FLECHTTEPPICHE ANFERTIGEN

2. Zuerst alle Motive ausmalen, die die gleiche Farbe haben. Wenn alles getrocknet ist, das Gewebe bügeln, damit sich die Farbe verfestigt. Den Vorgang mit den anderen Farben wiederholen.

Eine Stoffmatte anfertigen

Das Material mit genügend Saumzugabe rundherum schneiden. Waschen; bügeln, solange das Material noch feucht ist, bis es ganz flach liegt.

Es wird empfohlen, den Stoff mit einem Spezialmittel (bei Laura Ashley erhältlich) zu versteifen; es schützt das Gewebe und verhindert, daß sich die Ecken aufwerfen. Kleinere Stücke werden in die Flüssigkeit getaucht, größere Stücke werden flach auf den Boden gelegt und die Flüssigkeit mit einem Pinsel aufgetragen. Der Stoff saugt das Mittel besser auf, wenn er feucht ist.

Den Stoff anschließend zum Trocknen aufhängen, er soll so flach und so glatt wie möglich hängen.

Ein Stück groben Futterstoff aus Jute zum Abfüttern und einen 10–15 cm breiten Streifen aus geradegeschnittener Leinwand für die Einfassung vorbereiten. Beides muß wie die Leinwand versteift werden. Wenn alles trocken ist, die Leinwand auf die Juteunterlage legen. Die Kanten rundherum sauber abschneiden, bis beide Stücke genau gleich groß sind. Beide Teile zusammenstecken; rundherum heften. Den Leinwandstreifen für die Einfassung in Längsrichtung in der Mitte zusammenfalten; an den unversäuberten Kanten nochmal je 5 mm umkippen; mit den Fingern fest zusammendrücken. Um die Kanten der Matte legen; ansteppen (S. 200).

Ein Flechtteppich

Ein Flechtteppich wird aus Stoffresten gemacht; da man aber erstaunlich viel Material braucht, muß man vielleicht noch etwas dazukaufen. Überlegen Sie, welche Farben und welche Stoffe Sie verwenden möchten. Für ein Badezimmer wären Frotteestoffe angebracht. Für ein Kinderzimmer wäre ein Flickenteppich aus bunten Chintzresten sehr hübsch und hätte außerdem den Vorteil, daß er abgewetzte Stellen im Fußboden verdeckt. Kräftige Farben wären genau das richtige, um die Spuren von Abnutzung im Kinderzimmer zu verbergen.

Das Material in 15 cm breite Streifen schneiden. An beiden Kanten etwa 5 mm umkippen, bügeln und den Streifen der Länge nach in der Mitte zusammenfalten. Den Knick bügeln, so daß nur die rechte Seite des Stoffes zu sehen ist und auch die ungesäumten Kanten verschwunden sind. Genügend Streifen vorbereiten.

Bevor Sie mit dem Flechten beginnen, nähen Sie drei Streifen an einem Ende zusammen. Es arbeitet sich leichter, wenn jemand anders das Ende festhält; Sie können es natürlich auch auf einem alten Tisch oder einem Stuhl befestigen. Beim Flechten darauf achten, daß die Spannung gleichmäßig bleibt. Wenn ein Stoffstreifen zu Ende ist, den nächsten daran feststeppen und weiterflechten. Die geflochtene Borte auf den Boden gleiten lassen, damit sie sich zusammenrollt. Versuchen Sie es so einzurichten, daß nicht alle drei Streifen an der gleichen Stelle angesetzt werden müssen, sonst gibt es eine Beule in der fertigen Borte.

Wenn Sie ein paar Meter geflochten haben, nähen Sie die geflochtene Borte zu einer Spirale zusammen. Wenn der Teppich oval werden soll, beginnen Sie mit einem geraden Streifen, doppeln ihn und nähen beide Teile mit Fallstich zusammen.

Arbeiten Sie immer weiter um den inneren Kern herum, bis der Teppich die gewünschte Größe hat. Versäubern Sie das Ende der Borte, indem Sie die Enden nach innen kippen und sie an der Seite festnähen.

Man kann den Flechtteppich mit versteiftem Baumwollstoff oder mit grober Leinwand unterfüttern. Den Stoff für das Futter in der Größe des fertigen Teppichs schneiden, einen Rand von 12–15 mm umkippen und Futter auf der Rückseite des Teppichs mit losen Hexenstichen annähen. Das Futter rundherum mit Fallstich an der Innenkante der äußeren Borte annähen.

87

DEKORATIONSARBEITEN

Türen

Türen sind die Visitenkarte des Hauses, das gilt für die Eingangstür genauso wie für die Türen im Innern des Hauses. Die Eingangstür ist besonders wichtig, da man an ihr – und auch an den Fenstern – den Charakter des Hauses ablesen kann. Die Türen innerhalb des Hauses sollten aufeinander und auf die Ausstattung des gesamten Hauses bezogen sein, so daß die Gesamtkonzeption deutlich wird.

Türen mit Stil

Die richtige Tür muß nicht immer die sein, die die Aufmerksamkeit auf sich zieht. Es kann auch eine einfache Cottagetür mit Leisten und Streben sein. Oder die klassische Rahmentür mit vertieften Füllungen und schwarzem oder weißem Lackanstrich als elegantes Entree, oder mit Wachspolitur oder mattem Lackanstrich, der auf die Wandfarben im Innern des Hauses abgestimmt ist. Es lohnt sich, besonders dicke, glatte Türen zu untersuchen; sehr oft verbirgt sich darunter eine alte Tür mit echten Paneelen.

Die Behandlung der Tür hängt von ihrem Zustand ab – und vom Stil des Raumes. Für alte Türen, die im Laufe der Jahre häufig ausgebessert und mit Füllmasse geglättet wurden, eignet sich ein Farbanstrich besser als ein farbloser Lacküberzug, der jede Unebenheit preisgibt – dekorative Maltechniken wie die Kammzugtechnik sind hier besonders vorteilhaft. Türen mit vertieften Füllungen bieten viele Dekorationsmöglichkeiten: Man könnte die Paneele mit der gleichen Tapete tapezieren wie die Wände – eine besonders hübsche Idee für ein Schlafzimmer oder ein Badezimmer. Auch andere Farbeffekte böten sich an, zum Beispiel das Auftupfen der Farbe mit dem Schwamm oder eine Marmorierung. Oder man könnte die Profile durch einen Anstrich in einer abweichenden Farbe höhen. Auch wenn man glatte Türen hat, braucht man auf Paneele nicht zu verzichten – man kann sie durch einen Rahmen aus Profilleisten vortäuschen.

Das I-Tüpfelchen

Wählen Sie Türbeschläge, die stilistisch zur Tür oder zum Haus passen – Messing oder Porzellan passen zum Stil des 19. Jahrhunderts; ein schwarzer, eiserner Türgriffbeschlag paßt zu einem traditionellen Cottage. Die Türbeschläge sollten zwar ähnlich im Stil, aber nicht unbedingt alle gleich sein. Man könnte zum Beispiel bei einem Material bleiben und das Design passend zum Charakter des Raumes wählen.

OBEN *Diese hübsche Speisekammertür mit bogenförmigem Abschluß ist eine ungewöhnliche Alternative zu den üblichen verstrebten Lattentüren in Bauernhäusern.*

RECHTS *Hier wurden die Türen des Einbauschrankes in die Wanddekoration einbezogen. Weil die Dekoration nicht von Türen unterbrochen wird, entsteht der Eindruck von mehr Räumlichkeit. Man kann auch Rohre oder Heizkörper in das Farbkonzept einbeziehen.*

TÜREN

OBEN *Hier wurde das konventionelle Dekorationskonzept von weiß gestrichenen Türen und farbigen Wänden umgekehrt: Für Türen, Türrahmen und Fußleiste wurde eine kräftige Farbe gewählt. Das Blau wird von den winzigen Motiven der hellblauen Tapete aufgenommen; es kontrastiert mit den warmen Holztönen des soliden Geschirrschrankes und des Hängeschrankes und ist ein Bindeglied zwischen Küche und Vorraum.*

RECHTS *Die Schönheit der Tür wird durch einen Anstrich betont, der ihre eleganten Proportionen zur Geltung bringt. Eine traditionelle Tür im Stil des neunzehnten Jahrhunderts mit vier Rahmenpaneelen kann auf verschiedene Art und Weise dekoriert werden – man kann sie einfarbig anstreichen; man kann die Rahmen der Paneele durch eine Kontrastfarbe hervorheben; oder man kann das Türblatt selbst einfarbig streichen und die Vertiefungen der Paneele mit der gleichen Tapete wie die Wände tapezieren.*

OBEN *Diesem Schrank wurde eine Patina verordnet, die dezent sein nicht vorhandenes Alter andeuten soll. Mit seinem altmodischen Charme trägt er zum »antiken Look« seiner Umgebung bei. Die aufgemalten Rahmungen täuschen Paneele vor; eine Technik, die sich bei Türen anwenden läßt, die in schlechtem Zustand sind und bei denen gekittete Löcher oder Risse weder ein Abbeizen der Farbe noch eine Lackierung empfehlenswert erscheinen lassen.*

89

DEKORATIONSARBEITEN

Türen dekorieren

Als Türdekoration wird im allgemeinen ein Lackanstrich bevorzugt, wenn auch ein Anstrich mit mattem *Eggshell*-Lack weicher wirkt. Wenn Ihnen ein dekorativer Anstrich mit alten Farbtechniken (S. 62–65) besser gefällt, empfiehlt es sich, die oberste Farbschicht mit farblosem Lack zu versiegeln. Eine andere Möglichkeit wäre, falsche Paneele aus Profilleisten anzubringen.

Türen restaurieren

1. Bevor man mit der Verschönerung der Tür beginnt, muß das Holz gründlich präpariert werden. Als erstes entfernt man die Türklinke, indem man die Schraube neben der Klinke herausschraubt und die Klinke nebst Langschild abnimmt. Gegebenenfalls eine Deckschicht aus Hartfaserplatten entfernen und den Holzkern der Tür freilegen. Die Nägel entfernen und die Löcher mit Holzkitt füllen. Die Oberfläche mit mittelfeinem, danach mit feinem Schleifpapier glätten.

Wenn Sie eine traditionelle Wachspolitur auftragen möchten, wählen Sie eine gute Bienenwachspolitur und reiben Sie sie mit Stahlwolle ein; nehmen Sie immer nur ganz wenig Wachs mit der Stahlwolle auf. Die Wachspolitur mit kreisenden Bewegungen in Richtung der Maserung einarbeiten. Wenn das Wachs sehr hart ist, stellt man es eine Weile neben den Heizkörper, damit es weich wird.

Wenn Sie den Naturholzton beibehalten möchten, aber eine strapazierfähige Lackschicht vorziehen, tragen Sie eine Schicht farblosen, verdünnten Polyurethanlack auf und darüber eine weitere Glanzlackschicht. Arbeiten Sie immer in Richtung der Maserung. Zum Abschluß tragen Sie eine oder mehrere Lackschichten in »seidenmatt« oder »matt« auf.

Wenn die Tür einen farbigen Anstrich bekommen soll, tragen Sie, falls erforderlich, ein Grundierungsmittel auf (S. 208) und danach einen Voranstrich in der entsprechenden Farbe. Als Schlußlackierung mindestens zwei Farbschichten auftragen. Wenn Sie eine glatte Tür haben, unterteilen Sie sie in sechs Teilflächen. Streichen Sie jeweils eine Teilfläche: zuerst die Lackfarbe mit einem breiten Flachpinsel mit zwei oder drei senkrechten Pinselstrichen auftragen (S. 57); die Farbe – ohne den Pinsel neu einzutauchen – mit waagerechten Pinselstrichen vertreiben; zum Schluß mit senkrechten Strichen von unten nach oben verschlichten.

2. Bei einer Rahmentür zuerst die Füllungen streichen, dann in der numerierten Reihenfolge fortfahren – zum Schluß die Farbe in Richtung der Maserung verschlichten.

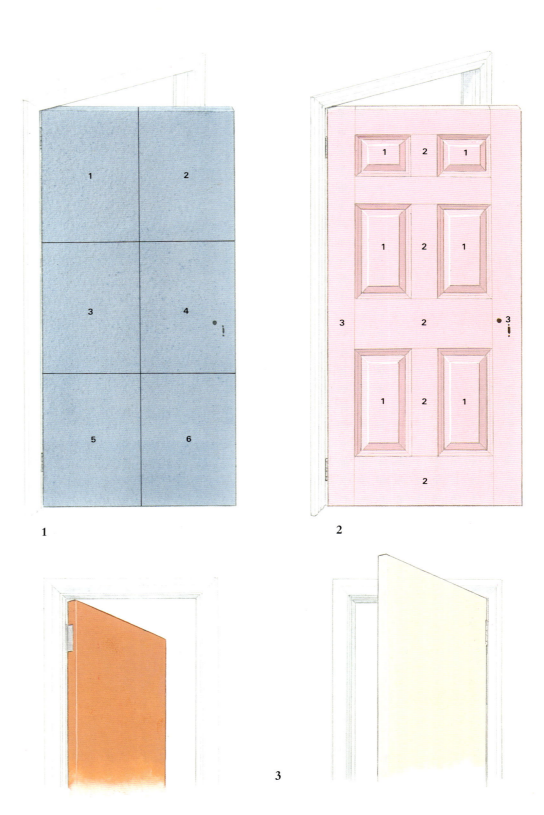

90

TÜREN DEKORIEREN

3. Wenn Sie Tür und Türrahmen auf jeder Seite in einer anderen Farbe anstreichen wollen, streichen Sie die Türkante an der Seite, wo die Türbänder sitzen, in der gleichen Farbe wie das sichtbare Türblatt und die Kante, wo das Schloß sitzt, in der Farbe des Türblattes, das sich in den Raum hinein öffnet.

Ein dekorativer Anstrich in Kammzugtechnik

Eine interessante, farbliche Behandlung, die sich gut für Rahmentüren eignet, ist die Kammzugtechnik. Als erstes wird ein Voranstrich mit *Eggshell*-Lack aufgetragen. Dann wird die Lasur gemischt (S. 60) und in der oben beschriebenen Reihenfolge aufgetragen. Über die noch frische Farbschicht wird ein breiter, trockener Pinsel gezogen; dadurch entsteht ein weicher Streifeneffekt.

Wenn man bei der äußeren Rahmenfläche angekommen ist, braucht man beim Durchziehen des Pinsels ein Stück Pappe oder einen Streifen Metallblech, um die Schnittstellen an den Ecken aufzudecken, wo sich die Streifen treffen. Besonders interessant wirkt es, wenn man zwei Techniken kombiniert und zum Beispiel die Rahmenprofile antikisiert und auf den äußeren Rahmenflächen die Kammzugtechnik anwendet. Auch marmorierte Türen und Türrahmen können sehr dekorativ wirken.

Türklinken auswechseln

Falls Sie neue Türklinken oder Drehknöpfe anbringen möchten, schieben Sie den Vierkantdorn durch den Schloßkasten und bringen das Kurzschild oder die Rosette (für den Drehknopf) in die richtige Position. Die Klinke oder den Drehknopf auf den Vierkantdorn stecken und, falls erforderlich, Platten dazwischenlegen und die Griffe justieren, damit sie nicht klappern. Klinke oder Drehknopf mit einer Griffsicherungsschraube festschrauben. Zum Schluß das Schild für das Schlüsselloch anbringen.

Fensterdekorationen

Welcher Dekorationsstil passt zu welcher Umgebung?	94
Vorhangzubehör	98
Vorhänge mit Faltenbändern nähen	100
Raffhalter nähen	102
Querbehänge und Schabracken nähen	104
Fensterdekorationen im grossen Stil	106
Vorhänge von Hand nähen	108
Raffbögen und lose fallende Stoffbahnen	110
Spitze und Voile	112
Spitzen- und Voilegardinen nähen	114
Rollos	116
Glatte Rollos nähen	118
Raffrollos nähen	120
Individuelle Gestaltungen	122
Ungewöhnliche Oberkanten gestalten	124

FENSTERDEKORATIONEN

Welcher Dekorationsstil passt zu welcher Umgebung?

Mit Fensterdekorationen lassen sich Räume ohne ausgeprägten, eigenen Charakter in stilvolle Interieurs verwandeln und bereits vorhandene, architektonische Details wirkungsvoll unterstreichen. Scheuen Sie sich nicht, neue Wege zu gehen bei der Wahl Ihrer Fensterdekoration, aber achten Sie darauf, daß sie zu den Ausmaßen und zum Stil der Räume paßt. Ein schlichtes Faltrollo oder eine Musselindraperie sind keine optimalen Lösungen für ein hohes Schiebefenster, aber die harmonischen Proportionen oder die architektonischen Details eines großen, luftigen Raumes können sie wirkungsvoll zur Geltung bringen.

Kleine, modern eingerichtete Räume wirken größer, wenn man die Fenster mit knappgeschnittenen Querbehängen oder Schabracken akzentuiert, die den Zwischenraum zwischen der Oberkante der Fensterrahmen und der Decke kaschieren – vorausgesetzt, daß kein Karnies vorhanden ist. Seitenschals, deren Fülle mit Raffhaltern zurückgebunden wird, lassen die harten Umrißlinien breiter, viereckiger Fenster gefälliger erscheinen. In einem rustikal eingerichteten Interieur sollte die Behandlung der Fenster mit dem kraftvoll-einfachen Stil der Umgebung übereinstimmen. Sie können natürlich auch ganz auf Vorhänge verzichten. Eine andere Möglichkeit wären gekräuselte Vorhänge ohne Rüschen oder dekorativen Besatz, aus naturfarbenem Leinen oder aus einfachen, gestreiften oder karierten Baumwollstoffen auf glatten Messingstangen; oder Rollos, die den Einblick diskret verwehren.

Fensterläden schirmen das Innere des Hauses vor der Außenwelt ab – gleich, ob gegen Kälte oder zu starke Sonneneinstrahlung. Andererseits werden in vielen europäischen Ländern die Vorhänge nie zugezogen, und die Passanten können am Abend den Anblick eines schön erleuchteten Raumes genießen.

Die Form des Fensters

Inspirationen und Ideen finden Sie reichlich in Zeitschriften und Firmenkatalogen, aber zuerst sollten Sie sich mit der Größe und der Form Ihrer Fenster befassen. Meist lassen sich bei älteren Häusern die Fenster nicht verändern, ohne daß der Charakter des Hauses darunter leidet. Schiebe- und Flügelfenster vertragen fast jede Art von Dekoration: Die Eleganz von Schiebefenstern läßt sich durch glatt herunterhängende Seitenschals unterstreichen, die am Tage weit zur Seite gezogen werden und die Fenster freigeben. Dicht nebeneinanderliegende Fenster und Erkerfenster sollten als Einheit behandelt werden. Bei schmalen Fensterbrettern sind bodenlange Vorhänge

OBEN *Vorhänge und Rollos sind überflüssig, wenn die Lage des Hauses keine Abschirmung durch Fensterverkleidungen erfordert und wenn noch dazu das Fenster eine interessante Form hat. Das Fenster mit den handgeschnitzten Spitzbögen kann ohne Dekoration auskommen.*

LINKS *Ein Fenster, das so ungünstig in eine Dachschräge eingeschnitten ist, widersetzt sich jedem Versuch, eine Standarddekoration anzubringen. Hier löste eine gekräuselte Draperie das Dekorationsproblem.*

WELCHER DEKORATIONSSTIL PASST ZU WELCHER UMGEBUNG?

die beste Lösung, außerdem sind sie ein einfaches Mittel, mit dem man die Proportionen eines Raumes verändern kann, je nachdem, wo man die Gardinenstange oder die Schiene anbringt. Experimentieren Sie ein wenig, probieren Sie aus, was am besten aussieht, und sparen Sie nicht am Stoff. Die einfachste Dekoration für nebeneinanderliegende Fenster ist ein breites, schlichtes Rollo, das farblich auf die Umgebung abgestimmt ist.

Große Panoramafenster kann man, je nach Klima, entweder ganz ohne Dekoration lassen oder eine Markise anbringen, die zu starke Sonneneinstrahlung abhält. Falls ein Licht- oder Wärmeschutz erforderlich ist, wählen Sie am besten bodenlange Vorhänge mit Futter und Zwischenfutter für die gesamte Breite des Fensters.

Fenster mit besonders interessanten Formen wirken häufig am besten ohne jede Dekoration. Bogenfenster oder Rundfenster verlieren viel von ihrem Charme, wenn man sie mit herkömmlichen Vorhängen verkleidet. Hier sollte man ganz individuell vorgehen: Geeignet wären feste Seitenschals mit Raffhaltern oder eine besonders lange Schiene, damit die Seitenschals am Tag weit zurückgezogen werden können und das Fenster freigeben. Scheibengardinen mit Futteralkanten, die auf Stangen oder auf plastiküberzogene Stahlseile gezogen werden, sind eine ideale Dekoration für französische Fenster, Oberlichter und Drehkippflügel, da lose Stoffbahnen beim Öffnen der Fenster im Weg wären.

Stoff und Gestaltung

Bei einfachen Fensterverkleidungen, deren Wirkung vor allem auf Mustern und Texturen beruht, können dekorative Details sehr wirkungsvoll sein. Versuchen Sie es einmal mit einem Futter in einer kontrastierenden Farbe. Einen einfachen, gerüschten Querbehang, eine Scha-

LINKS *Üppige Raffrollos an den Seitenfenstern ergänzen die Vorhänge über der Tür. Sie geben das Oberlicht der verglasten Tür und den Türrahmen frei, damit sich die Tür problemlos öffnen und schließen läßt. Die strukturelle Einheit der beiden Fenster und der Tür wird durch die symmetrische Dekoration unterstrichen.*

OBEN *Fensterläden gehörten ursprünglich nicht zur Ausstattung dieses schmalen Badezimmers. Sie wurden so angebracht, daß sie als Blickschutz dienen können, ohne den Lichteinfall zu reduzieren: Der obere Teil läßt sich nach oben klappen.*

bracke oder einen in Form geschnittenen Raffhalter aus Stoff kann man mit einer kontrastierenden Einfassung verzieren und ein geradliniges Faltrollo mit einer einfarbigen Borte oder Litze umranden.

Auch die Länge der Vorhänge hat Einfluß auf die Gesamtwirkung. Bodenlange Vorhänge können so lang sein, daß sie auf dem Teppich oder auf den Holzdielen schleifen oder in einer luxuriösen Stoffwoge auf dem Fußboden enden. Bei kleinen Fenstern, die eine weniger pompöse Verkleidung erfordern, wären kurze Vorhänge, die hoch über dem Fensterrahmen angebracht sind und nicht, wie üblich, über dem Fensterbrett, sondern unter dem Fensterbrett enden, eine elegante Lösung. Wenn unter dem Fenster ein Heizkörper ist, könnte man bodenlange Seitenschals mit einem Faltrollo kombinieren.

Die Auswahl von Vorhangstoffen ist fast unbegrenzt. Ungeeignet sind nur die sehr schweren Stoffe und Tapisserien, weil sie sehr voluminös sind und nicht gut fallen. Jede Stoffart hat einen charakteristischen Fall, und man sollte diese Eigenschaft so gut wie möglich nutzen. Stellen Sie sich die unterschiedliche Wirkung eines drapierten Querbehanges aus Damast oder Chintz vor. Beim Damast wirkt der Faltenwurf voll und schwer; die scharfen Knickungen von drapiertem Chintz wirken leicht und lebhaft. Einige Stoffe, wie weicher Baumwollsatin, haben einen fast flüssigen Fall; sie lassen sich gut für theatralisch drapierte Querbehänge verwenden: Man braucht dazu nur ein paar Meter Stoff, den man über eine schwere Gardinenstange wirft und an einer Seite lose bis zum Boden herunterfallen läßt. Wenn es um unauffällige Eleganz, um Schwere und Gediegenheit geht, wäre ein Querbehang aus feinem Leinen, in messerscharfe Quetschfalten gelegt, genau das richtige.

Es gibt ein paar sehr einfache Stoffe, wie naturfarbener Kaliko oder Musselin, die nicht teuer sind, aber durchaus nicht billig aussehen. Dazu gehören schlichtes, ungebleichtes Leinen und Baumwollstoffe in neutralen Farbtönen oder Markisenstreifen, die man zu Dekorationen im großen Stil aufmachen oder zu einfachen, klassischen Fensterverkleidungen verarbeiten kann.

Bei Mustern sollte man darauf achten, daß die Größe der Motive mit der Umgebung harmoniert und im richtigen Verhältnis zu der Fläche steht, die der gemusterte Stoff einnimmt. Behalten Sie sich Muster mit großformatigen Motiven und in ausgefallenen Farben für spezielle Effekte vor. Kleinformatige Muster verlieren ihre Wirkung auf großen Flächen und können leicht unruhig wirken; sie eignen sich eher für kleinere Fenster, wo die Details nicht verlorengehen. Durch Ton-in-Ton-Druckmuster gewinnen Farbe und Textur des Stoffes an Tiefe.

Querbehänge, Schabracken und Raffhalter

Schabracken aus versteiftem Stoff geben dem Fenster deutliche Konturen. Bei sehr breiten Fenstern kann man sie mit weich drapierten Raffrollos kombinieren. Scha-

bracken lassen sich aber auch als eigenständige Dekorationselemente verwenden, verziert mit Schablonenmustern oder *Trompe-l'œil*-Malereien.

Querbehänge wirken weicher, sie verdecken die Oberkante der Vorhänge und lassen sich sehr dekorativ gestalten. Grundsätzlich kann man für Querbehänge die gleiche Aufhängetechnik verwenden wie für Vorhänge: von weichen Kräuselungen bis zu formell wirkenden Falten.

In exakte Falten gelegte Querbehänge eignen sich für kleinere, elegante Räume, gekräuselte Querbehänge wirken hübsch und ungekünstelt. Extravagant wirken kunstvoll drapierte, tief hängende Querbehänge mit verschwenderischem Besatz. Phantasievolle Querbehänge lassen sich auch mit Raffrollos kombinieren; man kann sie auch in Lambrequins mit tief herunterhängenden Seitenteilen verwandeln; oder sie schlicht und elegant gestalten und mit einer schmalen, einfarbigen Einfassung in einer kontrastierenden Farbe absetzen, die die Umrißlinien betont.

Auch Raffhalter gehören zu den dekorativen Details der Fensterverkleidung. Sie können rein zweckmäßig sein oder rein dekorativ, glatt und in Form geschnitten oder geflochten und mit einer Rosette verziert. Wählen Sie einen Stoff in einer kontrastierenden Farbe oder nehmen Sie den Vorhangstoff und besetzen ihn mit einem kontrastierenden Stoff.

OBEN *Dicht nebeneinanderliegende Fenster an einer Wand sollten als Einheit behandelt werden. Diese Flügelfenster sind mit einem Wolkenrollo dekoriert, das aus drei locker fallenden Raffbögen besteht. Es ist aus hellem, gemustertem Chintz gearbeitet. Wo kein Blickschutz erforderlich ist, können die Rollos ständig halb geöffnet bleiben, so daß sich ein Querbehang ergibt. Die Fensterdekoration vereinheitlicht das Ausstattungskonzept des Raumes, indem sie alle drei Fenster verbindet und die Farben der Tapete, der Bordüre und des Fußbodenbelages in sich vereint.*

WELCHER DEKORATIONSSTIL PASST ZU WELCHER UMGEBUNG?

LINKS *Der gekräuselte Querbehang wirkt vor allem durch das frische, blaurote Muster auf weißem Grund hübsch und unkompliziert. Man könnte ihn auch im großen Stil gestalten; dann wäre die Dekoration durch ihr Gewicht und ihren Fall eine würdevolle Umrahmung für das Erkerfenster.*

RECHTS *Ein Springrollo mit einer interessanten Unterkante betont die Proportionen dieses Schlafzimmerfensters. Die Gardinen wurden verkürzt zu weich geknoteten, halbhohen Voileschals.*

OBEN *Eine breite Stoffbordüre, die zu einer Gruppe koordinierter Muster gehört, wurde hier zu einem ausdrucksvollen Querbehang verarbeitet. Die Raffhalter wurden aus einem Bordürenstoff geschnitten, der ebenfalls zu dieser Mustergruppe gehört.*

OBEN *Raffhalter aus Kordeln und Quasten haben die elegante Allüre, die zu traditionell inspirierten Ausstattungen paßt. Man kann Kordel und Quasten entweder passend zu den Vorhängen oder in einem abweichenden Farbton wählen.*

OBEN *In Form geschnittene Raffhalter sind in der Mitte am breitesten: an der Stelle, wo sie den Vorhang halten. Durch die Breite der Schärpe wird der Verlauf der Unterkante beeinflußt: Sie verläuft in absteigender Linie von innen nach außen.*

97

FENSTERDEKORATIONEN

VORHANGZUBEHÖR

Die Art, wie Ihre Vorhänge fallen, hängt von zwei Dingen ab: von der Gardinenstange und von der Gestaltung der Oberkante. Das Faltenband ist nicht nur ein wichtiges Gestaltungselement, es ist ein Hilfsmittel zum Einlegen der Falten und dient außerdem der Befestigung des Vorhangs an Haken, die in die Gleiter der Schiene oder in die Gardinenringe an der Stange eingehängt werden. Gleiter und Ringe werden normalerweise passend zu den Schienen und den Gardinenstangen geliefert. Es gibt zwei oder drei Abweichungen von diesem System: Für Schienen mit Gleitern, die bereits mit Haken versehen sind, braucht man keine separaten Gardinenhaken; Gardinen mit Futteralkante werden direkt auf die Gardinenstange gezogen, hier braucht man weder Gleiter noch Schienen. Für Spitzenschals und Duschvorhänge gibt es spezielle Hängungen.

Die Wahl der Schienen und Gardinenstangen

Meist reicht eine einfache Schiene aus Metall oder Plastik. Es gibt Schienen, die sichtbar werden dürfen, wenn die Vorhänge geöffnet sind, und andere, die so konzipiert sind, daß sie durch Querbehänge, Schabracken oder Lambrequins verdeckt werden müssen.

Sehr dekorativ wirken Gardinenstangen aus Holz oder Messing, die über dem Fenster angebracht werden; für Scheibengardinen gibt es Messingstangen und plastiküberzogene Stahlseile, die durch die Futteralkanten gezogen werden.

Beim Kauf der Schienen sollten Sie darauf achten, daß sie stark genug sind, um das Gewicht Ihrer Vorhänge auszuhalten, und daß sie dort, wo sie angebracht werden sollen – an der Wand über dem Fenster, an der Decke, am Fensterrahmen oder in der Fensternische –, befestigt

Raffarme mit Palmettendekor

Raffhalter mit Schleifendekor

Winkeleisen

Plastiküberzogenes Stahlseil mit Haken

Stange für Caféhausgardinen

Messinggardinenstange mit Ring- und Zugvorrichtung

Gardinenstange aus Holz mit Ringen

VORHANGZUBEHÖR

werden können. Wenn Sie ein Erkerfenster mit Ecken oder Kurven haben, prüfen Sie, ob sich die Schiene biegen läßt. Wenn Sie mittelschwere oder schwere Gardinen haben oder einen hellen Gardinenstoff, lohnt es sich, eine Zugvorrichtung anzuschaffen, damit man die Gardinen auf- und zuziehen kann, ohne die vorderen Kanten allzusehr zu strapazieren – dann halten sie länger und müssen nicht so oft gereinigt werden.

Faltenbänder

Faltenbänder sind mit Kordeln ausgestattet; wenn man sie zusammenzieht, ergeben sich Kräuselungen oder Falten. Außerdem haben sie eingewebte Schlingen, durch die die Gardinenhaken gesteckt werden. Kirschbänder haben eingewebte Tunnel, in die die Metallhaken für die Dreifachfalten gesteckt werden, die sich über die gesamte Breite des Vorhangs erstrecken. Viele Faltenbänder sind so konstruiert, daß der Stoff an der Oberkante der Vorhänge ein wenig versteift wird; dadurch werden die Falten sehr akkurat, und die Vorhänge haben einen besonders schönen Fall. Beim Kauf der Faltenbänder wird man gewöhnlich beraten, wie man den Stoffverbrauch für die diversen Faltentechniken berechnet.

Für Faltrollos und Raffrollos gibt es spezielle Faltenbänder, an denen in regelmäßigen Abständen Ringe befestigt sind; durch diese Ringe werden die Kordeln gezogen, mit denen das Rollo auf- und zugezogen wird. Für eine Futteralkante sind zwei Säume an der Oberkante erforderlich, ein breiterer, durch den die Stange gesteckt wird, und ein schmalerer, der als Köpfchen über der Stange oder dem Stahlseil stehenbleibt.

Gewichte zum Beschweren von Vorhängen

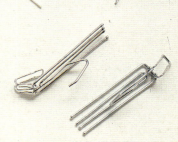

Haken für Einfach- und Mehrfachfalten

Kräuselband

Futterband

Band für Bleistiftfalten

Kirschband

Aufbügelbare Einlage

Plastikschiene für Zugvorrichtung

Einfache Plastikschiene

FENSTERDEKORATIONEN

Vorhänge mit Faltenbändern nähen

Mit Hilfe von Faltenbändern läßt sich die Oberkante des Vorhangs sauber verarbeiten und der Stoff in seiner ganzen Breite mühelos in Falten legen. Faltenbänder lassen sich für gefütterte und ungefütterte Vorhänge verwenden. Um die Anleitungen zu vereinfachen, geben wir Anleitungen, wie man einen ungefütterten Vorhang mit einem 2,5 cm breiten Kräuselband und einen gefütterten Vorhang mit einem 8 cm breiten Faltenband für Bleistiftfalten näht. Diese Kombinationen lassen sich je nach Bedarf abwandeln: Es gibt Faltenbänder in mehreren Breiten und für zahlreiche andere Faltentechniken. Sie müssen nur – je nach Faltentechnik – die erforderliche Stoffbreite für den Vorhang berechnen.

Bevor Sie den Stoff kaufen, befestigen Sie die Vorhangschiene oder die Gardinenstange und messen Sie die Breite (S. 204). Wählen Sie einen passenden Stoff, notieren Sie, wie breit er ist und das Wievielfache der Schienenlänge Sie als Vorhangbreite für das Faltenband benötigen, das Sie sich ausgesucht haben. Wenn Sie diese Zahlen haben, können Sie ausrechnen, wieviel Stoff Sie brauchen.

Vorhänge werden nicht sehr stark beansprucht, aber die Farben verblassen durch das Sonnenlicht. Einige Farben sind besonders empfindlich, nämlich dunkle Blau- und Apricottöne. Hier wäre ein Futter angebracht. Ein Futter und ein Zwischenfutter aus Molton verbessern außerdem den Fall des Vorhanges und schützen vor Wärmeverlust. Futtersatins werden aus dicht gewebten Baumwoll- oder Mischgarnen hergestellt, es gibt sie in Weiß, Creme und anderen Farben. Wenn Sie gemusterte Vorhänge haben, sollten Sie für das Futter die Grundfarbe des Musters wählen. Ein Vorhangfutter in kräftigen Farben sollte man nur mit Vorhängen in dunklen, satten Farben kombinieren, da es sonst durchscheinen könnte. Eine Alternative zu einfarbigen Futtersatins sind gemusterte Stoffe, die auf die übrigen Raumtextilien abgestimmt werden. Von dieser Möglichkeit machte man im neunzehnten Jahrhundert gern Gebrauch, um die Außenansicht der Fenster zu vereinheitlichen und attraktiver zu gestalten.

Für die üblichen, gekräuselten Seitenschals brauchen Sie eineinhalb- bis zweimal die Breite der fertigen Vorhänge. Teilen Sie die erforderliche Breite für jeden Seitenschal (ungekräuselt) durch die Stoffbreite und runden Sie auf die nächstliegende halbe Stoffbreite ab. Achten Sie auch darauf, daß Sie an jeder Seite 4 cm für die Seitensäume übrigbehalten. Jeder Seitenschal besteht aus einer oder mehreren Stofflängen in der vollen oder halben Stoffbreite. Beim Zuschneiden zu der Länge der Seitenschals 2 cm zum Einschlagen an der Oberkante und 10 cm für den Saum zugeben.

Bei gemusterten Stoffen die Zugabe für Verschnitt durch den Rapport nicht vergessen. Die errechnete Länge mit der Anzahl der erforderlichen Stoffbahnen multiplizieren; das ergibt den Stoffbedarf.

Bei gefütterten Vorhängen errechnen Sie, je nach der Faltentechnik, die Sie verwenden wollen, die erforderliche Breite. Wenn Sie die Breite eines Seitenschals errechnet haben, an jeder Seite 4 cm für die seitlichen Säume zugeben. In der Länge für die Oberkante 8 cm (die Breite des Faltenbandes) zugeben und für den unteren Saum 10 cm. Bei gemusterten Stoffen die Zugabe für den Verschnitt durch den Rapport nicht vergessen.

Beim Berechnen der Breite des Futterstoffes genauso vorgehen. Die gleiche Zugabe für die Falten wie beim Oberstoff berechnen, Zugaben für die Seitensäume sind beim Futter nicht erforderlich. Bei der Länge ist für die Oberkante keine Zugabe, für den unteren Saum sind 6 cm erforderlich.

Vom Faltenband brauchen Sie die einfache Breite der fertigen Seitenschals plus ein paar Zentimeter zum Umkippen an den Außenkanten.

Mehrere Stoffbahnen zusammennähen

Der erste Schritt ist das Zusammennähen der Stoffbahnen. Nur ganze oder halbe Stoffbreiten verwenden. Darauf achten, daß das Stoffmuster über die ganze Breite der beiden Seitenschals richtig angelegt ist. Wenn schwierige Muster angelegt werden müssen, Nähte vor dem Steppen mit Ansatzheftstich zusammenheften (S. 196). Halbe Stoffbreiten, falls zutreffend, an den Außenkanten anbringen. Beim Nähen von gefütterten Vorhängen die Bahnen von Oberstoff und Futter mit einfachen Nähten aneinandernähen und die Webkanten einklipsen, damit die Nähte nicht beuteln.

Ungefütterte Seitenschals nähen

1. Die einzelnen Stoffbahnen mit abgesteppten Nähten (S. 198) zusammenfügen. An den Außenkanten jedes Seitenschals Doppelsäume von je 2 cm umkippen und den Saum steppen oder mit Saumstich nähen.

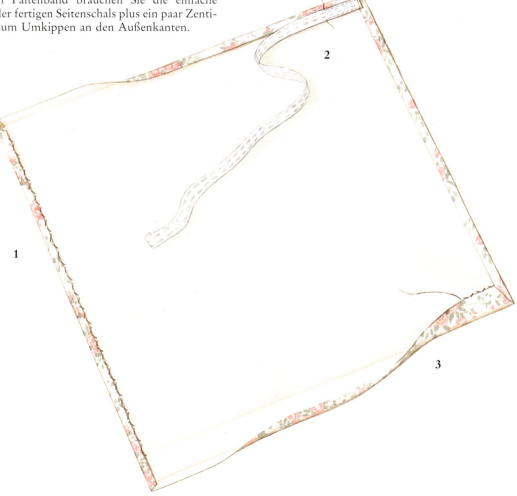

VORHÄNGE MIT FALTENBÄNDERN NÄHEN

2. Stoff an der Oberkante geradeschneiden (S. 107), rundherum 2 cm umschlagen, an den Ecken überschüssigen Stoff abschneiden und die Ecken schräg verarbeiten (S. 200). Faltenband in der erforderlichen Länge abschneiden, an jeder Seite 1 cm zugeben und umschlagen. Quer über die Oberkante, 1 cm unterhalb des Saumknicks, so anstecken, daß die unversäuberte Stoffkante verdeckt wird. Anstepppen. An den Seiten quer über die Faltenbänder steppen, um die Kordeln zu fixieren.

3. An der Unterkante zuerst 2 cm, dann 8 cm für den Saum umkippen und mit Saumstich annähen oder mit der Maschine steppen. Die Kordeln zusammenziehen, damit sich die Vorhänge kräuseln und sie etwa in der Mitte des Vorhangs befestigen. Die Haken durch die gewebten Schlingen stecken und die Seitenschals aufhängen.

Wenn die Seitenschals in einer Fensternische hängen sollen, muß die Länge genau stimmen. Daher ist es besser, wenn man die Vorhänge vor dem Umstecken des unteren Saumes kräuselt und aufhängt. Die gleiche Prozedur ist auch bei locker gewebten Stoffen zu empfehlen, weil sie sich häufig in die Länge ziehen – also 24 Stunden hängen lassen, dann den Saum umstecken.

Will man ungefütterte Vorhänge nachträglich füttern, näht man an das separate Futter ein spezielles Futterband an. Beim Zuschneiden des Futters ist an der Oberkante keine Stoffzugabe notwendig, die unversäuberte Kante verschwindet zwischen den beiden Bändern. Das Futter wird mit der Maschine an das Futterband angesteppt. Die Gardinenhaken werden durch das Futterband gesteckt und dann durch das Faltenband der Vorhänge, dann wird beides zusammen aufgehängt. Diese Methode bekommt dem Fall der Vorhänge nicht besonders gut, aber sie hat praktische Vorteile. Das zusätzliche Futter dient der Isolierung und schützt die Vorhänge vor direkter Sonneneinstrahlung; außerdem sind Vorhänge und Futter separat leichter zu waschen. Vorhänge und Futter können, wenn nötig, von Hand punktuell an den Seiten zusammengeheftet werden.

Gefütterte Vorhänge mit Faltenband

Vorhänge müssen nicht unbedingt gefüttert werden, aber es hat Vorteile: Ein Futter isoliert gegen zu starke Sonneneinstrahlung im Sommer und gegen Kälte an Winterabenden. Spezielle Futterstoffe werden aus festen Baumwoll- und Mischgeweben hergestellt und sind in großer Farbauswahl auf dem Markt, die fast jedem Geschmack gerecht wird. Zum Füttern kann man auch Dekorationsstoffe in abgestimmten Farben oder Mustern verwenden: Einfarbige, glänzende Chintze lassen sich gut mit floralen Mustern kombinieren; formelle Satinstreifen mit weichem Samt; oder zwei gleich schwere Stoffe in verschiedenen Mustern.

Vor dem Kauf sollte man die Wirkung der beiden Stoffe nebeneinander ausprobieren, solange sie noch nicht vom Ballen abgeschnitten sind. Es ist wichtig, den Fall der Stoffe auszuprobieren und zu prüfen, ob der Futterstoff nicht etwa durch den Vorhangstoff durchschimmert.

Vorhänge mit Zwischenfutter fallen schöner und isolieren besser gegen Hitze und Kälte. Als Zwischenfutter verwendet man häufig Molton, ein dickes, weiches Gewebe, das mit winzigen, lockeren Stichen an den Vorhangstoff anstaffiert (S. 196) wird.

1. Vorhang und Futter ungesäumt übereinanderlegen, wobei das Futter 8 cm schmäler und bis zu 15 cm kürzer ist als der Vorhangstoff. Am unteren Ende des Futters einen Doppelsaum von 4 cm einschlagen. Den Vorhangstoff mit der rechten Seite nach oben glatt hinlegen und das Futter darauf, so daß die unversäuberte Oberkante des Futters 10 cm unter der unversäuberten Oberkante des Vorhangstoffes liegt. Die Stoffe glattstreichen, die Seitenkanten von Vorhang- und Futterstoff auf einer Seite übereinanderlegen und eine Naht von 2 cm Breite steppen; Futterstoff zur anderen Seite verschieben und die Prozedur wiederholen. Die Saumzugaben des Oberstoffes zum Futter hin umbügeln.

2. Rechte Seite des Vorhangstoffes nach außen wenden und bügeln, so daß er sich an den Seiten 2 cm zum Futter hin umbiegt. Saumzugabe an der Oberkante des Vorhangstoffes umkippen (sie muß genauso breit sein wie das Faltenband), die Ecken schräg verarbeiten und überschüssigen Stoff abschneiden. Das Faltenband an beiden Enden nach innen umkippen und quer über das obere Ende des Vorhanges legen, so daß alle unversäuberten Kanten verdeckt sind. Anstepppen. Quer über die Enden des Faltenbandes doppelte Steppnähte legen, damit die Kordeln fixiert werden.

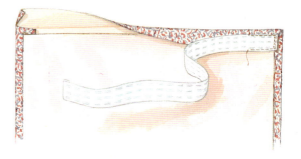

3. Die Kordeln anziehen und Falten legen. Die Haken einstecken, die Vorhänge aufhängen und die Länge überprüfen. Vorhänge eine Weile hängen lassen, damit der Stoff sich aushängen

kann; den Saum umstecken und von Hand oder mit der Maschine annähen.

Bei Faltenbändern: Den Stoffverbrauch nach der Breite der Falten und der Zwischenräume berechnen. Den Vorhang wie oben nähen.

Für dekorativen Besatz an den inneren Längskanten der Vorhänge fransenbesetzte Borten mit Fallstich an den fertigen Vorhang annähen oder anstepppen. Will man Rüschen an den inneren Längskanten der Vorhänge anbringen, muß die Nahtzugabe für die Kanten auf 2 cm reduziert werden. Die Rüsche nähen (S. 201) und zwischen Vorhangstoff und Futter schieben.

Bei eingefaßten Kanten die Nahtzugabe für die innere Längskante des Seitenschals weglassen. Vorhang- und Futterstoff an den äußeren Kanten zusammennähen. Bügeln. Die inneren Kanten von Vorhang- und Futterstoff zusammenstecken. Mit einem breiten Stoffstreifen, der auf den Vorhangstoff abgestimmt ist, einfassen.

Vorhänge hängen besser, wenn man ein Bleiband in den Saum einarbeitet.

101

FENSTERDEKORATIONEN

Raffhalter nähen

Raffhalter zum Zurückbinden von Seitenschals oder von Bettdraperien können sehr verschieden aussehen. Sehr beliebt sind die in Form geschnittenen, paspelierten Raffhalter und die geradegeschnittenen, mit Rüschen verzierten. Es empfiehlt sich, die Vorhänge aufzuhängen und mit einem Zentimetermaß auszuprobieren, wie lang die Raffhalter sein sollen und wo sie am besten angebracht werden. Für in Form geschnittene Raffhalter benötigen Sie ein Stück Stoff, das rundherum etwas größer ist als der fertige Raffhalter, ein Stück Steifleinen, das genauso groß ist wie der fertige Raffhalter, genügend Stoff für die Einfassung und Futterstoff für die Rückseite.

Für den geraden Raffhalter mit Rüsche brauchen Sie einen Stoffstreifen, der etwas länger ist als der fertige Raffhalter und gut doppelt so breit, ein Stück Steifleinen und genügend Stoff für die Rüschen – entweder aus dem gleichen Stoff oder in einer kontrastierenden Farbe.

In Form geschnittene Raffhalter mit Paspel

Maß nehmen und überlegen, welche Form der Raffhalter haben soll. Eine Papiervorlage schneiden und an die Gardinen halten, um die Wirkung auszuprobieren. Den Stoff nach Vorlage mit einer Saumzugabe von 12 mm rundherum zuschneiden. Das Zwischenfutter (falls erforderlich) und ein Stück Steifleinen, beides genauso groß wie die Vorlage, zuschneiden. Genügend Stoff für die Einfassung (S. 200) bereitlegen.

1. Das Zwischenfutter mit losem Zickzack-Saumstich auf die linke Seite des Oberstoffes nähen. Eine Saumzugabe von 12 mm freilassen. Das Steifleinen darauflegen und rundherum mit Hexenstich annähen, dadurch wird gleichzeitig das Zwischenfutter festgehalten. Den Stoffstreifen für die Einfassung auf der rechten Seite des Oberstoffes anstecken und mit der Nähmaschine (Reißverschlußfuß) ansteppen. Die unversäumten Kanten der Einfassung und des Vorhangstoffes über die Kante der Versteifung auf die linke Seite bügeln.

2. Die Saumzugabe des Futterstoffes umkippen; bügeln. Futterstoff auf der Naht der Einfassung rundherum mit Zickzack-Saumstich annähen. An jedes Ende des Raffhalters, dicht am Saum oder 1 cm von der Kante entfernt, einen Gardinenring annähen. Die Gardinenringe an den Haken hängen, der seitlich vom Fenster angebracht ist. Wenn es sich um Metallknäufe statt Haken handelt, die Raffhalter mit Stoffschlaufen anbringen.

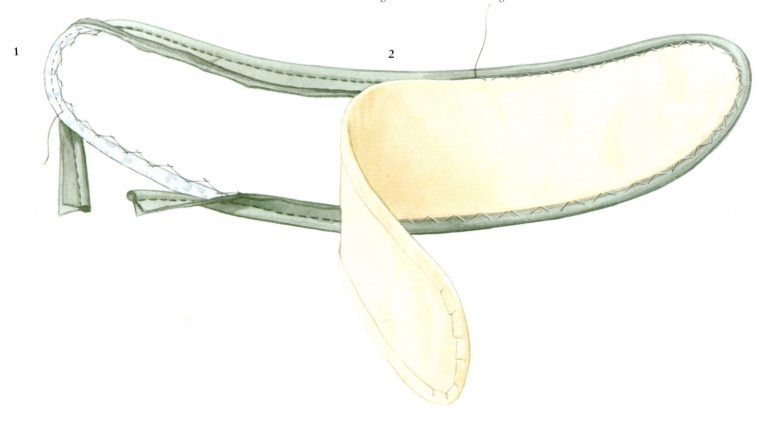

102

Raffhalter mit Rüschen

1. Einen Stoffstreifen für die Rüsche des Raffhalters schneiden, doppelt so breit wie der fertige Raffhalter, und rundherum 12 mm Stoff zugeben. Die Rüsche nähen. Ein Stück Vlieseline in der Größe des Raffhalters schneiden.

Den Stoffstreifen der Länge nach zusammenfalten, die Bruchkante markieren. Das Vlieseline auf eine Hälfte legen, so daß die Kante auf der Bruchkante des Stoffes liegt. Die Rüsche zusammenziehen und an der unversäuberten Kante des Raffhalters unter der Vlieseline anstecken. Die Stoffweite regelmäßig verteilen.

2. Den Stoff für den Raffhalter an der Bruchkante der Länge nach zusammenfalten, rechts auf rechts. Seitennähte steppen. Kanten versäubern, rechte Seite nach außen kippen, die Ecken gut herausdrücken; bügeln. Die Saumzugabe auf der Rückseite nach innen einkippen und mit Fallstich an der Rüsche befestigen.

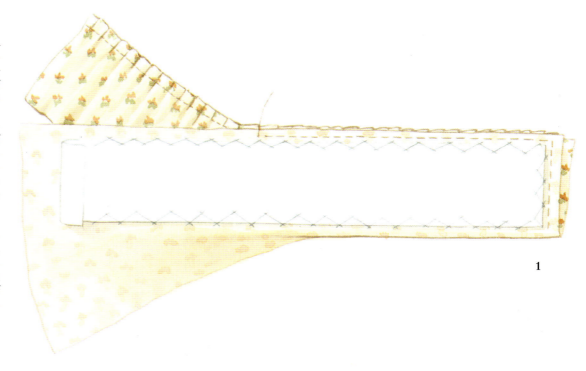

1

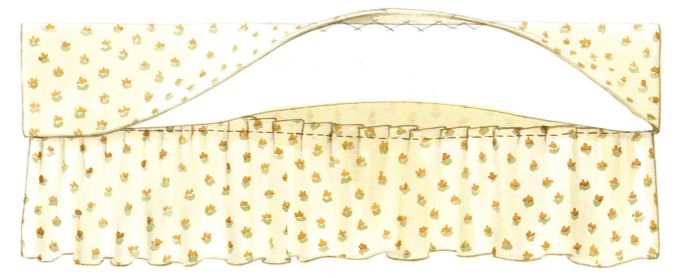

2

Querbehänge und Schabracken nähen

Querbehänge und Schabracken befestigt man am besten an einem Brett oder einer kastenartigen Konstruktion über dem Fenster. Wenn das Brett angebracht ist, kann man mit dem Entwurf des Querbehangs beginnen und sich eine Papiervorlage anfertigen. Querbehänge und Schabracken müssen so weit herunterhängen, daß sie die Vorhangschiene und die Oberkanten der Vorhänge verdecken. Ihre Höhe sollte mindestens ein Sechstel der Fensterhöhe betragen. Angekrauste Querbehänge müssen durch großzügige Stoffülle wirken, ohne den Lichteinfall zu reduzieren; daher werden sie häufig so gestaltet, daß sie an den Seiten tiefer hängen, manchmal bis zur halben Höhe des Fensters.

Wenn Sie eine Schabracke aus versteiftem Stoff anfertigen möchten, müssen Sie beim Zuschneiden rundherum 5 cm zugeben. Futterstoff, Zwischenfutter und Steifleinen werden ohne Stoffzugabe geschnitten.

Wenn Sie gerüschte oder in Falten gelegte Querbehänge anfertigen möchten, müssen Sie die erforderliche Breite nach dem Faltenband berechnen, das Sie verwenden wollen. Sie sollten darauf achten, daß sich – genau wie bei den Vorhängen – die Gesamtbreite durch die Breite Ihres Stoffes teilen läßt, damit Sie nicht soviel Verschnitt haben. Für die Oberkante ist 10 cm Saumzugabe, für den unteren Saum 5 cm Zugabe erforderlich. Das Zwischenfutter wird ohne Stoffzugabe geschnitten.

Das Brett anbringen

1. Die Position des Brettes festlegen: Man kann es entweder dicht über der Fensterrahmung oder quer über einer Fensternische anbringen. Soll das Fenster größer wirken, muß das Brett weit über dem Fenster angebracht werden und breiter als das Fenster sein. Da die Vorhänge innerhalb der kastenartigen Konstruktion angebracht werden, muß sie so breit sein, daß sich die Vorhänge am Tag weit genug öffnen lassen.

Das Brett mit Hilfe von Winkeleisen befestigen oder direkt an den Holzrahmen des Fensters anschrauben, falls genügend Platz vorhanden ist. Sperrholz- oder Weichholzplatten in einer Mindeststärke von 12 mm besorgen und sie so lang wie die Vorhangschiene plus 5 cm Zugabe an jedem Ende schneiden. Wenn es eine Kastenkonstruktion werden soll, vor dem Anbringen an der Wand an jedem Ende ein quadratisches Holzbrett mit einer Seitenlänge von 10 cm anbringen.

2. Auf der Unterseite, dicht an der Außenkante, Ösen anschrauben, in die die Haken des Querbehanges eingehängt werden, oder den Häkchenteil eines Klettbandes, an dem der Querbehang befestigt wird, an den Außenkanten des Brettes anbringen.

Ein Papiermuster anfertigen

Zum Herstellen eines Musters ist ein großes Stück Papier erforderlich, besonders gut eignet sich Makulaturtapete oder Tapete. Ein Stück Papier schneiden, das genauso hoch ist wie der Querbehang; in der Mitte senkrecht falten. Den Umriß des Querbehanges einzeichnen und ausschneiden.

Das Papier auseinanderfalten und mit Tesafilm oberhalb des Fensters befestigen, um zu sehen, wie die Form wirkt. So lange probieren, bis das Muster die optimale Form hat.

Soll es einen gekräuselten Querbehang geben, muß das Muster auf die erforderliche Stoffbreite »übersetzt« werden; dazu braucht man eine Vorlage, nach der der Stoff geschnitten wird. Man nimmt ein zweites Stück Papier und schneidet es genauso hoch, wie der fertige Querbehang sein soll. Dann muß das Muster Schritt für Schritt auf die Vorlage übertragen werden: die Höhe des Querbehangs am Muster in Abständen von 10 cm messen und Punkt für Punkt auf die Vorlage übertragen. Dabei die Abstände entsprechend auseinanderziehen, je nachdem welches Faltenband man verwendet. Angenommen, man braucht für das Faltenband zweimal die Breite des fertigen Querbehangs, so muß man die Abstände zwischen den Messungen beim Übertragen verdoppeln.

QUERBEHÄNGE UND SCHABRACKEN NÄHEN

EINE SCHABRACKE NÄHEN

1. Das Zwischenfutter mit losem Zickzack-Saumstich auf dem Oberstoff befestigen. Das Steifleinen auf dem Zwischenfutter anstecken und rundherum mit Hexenstich annähen.

2. Die Nahtzugabe des Oberstoffes über das Steifleinen kippen. Nahtzugabe einklipsen, damit der Stoff nicht beutelt und die Lagen flach aufeinanderliegen.

3. Nahtzugabe des Futterstoffes umkippen, so daß das Futter rundherum 12 mm kleiner ist als der versteifte Oberstoff. Das Futter rundherum mit Fallstich befestigen.

An der Oberkante, auf der Innenseite der Schabracke, eine Reihe von Haken annähen oder den Schlingenteil des Klettbandes befestigen, dessen Häkchenteil an der Vorderkante des Brettes angebracht wird.

Eine glatte Schabracke läßt sich gut mit 12 mm langen Reißnägeln auf der Vorderseite des Brettes befestigen. Die Nägel mit einer Borte oder einem Streifen aus dem gleichen Stoff oder in einer Kontrastfarbe verdecken. Mit Klebstoff befestigen.

EINEN GEKRÄUSELTEN QUERBEHANG NÄHEN

Maß nehmen und den Stoffverbrauch wie beim Nähen von Vorhängen berechnen, wobei sich die Saumzugabe für den Oberstoff hier auf 5 cm, für das Futter auf 4 cm reduziert. Nicht vergessen, daß nur *ein* Querbehang erforderlich ist, während Seitenschals immer paarweise auftreten. Für einen rüschenbesetzten Querbehang braucht man eine Saumzugabe von 12 mm an der Unterkante, für einen eingefaßten Querbehang gar keine.

1. Das Zwischenfutter mit losem Zickzack-Saumstich am Vorhangstoff befestigen, die Oberkante, falls nötig, versteifen (S. 196). Die Saumzugabe des Futters umkippen; das Futter auf den Stoff legen. An beiden Enden steppen. Die rechte Seite des Stoffes nach außen drehen, so daß sich an beiden Enden gleichmäßig breite Kanten des Oberstoffes bilden; bügeln.

2. Die Saumzugabe für die Oberkante auf die linke Seite kippen. Saumzugabe des Faltenbandes rechts und links nach innen umbiegen und an die Oberkante des Querbehanges anstecken. Ansteppen und quer über beide Enden des Faltenbandes eine Doppelnaht steppen.

3. Die Saumzugabe des Oberstoffes an der Unterkante des Querbehanges über die Unterkante des Futters kippen und mit Fallstich annähen. Die Kordeln des Kräusel- oder Faltenbandes anziehen und den Querbehang mit den Haken in die Ösen einhängen.

Fransenbesatz an der Unterkante von Hand ansteppen.

Rüschenbesatz: Das Faltenband anbringen; die Rüsche am unteren Saum rechts auf rechts anlegen, so daß die unversäuberten Kanten aufeinanderliegen. Ansteppen; schmale Nahtzugabe stehenlassen. Naht ausbügeln, so daß die Rüsche nach unten hängt. Den umgekippten Saum des Futters auf der linken Seite mit Fallstich so annähen, daß alle unversäuberten Kanten verdeckt werden.

Querbehang mit Einfassung: Den Querbehang so weit nähen, daß die Unterkanten von Oberstoff, Zwischenfutter und Futter gleich lang sind. Die Kanten einfassen; wenn die Unterkante kurviert ist, Schrägband verwenden.

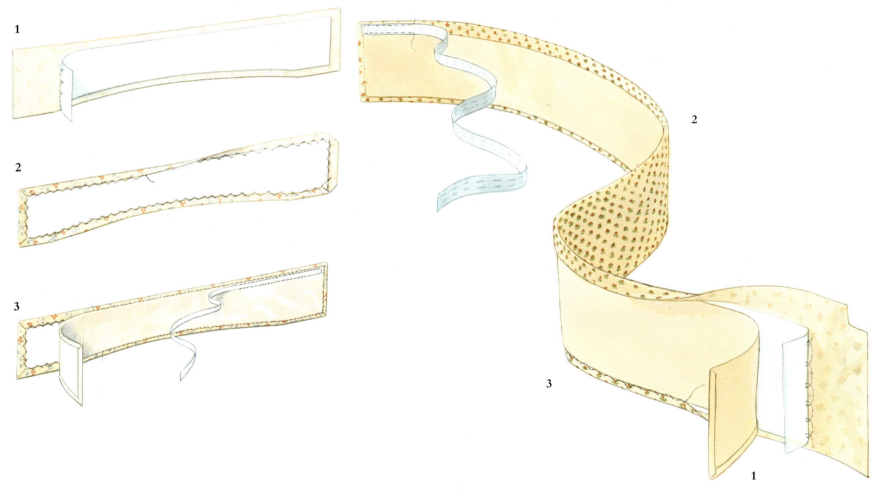

105

Fensterdekorationen im grossen Stil

Früher waren aufwendig drapierte Fensterdekorationen nur in großen Häusern üblich. Sie signalisierten den Reichtum und den gesellschaftlichen Rang der Bewohner; als Teil der Innenausstattung gesehen, brachten sie die luftige Höhe der Fenster zur Geltung und verbrämten sie zugleich. Das Verhältnis zwischen den Ausmaßen der Fensterdekoration und der Größe des Raumes ist ein schwieriges Problem; theatralische Draperien in einem großen Raum mit hohen Fenstern wirken immer prunkvoll und pompös, aber bei der Fensterdekoration eines kleinen Raumes sollte man die begrenzten räumlichen Dimensionen berücksichtigen. Am besten hält man sich hier an zurückhaltende, klassische Formen, die in keiner Weise dominieren und sich der Umgebung anpassen.

Damast und Seidenstoffe eignen sich vorzüglich für ein formelles Interieur. Hohe Fenster vertragen eine auffallende Dekoration: Draperien mit lose herabfallenden Stoffbahnen oder üppig geraffte Faltenbögen, die rechts und links in Stoffkaskaden enden, verziert mit reichem Fransen- und Rüschenbesatz. Derartig hochgestylte Fensterdekorationen wirken aber nur dann entsprechend, wenn Farbkonzept, Möbel und Accessoires von ähnlicher Opulenz sind. Die Raffbögen und die lose herabfallenden Stoffenden lassen sich natürlich auch einfacher gestalten, wenn man mit den Draperierungen etwas zurückhaltender umgeht, wenn der Stoff die kühle Perfektion von schwerem Chintz hat, oder wenn die losen Stoffbahnen in exakte, flach gebügelte Falten gelegt werden, so daß Futter und Oberstoff ein gleichmäßiges Stufenmuster bilden.

Opulente Fensterdekorationen sind nicht unbedingt schwierig zu gestalten, aber man sollte sie bewußt als theatralischen Effekt einsetzen. Vorhänge können auch eine rein dekorative Funktion haben, vorausgesetzt, daß sich darunter Rollos oder Vorhänge zum Zuziehen befinden, die die praktischen Funktionen übernehmen. Doppelte Vorhänge in verwandten Tönen oder in Mustern, die aufeinander abgestimmt sind, wirken besonders elegant. Man kann sie übereinanderhängen und die luxuriöse Stoffülle wirken lassen oder sie asymmetrisch mit Raffhaltern zurückbinden. Besonders lange Vorhänge vertragen sogar zwei Raffhalter auf jeder Seite. Eine andere Möglichkeit wären sehr hoch angebrachte Raffhalter aus Kordeln, eine Fensterdekoration, die man besonders im achtzehnten Jahrhundert schätzte. Solche und ähnliche Dekorationskonzepte eignen sich vor allem für halbrunde Erkerfenster oder dort, wo Vorhänge nicht unbedingt zugezogen werden müssen.

Selbst die ausgefallensten Dekorationsentwürfe lassen

LINKS *Über eine glatte weiße Gardinenstange wurde in Regency-Manier ein schwerer, kostbar gemusterter Stoff drapiert: als asymmetrischer Raffbogen mit losen Zipfeln.*

UNTEN *Diese Fenster sind im Vergleich zu den hohen Wänden niedrig. Die schwere Quastenborte aus Wolle wiederholt die dunkelste Farbe des Vorhangstoffes.*

sich mit einem Standardrepertoire von Raffbögen mit lose fallenden Stoffkaskaden, von Querbehängen, Schabracken und losen Draperien verwirklichen. Wenn man die Grundregeln beherrscht, kann man die meisten Dekorationskonzepte so abwandeln, daß sie zum eigenen, persönlichen Stil passen. Draperien, Querbehänge, Schabracken und Lambrequins haben durchaus genug Allüre, um ohne Vorhänge zu bestehen. Sie können einem Fenster in einer Eingangshalle oder auf einem Treppenabsatz bühnenreifes Gepränge verleihen. Ein eleganter Querbehang kann auch die Stimmung eines Raumes beeinflussen – ob es sich um einen Entwurf in gotischer Manier oder um klassizistische Raffbögen handelt.

Raffbögen mit lose fallenden Stoffenden geben einem Fenster ein imposantes Gepränge. Sie wirken wie eine einzige, fließende Stoffwoge, bestehen aber aus separaten Elementen, die erst am Querbehangbrett über dem Fenster zu einer Dekoration zusammengefügt werden. Die Raffbögen sind meist schräg geschnitten und fallen daher in eleganten Bögen. Der Stoffbedarf variiert enorm.

Die lose fallenden Stoffbahnen, die den drapierten Querbehang rechts und links vom Fenster abschließen, erscheinen manchmal auch zwischen einer Gruppe eng nebeneinanderliegender Fenster, wenn es sich um eine zusammenhängende Dekoration mit mehreren Raffbögen handelt. Es gibt eine Vielfalt von Vorlagen für lose fallende Stoffbahnen, zwischen denen man wählen kann: für spiralförmige, rillenförmige, asymmetrisch fallende oder in Falten gelegte Bahnen, die stufenförmig aufspringen und ein kontrastierendes Futter sehen lassen.

OBEN *Über dem Schiebefenster ist noch ein breiter Wandstreifen frei, der Platz läßt für die Drapierung, die in einem hochgezogenen, doppelten Raffbogen weit über den Fensterrahmen hinausgreift. Das glatte, weiße Springrollo kann betätigt werden, ohne daß man die sorgsam gelegten Vorhangfalten berührt.*

OBEN *Der Karnies mit reichem Stuckdekor wurde in die Dekoration des Erkerfensters einbezogen: Er fungiert als Teil des Querbehanges und hält die Festons mit den tief herabfallenden losen Draperien. Die Vorhänge an den Seiten und zwischen den Fenstern stauen sich am Boden zu Stoffwogen.*

RECHTS *Diese pompös-dramatischen Doppelvorhänge nutzen die Proportionen des französischen Fensters und der beiden niedrigeren Fenster voll aus. Die Gardinenstangen folgen der unterschiedlichen Höhe der Fenster.*

FENSTERDEKORATIONEN

Vorhänge von Hand nähen

Wenn Sie Vorhänge mit Falten und Drapierungen anfertigen möchten, die speziell auf Ihre Fenster zugeschnitten sind, sollten Sie sie unbedingt mit der Hand nähen.

Besonders interessante Effekte lassen sich mit längsgestreiften Stoffen erzielen, wenn man die Falten über die ganze Breite der Vorhänge dem Rapport entsprechend einlegt. »Flämische Falten« oder Dreifachfalten wirken besonders gut, wenn man die Vorhänge mit Ringen an einer sichtbaren Messing- oder Holzstange aufhängt. Die Gardinenhaken bringt man jeweils hinter einer Faltengruppe an, so daß unter jedem Ring Falten aufspringen.

Futter und Zwischenfutter sind sehr wichtig; als Futterstoff kann man anstelle von herkömmlichen Satinstoffen einfarbigen Chintz verwenden und ihn als effektvollen Farbakzent an den aufspringenden Falten der losen Seitenteile einsetzen.

Extravagante Draperien erfordern sorgfältiges Nähen. Die genauen Maße hängen von der Größe des Fensters und von der Art des Stoffes ab, den Sie verwenden, und natürlich auch von der Wirkung, die Sie erzielen wollen. Am besten probieren Sie vor dem Nähen aus, ob die Ausmaße der Dekoration, wie Sie sie planen, zu Ihrem Fenster passen und ob alles so wirkt, wie Sie es sich vorgestellt haben.

Es ist leichter und ökonomischer, wenn die Breite der Vorhänge ein Vielfaches der Stoffbreite beträgt; das gibt weniger Arbeit beim Nähen und beim Anlegen des Musters. Für einen Vorhang braucht man eineinhalb bis drei Stoffbreiten, vorausgesetzt, die Fenster sind weder besonders schmal noch besonders breit. Bevor Sie den Stoff kaufen, berechnen Sie genau, wieviel Sie brauchen: Sie müssen wissen, wieviel zusätzliche Breite Sie für die Falten benötigen und wie viele Stoffbreiten Sie für die Vorhänge brauchen. Dann multiplizieren Sie die Anzahl der Stoffbreiten mit der erforderlichen Länge der Vorhänge und rechnen Saum- und Nahtzugaben und Verschnitt für das Anlegen des Musters dazu. Bevor Sie die Vorhänge aufmachen, den Abstand zwischen den Falten und den Abstand von der ersten und letzten Falte bis zu den Seitenkanten berechnen.

Falten von Hand gelegt

Tiefe und Abstand der Falten festlegen und die erforderliche Stoffbreite des Vorhangs berechnen. Wenn die Falten zum Beispiel 25 cm Stoff erfordern und einen Abstand von 15 cm haben sollen, ist knapp dreimal die Breite des fertigen, in Falten gelegten Vorhangs erforderlich, da 40 cm Stoff für jeweils 15 cm Gardinenstange benötigt werden.

Um auszurechnen, wie viele Stoffbahnen erforderlich sind, muß man die Breite des fertigen, in Falten gehängten Vorhangs mit drei (mal die Breite, siehe oben) multiplizieren. Dann durch die Breite des Stoffes teilen, den Sie kaufen wollen. Die Zahl, falls erforderlich, um eine halbe Bahn auf- oder abrunden. Dann mit zwei multiplizieren – für zwei Vorhänge.

Die Länge der Vorhänge festlegen; je 10 cm Stoff für Säume oben und unten zugeben; die erforderliche Länge für Verschnitt dazurechnen, falls es sich um einen gemusterten Stoff handelt. Die errechnete Länge mit der Anzahl der Stoffbahnen multiplizieren; das ergibt den Stoffverbrauch.

Ausrechnen, wie breit der fertig genähte Vorhang (noch nicht in Falten gelegt) ist: die Anzahl der Stoffbahnen mit der Breite der Stoffbahnen multiplizieren und für jede Seitenkante eine Saumzugabe von 4 cm abziehen. Ausrechnen, wie viele Falten gelegt werden können: von der Breite des in Falten gelegten Vorhangs 5 cm auf jeder Seite für den Abstand der äußeren Falte bis zur Kante abziehen. Diese Zahl durch den *geplanten* Abstand der Falten teilen. Auf die nächste gerade Zahl auf- oder abrunden und eins dazuzählen. (Falls Sie die Zahl abgerundet haben, den *tatsächlichen* Abstand zwischen den Falten neu berechnen.) Zum Schluß prüfen, ob Sie bei der *geplanten* Tiefe der Falten und der Breite der Zwischenräume mit der Breite

1

VORHÄNGE VON HAND NÄHEN

des Vorhangs auskommen. Eventuelle Korrekturen lassen sich am besten an den Abständen zwischen den äußeren Falten und den Außenkanten vornehmen.

Das Futter muß genauso breit sein wie der Vorhang und muß wie oben berechnet werden. Für die Seiten ist keine Nahtzugabe erforderlich. In der Länge 12 mm Zugabe für die Oberkante und 6 cm Saumzugabe für die Unterkante dazuaddieren. Das Zwischenfutter hat genau die gleichen Maße wie der fertige Vorhang. Einen Vorhang nähen und darauf achten, daß das Muster richtig angelegt ist. Futter für einen Vorhang nähen, einfach umsäumen und Webkante einknipsen. Das Zwischenfutter vorbereiten; die Nähte, wie bei Spitze beschrieben, nähen: die Stoffkanten überlappend übereinanderlegen, rechte Seiten nach oben; mit losem Hexenstich zusammennähen. Einen Streifen aufbügelbare Vlieseline von 10 cm Breite (eventuell breiter, falls die Oberkante breiter ist) für die gesamte Breite des Vorhangs schneiden.

1. Die Saumzugabe an der Oberkante des Vorhangstoffes markieren. Den Vlieselinestreifen unter dem Knick anlegen und mit Hexenstich annähen. Zwischenfutter mit der linken Seite nach unten so anlegen, daß die Stoffzugaben des Oberstoffes rundherum zu sehen sind. Mit losem Hexenstich annähen. Die Zugaben für Oberkante und Seitenkanten des Vorhangstoffes über das Zwischenfutter kippen; die Knicke einbügeln; mit Hexenstich annähen.

An der Unterkante des Futters einen Doppelsaum von 4 cm nähen. Rundherum die 2 cm breiten Nahtzugaben des Futters umkippen; einbügeln. Futter mit losem Hexenstich auf das Zwischenfutter nähen. Dann die umgekippten Kanten des Futters am oberen Rand und an den Seiten an die umgekippten Kanten des Oberstoffes mit Fallstich annähen.

2. Den Saum des Vorhangstoffes einschlagen und unter dem Futter mit Fallstich annähen.

2

3. Mit Schneiderkreide auf der Unterseite des ausgebreiteten Vorhangs die Faltenknicke, wie errechnet, markieren.

4. Den Stoff an den markierten Linien falten und die sich ergebende Falte in einer Länge von 10 cm steppen. In dieser Falte Dreifachfalten legen und die Falten am unteren Ende von Hand

4

mit Steppstichen zusammennähen. Die Dreifachfalten an der Oberkante mit ein paar Stichen zusammenheften. Metallhaken durch jede Falte stecken.

3

FENSTERDEKORATIONEN

Raffbögen und lose fallende Stoffbahnen

Raffbögen und lose fallende Stoffbahnen werden an einem Brett oberhalb des Fensters befestigt. Für die Ausmaße gibt es keine feststehenden Regeln. Es gilt das, was bei jeder Fensterdekoration gilt: Je mehr Licht in den Raum einfallen soll, desto höher muß das Brett angebracht werden und desto breiter muß es sein. Normalerweise sollte es so sein, daß die Unterkante des Raffbogens die gleiche Tiefe hat wie die kürzeste Falte der losen Stoffbahnen.

Wenn Sie den Raffbogen und die Seitendrapierung selbst anfertigen, schneiden Sie sich am besten aus einem alten Laken ein Muster und probieren es an Ort und Stelle aus. Die Oberkante des Raffbogens sollte 50 cm kürzer sein als das Brett, und die Unterkante etwa 20 cm länger.

1. Die Tiefe des Raffbogens festlegen, je nachdem, wie reich die Raffung sein soll. Das Stoffmuster auf der Oberseite des Brettes befestigen, um die Wirkung auszuprobieren. Die Enden kräuseln oder in Falten legen. Anstecken. Wenn das Resultat zufriedenstellend ist, an der Unterkante des Stoffes die Stellen markieren, wo der Stoff über die Vorderkante fallen soll.

2. Das Stoffmuster wieder ausbreiten, rechte und linke Nahtlinie einzeichnen, den Markierungen folgend. Nach dieser Vorlage den Raffbogen schneiden. Beim Ausschneiden für die Seitenkanten 10 cm zum Kräuseln und Säumen zugeben, für den oberen und unteren Saum je 4 cm.

Den Raffbogen nähen, falls nötig mit Zwischenfutter und Futter (siehe Anleitung für maschinen- oder handgenähte Vorhänge). Ober- und Unterkante des Raffbogens werden wie die Seitenkanten von Vorhängen behandelt. Den Raffbogen entlang der schrägen Naht an den Seitenkanten kräuseln oder in Falten legen. Am Brett anstecken, um den Fall zu prüfen. Falten oder Kräuselungen mit Steppstichen festhalten, Kanten mit Zickzackstich versäubern oder einfassen.

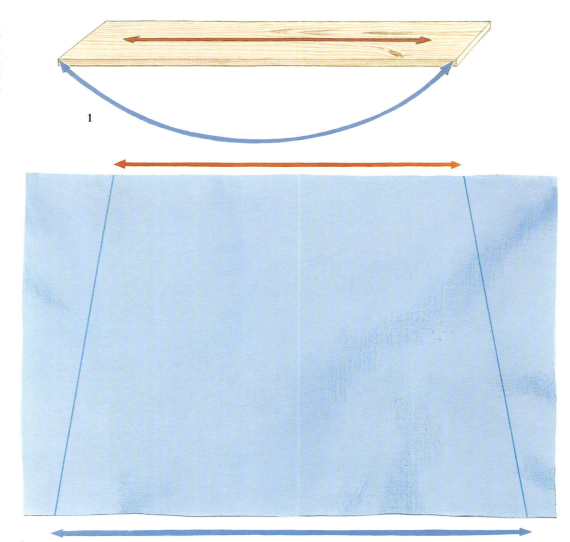

RAFFBÖGEN UND LOSE FALLENDE STOFFBAHNEN

3. Auch für die seitlichen Drapierungen zuerst ein Stoffmuster anfertigen, Tiefe und Abstand der Falten festlegen: am besten Zentimetermaß nehmen und am Brett anlegen. Die Länge der inneren und äußeren Enden der Seitenteile festlegen und alle Maße auf das Stoffmuster übertragen. Ausschneiden und die Wirkung prüfen.

4. Das Stoffmuster als Schnittvorlage nehmen, an Seiten- und Unterkante 2 cm zugeben, an der Oberkante 10 cm. Das Futter nach den gleichen Maßen wie den Oberstoff zuschneiden.

Oberstoff und Zwischenfutter zusammennähen, das Futter darauflegen, rechts auf rechts. Die Seitennähte und entlang der Unterkante steppen. Nähte versäubern; bügeln. Nach rechts drehen; wieder bügeln. Die Falten markieren und einbügeln. Den Fall ausprobieren. Falten steppen, Kanten versäubern, mit Zickzackstich oder Einfassung zusammenfassen.

5. Zum Schluß die Raffbögen und Seitenteile anbringen und mit Heftklammern und Takker auf der Oberseite des Brettes befestigen, so daß die lose fallenden Stoffbahnen die Seiten des Raffbogens verdecken.

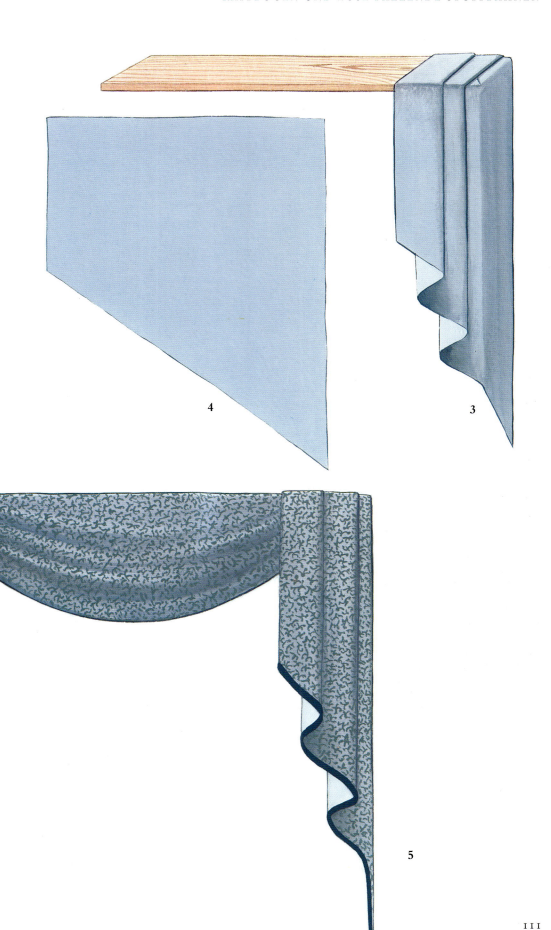

FENSTERDEKORATIONEN

SPITZE UND VOILE

Der hübscheste und romantischste aller Stoffe ist die Spitze, sie filtert ein weiches Licht in den Raum und schirmt die Privatsphäre vor Blicken von draußen ab. Spitze wird gewöhnlich in zarten Farben hergestellt und unterscheidet sich in Textur und Fall deutlich von anderen Geweben. Sie löst das Sonnenlicht in feine Licht- und Schattenmuster auf und weht vor dem offenen Fenster in der leichten Brise auf und ab.

Musselin und Voile, glatt, mit Streublümchen- oder Girlandenmustern, zu luftigen Raffbögen und kurzen Draperien oder zu Raffrollos verarbeitet, sind ideale Materialien für elegante Fensterdekorationen. Diese delikaten Stoffe lassen sich herrlich drapieren: Man wirft ein paar Meter Spitze locker über die Gardinenstange und läßt sie in Kaskaden bis auf den Boden herabfallen, oder man schlingt auf halber Fensterhöhe einen lockeren Knoten in einen einteiligen Schal, der sich am Saum wieder in voller Breite entfaltet. Man kann auch zwei Seitenschals, die die volle Fensterbreite einnehmen, übereinanderhängen und sie in eleganten Bögen nach entgegengesetzten Seiten zurückbinden, wobei man einen der Raffhalter höher setzen kann als den anderen, und die Innenkante des oberen Schals durch eine Quastenborte hervorheben kann.

Spitze mit figurativen Mustern sollte viel sparsamer verwendet werden als Musselin und Voile. Spitzengardinen brauchen wenig Fülle; tatsächlich wirken Spitzenschals am besten, wenn man sie glatt aufhängt und mit einer Futteralkante oder mit Gardinenringen an einer schlanken Gardinenstange befestigt. Spitzenschals mit eingewebter Bordüre an drei Seiten werden häufig mit Hilfe eines leichten Kräuselbandes aufgehängt; es wird so an der Oberkante angenäht, daß eine Futteralkante entsteht.

Es gibt auch schmale Spitze für Querbehänge, die sich in Verbindung mit Spitzengardinen zu einer duftigen Fensterverkleidung verarbeiten läßt.

Wenn Voile- oder Musselingardinen blickdicht sein sollen, nähen Sie am besten Futteralkanten und ziehen jede Bahn separat (damit häßliche Nähte vermieden werden) über die Gardinenstangen am oberen und unteren Ende. Die Gardinenstangen werden am Fensterrahmen angebracht, so daß die Spitze leicht gespannt ist und dicht vor der Glasscheibe sitzt. Diese Art der Aufhängung eignet sich besonders gut für französische Fenster und verglaste Türen; für Drehkippflügel und schräge Dachfenster ist sie unentbehrlich.

RECHTS *Zwei asymmetrisch drapierte Vorhänge dienen als Abschirmung: der eine für den Tag, der andere für die Nacht. Der schwere Vorhang in »Offwhite« hängt in seiner ganzen Breite über der Musselingardine. Er schließt mit einer Futteralkante ab und hängt an einer dunklen, hölzernen Gardinenstange. Die Raffung der Vorhänge, und damit der Lichteinfall, kann über die Raffhalter reguliert werden.*

LINKS *Für diese einfachen Scheibengardinen wurde transparenter Baumwollstoff verwendet. In der Taille werden die Gardinen von Schleifen zusammengehalten. Ein einfaches Springrollo schützt den oberen Teil des Fensters und kann bei Bedarf heruntergezogen werden.*

RECHTS *Zwei Spitzenschals hängen an einer dünnen Messingstange, die dicht am Fensterrahmen des breiten Schlafzimmerfensters angebracht ist. Die Breite der Schals erlaubt eine leichte Kräuselung, läßt aber noch das Muster der Spitze erkennen.*

FENSTERDEKORATIONEN

Spitzen- und Voilegardinen nähen

Damit die schönen alten oder zeitgenössischen Muster der Spitzenschals voll zur Geltung kommen, hängt man sie fast glatt auf; am besten mit einer Futteralkante oder mit Gardinenringen zum Anklipsen. Beim Maßnehmen sollten Sie besonders sorgfältig vorgehen: Wenn Sie die Schals an Ringen befestigen wollen, messen Sie die Länge ab Unterkante der Gardinenstange; wenn Sie eine Schiene verwenden wollen, messen Sie die Länge ab Oberkante der Schiene.

Die Hängung von Gardinen aus durchsichtigen Stoffen, wie Voile oder Musselin, kann sehr vielfältig gestaltet werden, je nachdem, um welchen Stoff es sich handelt und welche Wirkung man erzielen will. Eine Futteralkante, die sich zum Spannen von Gardinen auf dünne Stangen oder plastiküberzogene Stahlseile eignet, ist am leichtesten zu nähen. Für dekorativere Hängetechniken gibt es leichte Faltenbänder, speziell für diesen Zweck.

Wegen der Durchsichtigkeit der Stoffe müssen die Nähte so unsichtbar wie möglich sein und die Außenkanten sehr sorgfältig behandelt werden. Voile und ähnliche superleichte Stoffe erfordern großzügige Fülle – bis zum Dreifachen der einfachen Gardinenbreite.

Doppelte Futteralkanten für Scheibengardinen

Bei französischen Fenstern oder verglasten Türen ist es ratsam, Scheibengardinen zu verwenden, damit die Gardine beim Öffnen und Schließen der Tür nicht im Wege ist. Aus diesem Grund werden die Gardinenstangen oder Stahlseile am Holzrahmen, dicht oberhalb und unterhalb der Glasscheiben, angebracht. Bei Drehkippflügeln und bei schrägen Dachfenstern, die häufig in Lofts anzutreffen sind, ist diese Art der Aufhängung unerläßlich.

Futteralkanten

Den Umfang der Gardinenstange messen, auf die die Gardine gezogen werden soll, um die Breite der Futteralkante festlegen zu können; etwas Spielraum zum Gleiten lassen. In der Länge genügend Stoff für ein Köpfchen oberhalb des Futterals zugeben und zweimal soviel für das Futteral selbst. Die hier abgebildete Futteralkante ist 2,5 cm breit und hat ein Köpfchen von 12 mm. Für den unteren Doppelsaum von 5 cm ist eine Zugabe von 10 cm erforderlich, für die Seitenkanten je 2 cm, bei einem Doppelsaum von 1 cm Breite. Die Gardine soll wenigstens zweimal so breit sein wie die Gardinenstange.

1. Die Stoffbahnen mit schmalen, französischen Nähten (S. 199) aneinandernähen. An den Seitenkanten einen 12 mm breiten Doppelsaum umstecken, von Hand oder mit der Maschine nähen.

2. An der Oberkante der Gardine einen 4 cm breiten Doppelsaum umkippen. Von rechts ansteppen. Eine zweite Naht 12 mm unterhalb der Oberkante steppen, eine dritte dicht neben dem Knick des Saumes.

3. An der Unterkante einen Doppelsaum von 5 cm umkippen und mit Fallstich nähen.

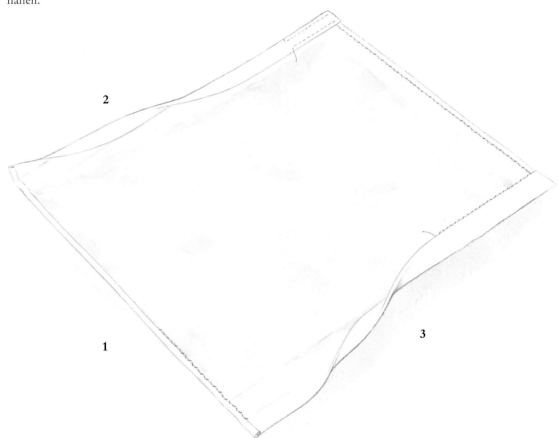

SPITZENGARDINEN MIT BORDÜREN

1. Wenn es sich um Spitze mit eingewebter Bordüre an den Seiten handelt, für jeden Schal nur eine Breite verwenden. Wenn an der Unterkante eine Bordüre ist, etwaige Kürzungen am oberen Ende vornehmen, um einen breiten Saum an der Unterkante zu vermeiden. Wenn Schals mit seitlichen Bordüren zusammengenäht werden müssen, die Bordüren abschneiden. Zwei Zentimeter breite Längsnähte nähen und darauf achten, daß die Musteranschlüsse stimmen; französische Nähte nähen.

1

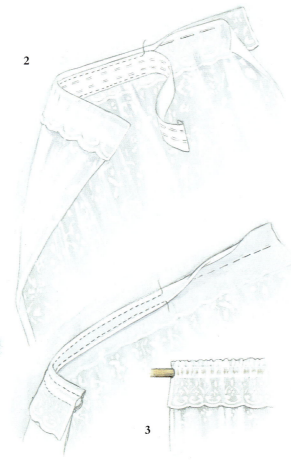

2

2. Die abgeschnittenen Bordüren können als Rüsche für die Oberkante des Vorhangs verwendet werden. Die Maße des fertigen Vorhangs festlegen, die üblichen Naht- und Saumzugaben nicht vergessen und Stoffverbrauch je nach Art der Hängung (Kräuselung oder Futteralkante) berechnen. Zuschneiden. Wenn Sie die Bordüren an den Seitenkanten abschneiden, machen Sie die gleiche Saumzugabe wie an der Oberkante der Gardine. Die Länge der Rüsche für die Oberkante muß mit der Breite der Gardine übereinstimmen. Die Bordüre an der Oberkante der Gardine anlegen. Heften. Wenn Sie ein Faltenband verwenden, die unversäuberten Kanten nach innen kippen und das Faltenband darüberlegen.

3. Wenn Sie eine Futteralkante nähen möchten, beide Stoffschichten zu einem Doppelsaum umkippen und zwei Nähte für eine Futteralkante mit Köpfchen steppen.

SPITZENGARDINEN IM COTTAGE-STIL

Hübsche Fenster im Cottage-Stil schreien förmlich nach einer weichen Dekoration. Aus schmaler Spitze (Spitze für Querbehänge und Schabracken) lassen sich Gardine und Rüsche – ein Miniquerbehang – in einem Stück anfertigen. Bei kleinen Fenstern genügt eine Breite pro Seitenschal. Die Maße der fertigen Schals festlegen, Zugaben für Futteralkante, Köpfchen und Saum berechnen. Die Spitze für zwei Seitenschals, mit einer seitlichen Saumzugabe von je 4 cm, zuschneiden. Überlegen, wie breit der Querbehang sein soll. Zugabe für Futteralkante und Köpfchen nicht vergessen; die überschüssige Länge an der Oberkante abschneiden. Beim Querbehang auf jeder Seite 12 mm für die seitlichen Säume umkippen und mit Saumstich nähen. Die genähten Seitenschals nebeneinanderlegen, linke Seite nach oben. Querbehang an die Oberkante anlegen, linke Seite nach oben, unversäuberte Kanten übereinander. Steppen. Bügeln und Querbehang überschlagen, so daß die linke Seite des Querbehangs auf der rechten Seite der Gardine liegt. Futteralkante steppen.

SPITZENGARDINEN MIT FALTENBAND

Folgende Zugaben sind erforderlich, wenn man für die Oberkante einer Spitzen- oder Voilegardine ein Faltenband für Bleistiftfalten verwendet: Stoffverbrauch bis zum Dreifachen der einfachen Breite; Seitennähte – 4 cm pro Gardine; Umschlag für die Oberkante – 8 cm; Saum – 10 cm. Bei Seitennähten französische Naht arbeiten.

1. An den Seitenkanten Doppelsäume von 12 mm Breite umkippen. Nähen.

2. An der Oberkante der Gardine 8 cm umkippen; an den Enden des Faltenbandes je 12 mm nach innen kippen. Das Faltenband an der Oberkante anlegen. Anstepppen. An den Enden zweimal quer über das Band steppen, um die Kordeln zu fixieren.

3. An der Unterkante der Gardine einen Doppelsaum von 5 cm umkippen. Von Hand annähen oder mit der Maschine ansteppen.

FENSTERDEKORATIONEN

ROLLOS

Faltrollos und Springrollos mit ihren klaren Linien sind nicht nur ideal als dekorative Accessoires für ein zeitgenössisches Interieur, sie stimmen auch vollkommen mit der strengen Linienführung moderner Einrichtungen überein. Die üppigen Stoffwogen von Raffrollos wirken dagegen leicht und beschwingt, ohne daß der Lichteinfall beeinträchtigt wird. Meist verbinden Rollos funktionelle und dekorative Eigenschaften und lassen sich gut mit sonstigen Fensterdekorationen kombinieren.

Glatte Rollos

Das Springrollo sitzt dicht an der Fensterscheibe; es tritt nur in Erscheinung, wenn es heruntergezogen wird, um seine Funktion zu erfüllen. Läßt man es zurückschnappen, verschwindet es auf einer Rolle, und wenn man es nicht auf halbem Weg fixiert, ist seine dekorative Präsenz tagsüber nicht vorhanden. Man sollte also bei der Ausstattung eines Raumes nicht auf seine dekorative Wirkung angewiesen sein, weder was die Farbe, noch was das Muster betrifft; im Kinderzimmer könnte man natürlich trotzdem ein Rollo mit einem großen Motiv anbringen.

Springrollos wirken schlicht und adrett; am besten passen sie in Räume, die die eine oder andere ihrer speziellen Funktionen erfordern. Rollos, mit denen sich ein Raum verdunkeln läßt, sind ein Segen für Leute, die bei Tagesanbruch nicht weiterschlafen können. Auch für schräge Fenster sind Springrollos eine der wenigen Fensterverkleidungen, die funktionieren – vorausgesetzt, daß man sie am unteren Ende an einem Haken festmacht. Als Ergänzung für große Fensterdekorationen hat man schon immer schlichte Springrollos verwendet; man hat ihnen den praktischen Part zugewiesen, die schönen Textilien und kostbaren Möbel vor zu starkem Lichteinfall zu schützen.

Auch das Faltrollo ist einfach in der Form; im Stoffverbrauch ist es fast so sparsam wie das Springrollo, wirkt aber eleganter und formeller. Faltrollos sind auf der Rückseite mit Schnüren und Holzstäben versehen, die durch einen oder mehrere Tunnel gezogen werden. Dadurch legt sich das Rollo beim Hochziehen in strenge, horizontale Falten, im Gegensatz zum Raffrollo, das sich in weiche Stoffbögen legt. Faltrollos sollten aus fest gewebten Stoffen angefertigt werden; am besten eignen sich einfarbige Stoffe oder gerade Muster, wie Streifen oder Karos, die ihren Charakter unterstreichen. Damit der Stoff sich akkurat zusammenfaltet, ist es wichtig, daß er eine gerade Bindung hat und daß auch das Muster in der Richtung mit der Webart übereinstimmt.

UNTEN LINKS *Eine sorgfältig ausgewogene Mischung von Einzelstücken arrangiert auf einem Holzfußboden, zwischen einfarbig gestrichenen Wänden. Hier wird mit ein paar unprätentiösen Stücken die Kunst des Weglassens exerziert.*

UNTEN *Bei einem Fenster mit einer tiefen Fensterlaibung kann man das Rollo entweder dicht an den Fensterscheiben anbringen, am Fensterrahmen oder an der Wand darüber. Für diese Springrollos wurde ein gelbweiß gestreifter Stoff gewählt.*

Raffrollos

Ein Raffrollo wird ebenfalls mit Hilfe von Schnüren hochgezogen, es wirkt aber, wenn es heruntergelassen ist, eher wie ein Vorhang. Wenn man es hochzieht, entstehen am oberen Teil des Fensters bauschige Stoffwogen. Raffrollos waren vor allem im achtzehnten Jahrhundert beliebt, man verwendete sie entweder allein oder in Verbindung mit reich verzierten Querbehängen oder Schabracken. Ein Raffrollo erfordert viel Stoff, vor allem, wenn man leichte Stoffe verarbeiten will; sonst würden die Raffbögen mickrig und ärmlich aussehen.

Die Wirkung eines Raffrollos hängt von der Stoffart ab. Die schlichte Eleganz von naturfarbenem Kaliko oder feinem, einfarbigem Leinen kommt in den natürlich fallenden, üppigen Raffungen besonders gut zum Ausdruck. In Seide, mit einem ausdrucksvollen Streifenmuster und mit Silber- oder Goldfransen verziert, würde es dramatisch und umwerfend elegant wirken. Sehr romantisch wirkt ein Raffrollo aus Chintz mit pastellfarbenen Blumenmotiven und mit Spitze oder Rüschen dekoriert.

Eine spezielle Art von Raffrollos sind die Wolkenrollos, sie gleichen den traditionellen Wolkenstores. Ihr Stoffverbrauch entspricht der doppelten Länge des fertigen Rollos; das heißt, wenn sie heruntergelassen sind, ist der Stoff noch immer gerüscht. Wenn man einen transparenten Stoff verwendet, zum Beispiel Voile oder feinen, in sich gemusterten Baumwollstoff mit kleinen Blütenzweigen, müssen die Rollos auch tagsüber nicht hochgezogen werden und bilden einen duftigen Sonnenschutz.

LINKS *Ein großes Fenster mit großer Dekoration in einem hohen Raum, der in ein Badezimmer verwandelt wurde. Ein glatter Spitzenschal und zwei zur Seite geraffte Spitzenvorhänge filtern das Licht und bieten Blickschutz. Die Bommeln kontrastieren die zarte Transparenz der Spitze.*

UNTEN LINKS *In diesem opulenten Ausstattungskonzept machen die Bettdraperien gemeinsame Sache mit den Fensterdekorationen, vor allem mit den üppigen Stoffwogen der Wolkenrollos.*

UNTEN *Springrollos und Faltrollos eignen sich besonders für glatt geschnittene, einfache Fenster, doch können Raffrollos verspielte Akzente setzen.*

FENSTERDEKORATIONEN

Glatte Rollos nähen

Springrollos sind am einfachsten zu nähen, sie haben den geringsten Stoffverbrauch und machen am wenigsten Arbeit. Es gibt fertige Garnituren mit allen Zutaten zu kaufen; beim Kauf sollten Sie darauf achten, daß das Springrollo eine Nummer größer ist als die Fensteröffnung, für die Ihr Rollo bestimmt ist. Vermeiden Sie es, Rollos anzufertigen, die breiter sind als eine Stoffbreite: Ein Rollo mit Nähten läßt sich nicht so glatt aufrollen. Normaler Stoff muß versteift werden; dafür gibt es ein spezielles Präparat.

Für Faltrollos sollte man einen Stoff von guter Qualität verwenden: Er muß eine gerade Bindung haben, und das Muster muß parallel zum Fadenlauf verlaufen. Es gibt verschiedene Methoden, wie man ein Faltrollo anfertigt; nachstehend werden zwei Versionen beschrieben: Das erste Rollo ist auf der Rückseite mit Bändern versehen und legt sich in weiche Falten; beim zweiten sind die Falten scharf und akkurat, sie werden durch waagerechte Stangen in Form gehalten, die durch Tunnel gezogen werden.

Damit man das Faltrollo am Fenster befestigen kann, muß man an der Oberkante eine Stange anbringen. Sie wird entweder direkt an der Fensterlaibung befestigt oder ruht auf Halterungen, die auf beiden Seiten des Fensterrahmens angebracht werden.

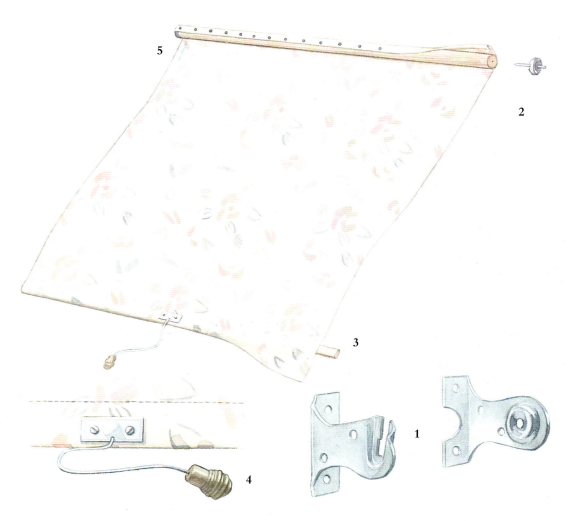

Springrollos

1. Die Halterungen auf beiden Seiten des Fensterrahmens anbringen. Beigefügte Instruktionen beachten: Normalerweise wird die Halterung mit dem Schlitz auf der linken Seite, die mit dem Loch in der Mitte auf der rechten Seite angebracht.

2. Den Abstand zwischen beiden Halterungen messen, die Stangen für Ober- und Unterkante entsprechend kürzen. Die Deckplatte mit dem Stift auf das gekürzte Ende des Rundstabes legen und den Stift einschlagen.

3. Stoff so zuschneiden, daß er 10 cm breiter und 20 cm länger ist als das fertige Rollo. Den Stoff am unteren Ende einschlagen; einen Tunnel für die Holzstange steppen. Reichlich bemessen – der Stoff könnte einlaufen, und für die Stange muß genügend Spielraum bleiben. Stoff nach Gebrauchsanweisung mit Versteifer behandeln.

4. Den Stoff nach dem Trocknen an den Seiten fadengerade auf die erforderliche Breite schneiden. Die Stange an der Unterkante durch den Tunnel stecken, Zugschnur und -knopf befestigen.

5. Den Stoff flach hinlegen, rechte Seite nach oben. An der Oberkante einen schmalen Saum nach oben einschlagen. Die Stange quer über die Oberkante legen, den Stift auf der rechten Seite. Den Stoff über die Stange legen und mit Reißnägeln befestigen. Einige Garnituren enthalten ein Doppelklebeband, mit dem man den Stoff befestigen kann.

Zum Spannen des Rollos den Stoff aufrollen und das Rollo aufhängen. Rollo herunterziehen und aus den Halterungen nehmen. Bis zur halben Höhe aufrollen. Wieder einhängen und herunterziehen. Testen: noch einmal am Knopf ziehen; danach sollte sich das Rollo bis oben aufrollen. Wenn es sich nicht ganz bis oben aufrollt, wieder aushängen und vor dem erneuten Einhängen ein wenig mehr aufrollen.

Als Dekoration eignet sich eine Fransenborte an der Unterkante; sie ist sehr einfach anzubringen. Zwischen Tunnel und Unterkante einen Abstand von 8 cm freilassen, das reicht zum Anbringen der Dekoration. Die Borte mit Doppelklebeband anheften. Ansteppen.

Für eine Phantasiekante am unteren Ende brauchen Sie ein Papiermuster, das genauso breit ist wie das fertige Rollo. Das Muster auf der linken Seite des Rollos mit Klebeband befestigen. Die Unterkante mit Bleistift oder Schneiderkreide einzeichnen und ausschneiden.

Die Kante kann man mit Zickzack-, Knopfloch- oder Plattstich versäubern, mit einer Fransenborte verzieren, mit einem Stoffstreifen paspelieren oder mit einer Stoffbordüre einfassen, die bis zum Tunnel reicht.

118

Ungefütterte Faltrollos

Das Fenster ausmessen und den Stoffverbrauch ausrechnen (S. 204). Stoffzugabe in der Breite: 6 cm zum Säumen der Seitenkanten. Wenn das Rollo breiter ist als eine Stoffbreite, Zugabe für Nähte berechnen. Zugabe in der Länge: 5 cm für die Oberkante und 11 cm für die Unterkante.

Für Faltrollos gibt es fertige Sets zu kaufen, in denen auch das erforderliche mechanische Zubehör enthalten ist; es gibt aber auch separate Bänder, speziell für Faltrollos, zu kaufen. Legen Sie den Abstand zwischen den Bändern fest – 40 cm wäre ideal –, wobei der Abstand zwischen den äußeren Bändern und den Außenkanten 2,5 cm betragen sollte. Die Anzahl der Bänder mit der erforderlichen Länge multiplizieren.

Um den Bedarf an Zugschnur auszurechnen, die Länge des fertigen Rollos, die halbe Breite des Rollos und noch einmal die Seitenlänge des Rollos (weil jede Schnur an der Seite herunterhängt) addieren und die Summe mit der Anzahl der erforderlichen Schnüre multiplizieren. Benötigt werden außerdem Gardinenringe, die am unteren Ende der Bänder befestigt werden, und eine Krampe, die am Fensterrahmen befestigt wird und zum Aufwickeln der Schnüre dient.

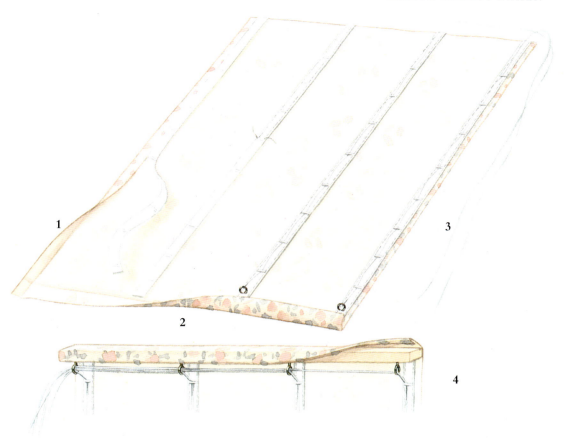

1. An den Seitenkanten einen 3 cm breiten Saum umkippen und bügeln. Die Bänder parallel zueinander und in gleichen Abständen auf den Stoff legen und anstecken. Mit den äußeren Bändern die unversäuberten Kanten der seitlichen Säume verdecken. Darauf achten, daß die Schlingen an den Bändern auf gleicher Höhe sind; die unterste Schlingenreihe sollte etwa 22 cm oberhalb von der Unterkante sitzen.

2. An der Unterkante des Rollos 1 cm umschlagen, dann 10 cm, einschließlich der Bandenden. Den Saum anseppen. Die Bänder an beiden Seiten anseppen und darauf achten, daß die Schlingen nicht von den Stichen erfaßt werden. Falls nötig, zur Versteifung eine Stange in den unteren Saum einziehen.

3. Die Schnüre, die durch die Schlingen an den Bändern gezogen werden müssen, in der jeweils erforderlichen Länge schneiden. An der untersten Schlinge eines jeden Bandes einen Ring befestigen. Die Enden der Schnüre an den Ringen festknoten und sie durch alle Schlingen im Band ziehen. An der Oberkante des Rollos 12 mm umkippen und das Rollo an einer Holzleiste befestigen, die so breit ist wie das fertige Rollo.

4. Die Länge des Rollos noch einmal überprüfen und die Holzleiste an der Oberkante des Fensterrahmens befestigen. An der Unterkante der Holzleiste Ösen anschrauben und die Schnüre durchziehen.

Gefütterte Faltrollos

Oberstoff und Futter in der Größe des fertigen Rollos zuschneiden; 5 cm Stoff für die Oberkante zugeben. Wenn Sie eine Zierkante anbringen möchten – bei gemustertem Stoff würde eine einfarbige Kante in einer Farbe aus dem Muster gut aussehen –, einen Stoffstreifen für die Einfassung schneiden, gerade oder schräg, der in der Länge für die Einfassung der Seitenkanten und der Unterkante reicht. Außerdem erforderlich sind dünne Holzstäbe in der Breite des Rollos, die quer über das Rollo durch Tunnel gezogen werden und die Falten in Form halten, ferner Gardinenringe und Schnüre für die Zugvorrichtung. Die Schnüre werden in Abständen bis zu 60 cm angebracht. Genügend Gardinenringe besorgen, damit jede Schnur an jedem Tunnel durch einen Ring gezogen werden kann.

Den Stoffstreifen für die Einfassung an jeder Längskante 1 cm umkippen; bügeln. Den Streifen der Länge nach in der Mitte falten; bügeln. Den Streifen an den Seitenkanten und an der Unterkante anlegen, rechts auf rechts, so daß die unversäuberte Kante des Streifens 4 cm von der Kante des Rollos entfernt ist; genügend Zugabe an den Ecken machen, damit man sie schräg verarbeiten kann (S. 201). Anseppen; Nähte auseinanderbügeln.

Das Futter auf den Oberstoff legen, links auf links. Tunnel anzeichnen; durch beide Stofflagen quer über die Breite steppen, bis an die Kanten der seitlichen Einfassung. Auf regelmäßige Abstände achten. Die Entfernung des untersten Tunnels von der Unterkante sollte der Tiefe der untersten Falte plus der Breite der Einfassung entsprechen. Die Stäbe durch die Tunnel stecken. Die Einfassung über die Kanten beider Stofflagen legen und mit Zickzack-Saumstich am Futter befestigen, so daß die Enden der Stangen darunter verschwinden. Ecken schräg verarbeiten (S. 200).

Die Ringe in gleichmäßigen Abständen auf der Rückseite der Tunnel befestigen, und zwar an den Stellen, wo die Schnüre den Tunnel kreuzen, und das Rollo, wie oben beschrieben, anbringen.

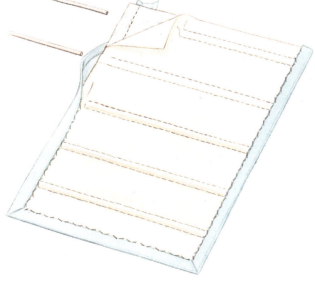

FENSTERDEKORATIONEN

Raffrollos nähen

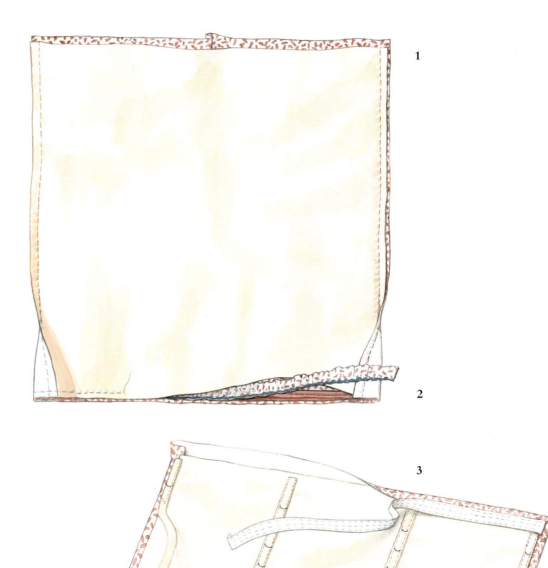

Raffrollos sind ähnlich wie Vorhänge konstruiert. Es gibt spezielle Schienen mit Bändern und Schnüren als Sets zum Selbstmachen. Das Rollo wird, genau wie das Faltrollo, mit Schnüren hochgezogen. Beim Zuschneiden muß man jedoch beachten, daß die Oberkante gekräuselt wird und daß daher die Breite reichlich bemessen werden muß, damit der Stoff genügend Fülle hat – ein Raffrollo muß großzügig und verschwenderisch wirken. Durch ein Futter bekommt das Rollo einen schöneren Fall, und eine Rüsche mit einem schmalen Paspel als Verzierung wirkt äußerst graziös.

Die Raffrollos, die den Wolkenstores ähnlich sind, werden gewöhnlich nicht gefüttert. Das unten beschriebene Rollo hat historische Modelle. Durch die senkrechten Tunnel werden dekorative Bänder oder Schnüre gezogen, die zum Kräuseln des Rollos dienen. Auf der Rückseite werden gewöhnliche Zugschnüre zum Hochziehen angebracht, die durch Ringe gezogen werden.

Gefütterte Raffrollos

In der Breite braucht man für ein Raffrollo das Eineinhalbfache des fertigen Rollos für Oberstoff und Futter. Der Oberstoff muß wenigstens 4 cm breiter geschnitten werden als das Futter. Wenn zwei Stoffbahnen erforderlich sind, die zweite Bahn in der Mitte auseinanderschneiden und rechts und links an der ersten anlegen. Dadurch wird eine Naht in der Mitte des Rollos vermieden. Beim Zuschneiden in der Länge 12 cm für den unteren Saum und 2 cm für die Oberkante zugeben. Das Futter 2 cm kürzer zuschneiden als den Oberstoff. Stoffstreifen für die Einfassung der Unterkante (S. 200) und für die Rüsche vorbereiten. Der Streifen für die Rüsche muß eineinhalbmal so lang sein wie die Unterkante.

1. Oberstoff und Futter aufeinanderlegen, rechts auf rechts. Dabei muß die Oberkante des Futters 2 cm unterhalb der Kante des Oberstoffes liegen. Seitennähte steppen. Saumzugaben zum Futter hin umkippe; bügeln. Einfassung an der Unterkante ansteppen; Saumknick freilassen.

2. Den Stoffstreifen für die Rüsche vorbereiten und kräuseln (S. 201), bis er genauso lang ist wie die Unterkante. Stoffülle gleichmäßig verteilen. Die Rüsche auf der linken Seite des Rollos über der Einfassung anstecken. Das Futter über der unversäuberten Kante der Rüsche anstecken; durch alle Stoffschichten steppen. Rechte Seite nach außen drehen. Bügeln.

3. Die Bänder auf der Rückseite des Rollos anstecken, etwa 60 cm voneinander entfernt. An der Oberkante des Rollos 2 cm Stoff umkippen, überschüssigen Stoff an den Ecken schräg abschneiden; die Ecken schräg verarbeiten (S. 200). Das Faltenband so anlegen (S. 100), daß die Enden der vertikalen Bänder verdeckt werden. Alle Bänder ansteppen. Die Schnüre durch die Schlingen an den Bändern ziehen, wie beim Faltrollo beschrieben (S. 119). Das Rollo eventuell provisorisch aufhängen, damit die Länge der einzelnen Schnüre leichter zu berechnen ist. Die Schnur, die am weitesten von der Krampe entfernt ist, an der die Schnüre befestigt werden, muß natürlich länger sein als die Schnüre, die dichter dran sind. Die Schnüre werden zusammengefaßt und an der Krampe festgemacht, wenn das Rollo zu Raffbögen hochgezogen ist und in dekorativen Raffbögen hängt.

WOLKENROLLOS

1. Den Stoffbedarf ausrechnen – man sollte mindestens eineinhalbmal die Breite und eineinhalbmal die Länge des fertigen Rollos rechnen. Zuschneiden. Falls das Rollo breiter als eine Stoffbahn ist, die zweite Stoffbahn teilen und die Bahnen, wie oben beschrieben, aneinandernähen.

An den Seiten und an der Unterkante Doppelsäume von 2 cm umkippen; bügeln. Die Rüsche für Seiten- und Unterkante anfertigen und an allen drei Seiten ansteppen (S. 201). An der Oberkante des Rollos eine Futteralkante nähen, durch die die Stange gezogen wird, die oberhalb des Fensters angebracht wird (S. 114).

2. Den Abstand der Tunnel festlegen und in das Rollo, quer über die ganze Breite, dicht unter der Futteralkante, eine Reihe von Knopflöchern nähen, für jeden Tunnel eins. 4 cm breite Stoffstreifen für die Tunnel schneiden, an jeder Seite und an den Enden 6 mm umkippen; bügeln. Die Streifen für die Tunnel anstecken und heften. Ansteppen.

3. Die Länge der Schnüre oder Bänder schätzen; schneiden. Durch die Tunnel ziehen und oben durch die Knopflöcher nach vorn ziehen. Quer über das untere Ende der Tunnel steppen, um die Schnüre oder Bänder festzuhalten. Das Rollo mit Hilfe der Bänder bis zur gewünschten Höhe hochziehen und kräuseln. Auf der Vorderseite, dicht unterhalb der Knopflöcher, je ein kurzes Stück vom gleichen Band oder der gleichen Schnur annähen. Mit den Enden, die aus den Knopflöchern kommen, verknoten und zu dekorativen Schleifen binden.

4. Auf der Rückseite Gardinenringe für die Zugschnüre (S. 119) in jeweils 20 cm Abstand an die Tunnels nähen. Die Enden der Zugschnüre am untersten Ring befestigen und durch alle Ringe ziehen. Die Stange durch die Futteralkante stecken. An einer Holzleiste, die hinter der Stange angebracht ist, Ösen anschrauben. Die Zugschnüre durch die Ösen ziehen.

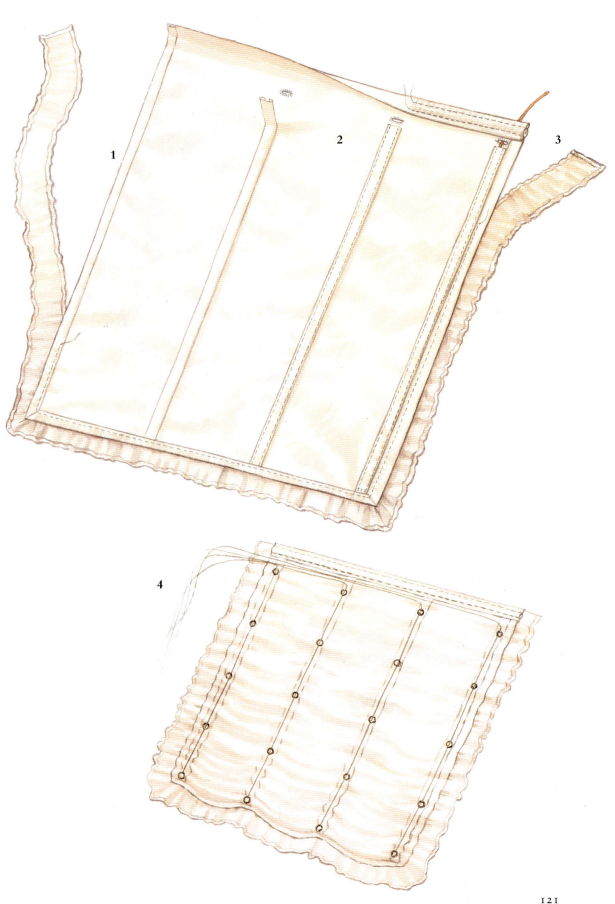

FENSTERDEKORATIONEN

INDIVIDUELLE GESTALTUNGEN

Besondere Gegebenheiten erfordern individuelle Fensterdekorationen. Will man zum Beispiel eine häßliche Aussicht verdecken oder sich gegen Blicke von außen abschirmen, sind Caféhausgardinen, die an ein französisches Bistro erinnern, eine optimale Lösung – und eine Alternative zu Musselin und Voile. Caféhausgardinen werden genauso genäht wie alle anderen Vorhänge und an Gardinenstangen aus Metall oder Holz aufgehängt, die etwa auf halber Höhe des Fensters angebracht werden. Für die dekorative Gestaltung der Oberkante gibt es viele Möglichkeiten.

Rundbogenfenster gehören zu den Höhepunkten architektonischer Fenstergestaltung. Man sollte für sie eine Dekoration wählen, die ihre Form besonders hervorhebt. Hier sind vor allem Futteralkanten angebracht: Die Gardinen oder Vorhänge werden auf Stahlseile gezogen, die sich nach der Form des Fensters biegen lassen.

Es muß nicht immer ein Fenster sein, auch andere Lokalitäten lassen sich durch Vorhänge verschönern. Ein bodenlanger Vorhang, auf einer dekorativen Gardinenstange über einem Durchgang, ist eine zusätzliche Quelle häuslicher Wärme – eine Reminiszenz an viktorianische Zeiten. Man könnte zum Beispiel die Türen im Innern der Wohnung völlig abschaffen und sie durch Vorhänge ersetzen, die man zu einer Seite rafft. Verglaste Schranktüren wirken besonders elegant, wenn man hinter den Glasscheiben dicht gerüschte Scheibengardinen anbringt.

Auch Duschvorhänge lassen sich ganz individuell gestalten: Man kann sie an einer speziell für diesen Zweck in die Decke eingelassene Vorhangschiene befestigen oder mit Haken und Ringen an einer Gardinenstange aufhängen. Für Duschvorhänge gibt es ein spezielles Material; man kann aber auch einen Baumwollstoff mit einem wasserabweisenden Material füttern.

OBEN *Die Sitte, eine Portiere vor die Tür zu hängen, stammt aus dem Mittelalter; man wollte sich auf diese Weise vor Zugluft schützen. Die Viktorianer nahmen diese Sitte wieder auf. Hier ein Vorhang in einem viktorianischen Muster, passend zur Tapete und zu den Fußbodenfliesen.*

INDIVIDUELLE GESTALTUNGEN

LINKS *Die große Fensterbank ermöglichte es, diesem kleinen Badezimmerfenster durch einen zierlich gerüschten Querbehang und fülligen Faltenwurf Volumen zu geben. Und doch finden alle nötigen Badeaccessoires Platz.*

RECHTS *Die ehedem verglasten Türen der Geschirrschränke wurden durch geschicktes Anbringen von fein texturierten Stoffbespannungen unauffällig in dieses Ankleidezimmer integriert.*

LINKS *Das Schlafzimmer erhält durch seine großen Fenster viel Licht, das von weißen Voilegardinen gefiltert wird. Darüber hängen, an einer weißen Gardinenstange, einteilige, gekräuselte Vorhänge. Die Raffhalter aus Kordeln und Quasten verleihen den Vorhängen trotz des unkomplizierten, hübschen Blumenmusters eine gewisse Förmlichkeit.*

RECHTS *Bei einem Fenster mit Bogenkante bringt man eine gebogene Schiene an, paßt die Vorhänge der Bogenform an und legt die Vorhänge in Falten. Vorhänge, die an Bögen befestigt sind, lassen sich natürlich nicht zuziehen: Sie werden entweder fixiert oder zur Seite gerafft. Hier wurde das kontrastierende Futter zum Vorschein gebracht.*

FENSTERDEKORATIONEN

Ungewöhnliche Oberkanten gestalten

Caféhausgardinen verarbeitet man genauso wie andere Gardinen oder Vorhänge: mit einer Futteralkante, mit einem Faltenband oder mit einer handgearbeiteten Oberkante. Auch die bogenförmige Oberkante mit Schlaufen, mit oder ohne Falten zwischen den Bögen, ist sehr beliebt. Vorhänge mit einer Schlaufenkante werden meist an Gardinenstangen aufgehängt, die oberhalb des Fensters angebracht werden. Man kann sie auf vielerlei Art und Weise gestalten: Eine bogenförmige Oberkante mit Stoffschlaufen eignet sich besonders für einen glatt hängenden Vorhang, der an eine Stange gehängt wird. Quetschfalten wirken etwas formeller.

Industriell gefertigte Duschvorhänge sind meist aus Plastikmaterial. Sie können das Material auch vom Meter kaufen und die Vorhänge selbst anfertigen. Der Duschvorhang wirkt weicher, wenn Sie ihn auf der Außenseite mit einem Baumwollstoff kaschieren und auf der Innenseite weiße oder einfarbiges Plastikmaterial oder beschichtetes Material verwenden.

Unterlegte Bogenkante mit Schlaufen

Die Breite des Vorhanges festlegen – das Eineinhalbfache der Fensterbreite ist meist ausreichend. Stoffzugabe für die Seitenkanten je 4 cm; für die Oberkante mit Schlaufen und Futterstoff 35 cm; und für den Saum 10 cm.

1. An den Außenkanten einen Doppelsaum von 2 cm umkippen. An der Oberkante einen schmalen Saum umkippen; bügeln. Steppen.

2. An der Oberkante der gefütterten Stoffbahn 25 cm für die Schlaufen auf die rechte Seite kippen. Die Tiefe der Bögen und die Länge der Schlaufen festlegen – eine Gesamtlänge von 20 cm ist ausreichend. Die Schlaufen sollten etwa 5 cm breit sein und einen Abstand von etwa 10 cm haben. Ein Papiermuster anfertigen und die Bogenlinie auf den Stoff übertragen. Entlang der markierten Linie steppen. Die Bögen und Zwischenräume zwischen den Schlaufen ausschneiden; die Nahtzugaben abschrägen.

3. Rechte Seite nach außen drehen und die Enden der Schlaufen auf der Rückseite des Vorhangs annähen. Den Vorhang aufhängen; den Saum abstecken und von Hand nähen.

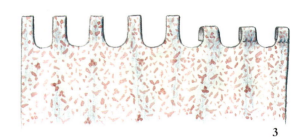

3

Eine Bogenkante mit Falten

Den Stoffverbrauch je nach Breite der Falten berechnen: 25 cm Stoffverbrauch pro Falte und 10 cm für einen Bogen. Für die Säume an der Oberkante und an den Seitenkanten je 12 mm zu eben; für den unteren Saum 10 cm. Das Futter hat die gleiche Breite wie der Oberstoff; für die Seitennähte ist keine Nahtzugabe erforderlich; für die Oberkante 12 mm zugeben, für den unteren Saum 8 cm. Wenn eine Stoffbreite nicht ausreicht, mehrere Stoffbreiten aneinandernähen.

1. An der Unterkante des Futters einen Doppelsaum von 4 cm umkippen; steppen. Das Futter auf den Oberstoff legen, rechts auf rechts; die Oberkanten beider Stoffe in gleicher Höhe. Seitennähte steppen und zur Mitte umkippen; bügeln.

2. Ein Papiermuster auf die Oberkante von Haupt- und Futterstoff legen und die Bogenkante auf dem Stoff einzeichnen. Auf der Linie steppen. Die Schlaufen und Bögen ausschneiden, etwa 12 mm Stoff stehenlassen; die Kanten abschrägen.

3. Die rechte Seite nach außen drehen. Bügeln. Die Faltenknicke einzeichnen. Falten legen (S. 109). Die Haken einhängen; den Vorhang aufhängen und die Länge prüfen. An der Unterkante 2 cm, dann 8 cm umkippen; Saum steppen. Die Ecken schräg verarbeiten (S. 200).

1   2

UNGEWÖHNLICHE OBERKANTEN GESTALTEN

Duschvorhänge

Überlegen, wie breit der Duschvorhang werden soll – das Eineinhalbfache der Vorhangstange ist üblich. Beim Zuschneiden auf jeder Seite 4 cm für einen 2 cm breiten Doppelsaum und an der Unterkante 8 cm für einen 4 cm breiten Doppelsaum zugeben. An der Oberkante 12 mm Stoff zugeben. Den wasserabweisenden Stoff zuschneiden. Wenn sie Plastikmaterial mit der Maschine nähen, einen Bogen Seidenpapier darüberlegen, damit die Nadel nicht steckenbleibt.

1. Bei beiden Stoffen an den Seiten 2 cm breite Doppelsäume und an der Unterkante 4 cm breite Doppelsäume umkippen. Steppen. Ecken schräg verarbeiten (S. 200). Den Futterstoff auf den Oberstoff legen, rechts auf rechts. Beide Stoffe 12 mm unterhalb der Oberkanten zusammennähen. Rechte Seite nach außen drehen und die Naht mit den Fingern auseinanderdrücken.

2. Zwei Nähte für die Futteralkante mit Köpfchen steppen; die obere Naht 12 mm unterhalb der Oberkante. Darauf achten, daß die Futteralkante breit genug für die Gardinenstange ist, auf die der Duschvorhang gehängt werden soll.

Eine andere, einfache Methode: Man näht die Ringe direkt an die Oberkante des Duschvorhangs an. Die Ringe im Abstand von 10 cm plazieren und fest annähen; auf die Stange schieben.

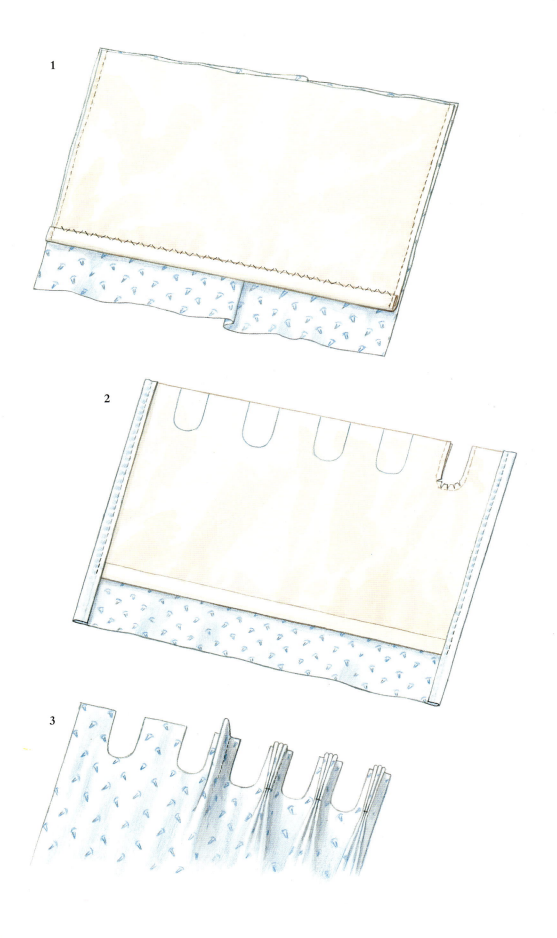

125

Heimtextilien

Kissen	128
Kissenbezüge nähen	132
Lose Polsterbezüge	134
Lose Bezüge nähen	136
Polsterungen	140
Einen Stuhlsitz polstern	142
Polstertechniken	145
Tischwäsche	146
Tischwäsche nähen	148

HEIMTEXTILIEN

Kissen

Kissen nehmen zwar eine verhältnismäßig kleine Fläche ein, spielen aber eine wichtige Rolle in der Ausstattung: Als Farb- und Musterakzente können sie durchaus die diversen Ausstattungselemente in das Gesamtkonzept einbinden. Der unkonventionelle Charme von dezent gemusterten Leinen- oder Chintzbezügen wird ergänzt durch ausdrucksvolle Streifen- oder Rhombenmuster auf den Kissen. Mit einfarbigen Kissenbezügen aus Chintz oder Satinstoffen lassen sich Farbkontraste schaffen oder die Sekundärfarben eines Ausstattungskonzeptes hervorheben.

Die dekorative Gestaltung

Kissenbezüge können aber auch eine eigenständige, dekorative Wirkung haben. Die Nähtechniken, wie Patchwork, Applikationen oder Quilting, und das Bemalen von Stoffen, ob mit Schablonenmustern oder freihändig, lassen viel Raum für Kreativität. Einfassungen wirken sehr professionell: Paspel in kontrastierenden Farben, aus gemusterten Stoffen oder im gleichen Stoff, betonen die Konturen des Kissens; Stoffbordüren, gerüschte oder gefältete Volants wirken wie Rahmen; Fransen- und Quastenborten oder schwere Seidenkordeln passen zu luxuriösen Samt-, Tapisserie- und Brokatkissen.

Rückblick auf die Vergangenheit

Ein Berg von Kissen, auf einem Sofa oder auf einer Sitzbank unter dem Fenster signalisieren Bequemlichkeit – trotz der vielen Polstermöbel allenthalben, die Kissen eigentlich nur noch als Accessoires rechtfertigen. Das war nicht immer so. Bis zum sechzehnten Jahrhundert waren die Sitzmöbel nicht gepolstert, und die meisten Stühle hatten nicht einmal eine Rückenlehne. Da waren es vor allem die Kissen, die die Sitze weich und bequem machten; sie waren die Vorläufer der flachen Sitzkissen, die wir heute an unsere Eßzimmerstühle oder Küchenstühle binden.

Das Sticken von Kissenplatten war eine der standesgemäßen Beschäftigungen vornehmer Damen; solche Kissen fungierten natürlich vorwiegend als dekorative Akzente der Raumausstattung. Eine der beliebtesten Stickarten war die Krüwelstickerei, aber auch Kissenbezüge aus Samt und Seidendamast oder aus teppichähnlichen Geweben waren sehr beliebt. Die Geschichte wiederholt sich, und das Stilpendel schwingt zurück. Die Dekorationseffekte der Vergangenheit finden wieder Interesse – die gestickten Bezüge und die Tapisseriekissen, die wir heute auf so vielen Sofas sehen, wurden von früheren Ausstattungsmoden inspiriert.

LINKS *Die Kissen wirken wie ein lebhaftes Tableau vor dem dunkel gebeizten Eichenholz der Sitzbank. Die gestreiften Kissen wurden mit einem einfarbigen Paspel im Saphirblau der Streifen eingefaßt; die einfarbigen Kissen wurden mit einer Stoffborte in einem farblich abgestimmten Muster abgesetzt. Das Kissen mit Blattmotiven vereinigt alle Farben der übrigen Raumtextilien in sich.*

UNTEN *Wintergärten beziehen die Farben der Natur in ihr Farbkonzept ein. Hier werden die Farben von den Blüten- und Blattmotiven der Vorhänge aufgenommen. Auf einem Korbsofa aus Weidengeflecht liegt an jeder Armlehne ein Zierkissen aus Chintz – die Farbe spiegelt die Farbe des Himmels an schönen Sommertagen.*

RECHTS *Eine über die Lehne des Sofas drapierte Wolldecke und Kissen in den verschiedensten Formen und Mustern signalisieren Behaglichkeit und bestimmen den Stil dieses kühnen Ausstattungskonzeptes. Auffallende Akzente werden durch die warme Textur der Petit-point-Stickerei und den animalischen Zauber der Wappenlöwen auf rotem Grund gesetzt.*

HEIMTEXTILIEN

Kissen selbst gestalten

Kissen kann man praktisch aus allem machen. Das bedeutet, man hat völlig freie Wahl, was die Formen und die Füllungen betrifft. Das muß auch so sein, denn manchmal braucht man Kissen, die auf eine bestimmte Sitzbank oder einen Stuhlsitz passen.

Zierkissen kann man in allen Formen und Größen fertig kaufen, aber zuweilen müssen auch Zierkissen individuell angefertigt werden. Zum Beispiel, wenn man von einem wertvollen, alten Stoff nur einen kleinen Rest hat, den man für ein Kissen verwenden möchte, oder wenn ein Kissen etwas Bestimmtes darstellen soll – Kinder mögen zum Beispiel Kissen, die die Form von Katzen oder Blumen haben.

Für das Inlet nimmt man Kaliko, Futtersatin oder dichten Kambrik, je nachdem, welche Füllung das Kissen haben soll. Federn waren schon immer das Nonplusultra für Kissenfüllungen, weil sie so herrlich weich und elastisch sind wie kein anderes Material. Aber Vorsicht: Es gibt Stoffe, durch die sich die Federn mit der Zeit hindurcharbeiten.

Die Kapokfaser kann klumpig werden und Schaumstoff ebenfalls. Die leichten Polyesterkissenfüllungen sind längst nicht so weich und elastisch wie Federn, haben aber den Vorzug, daß man sie mit den Kissenbezügen waschen kann. Für dünne Sitzkissen und für kastenförmige Polsterkissen sollte man Schaumstofffüllungen nehmen – aber zuvor prüfen, ob sie feuergefährlich sind.

Die meisten Dekorationsstoffe und auch einige Kleiderstoffe eignen sich gut zum Beziehen von Zierkissen; für Stühle und Sitzbänke sollte man gewebte Baumwoll- und Leinenstoffe oder Bezugstoffe verwenden, die nicht allzu dick sind. Das Luxuriöseste und Extravaganteste sind Kissenbezüge aus zarter Spitze oder handbemalten Stoffen.

UNTEN *Die beiden unterschiedlich langen Rüschen an dem runden Kissen sind farblich auf das florale Muster abgestimmt. Die gesteppte Rüsche an dem Sitzkissen auf der Fensterbank ist mit einem gefüllten Paspel verziert, der den Kräuselfaden verdeckt.*

OBEN *Die Kissenbezüge, teils mit Applikationen, teils aus altem Leinen, sind nur zur Zierde da.*

Die zwei Kissen in Entenform aus waschbarem Stoff kann man selbst machen.

KISSEN

RECHTS UND UNTEN *Zwei elegante Lösungen für die Dekoration eines Sofas und einer Liege: Eine Nackenrolle dient als feste Stütze; die Kissen mit den breiten Rüschen und den schlichten Paspeln übernehmen den dekorativen Teil.*

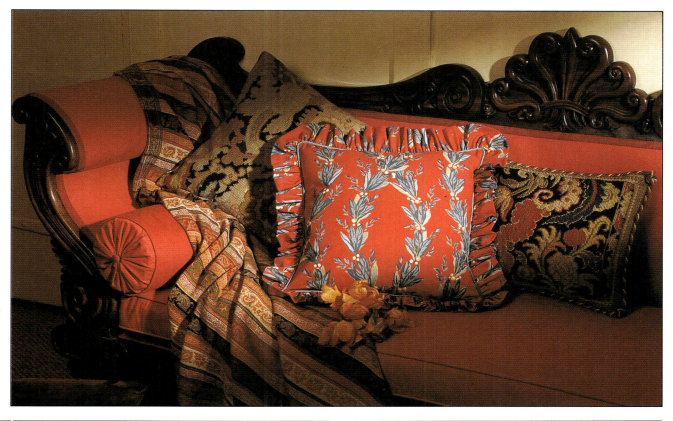

RECHTS UNTEN *Sitzkissen werden mit Bändern gearbeitet, die in der Naht befestigt werden; sie halten das Kissen an der Rückenlehne des Stuhles fest. Die Bänder haben die gleiche Farbe wie die Paspelierung.*

131

Kissenbezüge nähen

Jedes Kissen beginnt mit dem Polster. Um den Stoffverbrauch auszurechnen, muß man zuerst überlegen, wie der Bezug geschnitten werden soll. Dann wird das Polster ausgemessen und der Stoffverbrauch errechnet. Beim Zuschneiden der Kissenplatten rundherum 12 mm für Nähte zugeben. Für Polsterkissenbezüge, die mit Zwickeln gearbeitet werden müssen – mit oder ohne Keder (Paspel mit Kordel) –, Papiermuster in den genauen Maßen anfertigen. Die Papiermuster für Zierkissen in Phantasieform – zum Beispiel in Herzform – oder für Kissen, die für bestimmte Stuhlsitze angefertigt werden, müssen vor dem Ausschneiden in der Mitte gefaltet werden, damit man eine symmetrische Form erhält.

Bezug für ein kastenförmiges Schaumstoffpolster

Die obere und untere Deckplatte für das Schaumstoffpolster schneiden, dabei eine Nahtzugabe von 12 mm rundherum berücksichtigen. Einen Stoffstreifen für die vier Seiten mit dem Fadenlauf schneiden und ebenfalls 12 mm zugeben (siehe unten). Die Enden zusammennähen und fest um den Schaumstoffblock legen. Nahtzugaben an den Ecken einklipsen. Die obere und untere Deckplatte anlegen, linke Seite nach außen. Die Nähte stecken, eine Seite offenlassen. Den Schaumstoffblock herausnehmen; die Nähte steppen und ausbügeln. Rechte Seite nach außen drehen. Den Schaumstoffblock wieder hineinstecken und die offene Seite von Hand mit Fallstich zunähen.

Briefumschlagmethode

Nach dieser Methode läßt sich sehr schnell arbeiten. Sie eignet sich für Kaliko und einfache Stoffbezüge ohne Keder.

Für die Berechnung des Stoffverbrauchs den Umfang des Schaumstoffblockes messen und 3 cm Nahtzugabe dazurechnen. Die Länge des Schaumstoffblockes messen und die halbe Stärke des Blockes auf jeder Seite dazurechnen, plus 3 cm Nahtzugabe. Das ergibt die Stoffbreite. Den Stoff nach den Maßen in einem Stück zuschneiden.

1. Den Stoff um den Block wickeln; Anfang und Ende zusammennähen. Eine Öffnung von 30 cm in der Mitte freilassen oder einen Reißverschluß in die Naht einarbeiten. Dadurch ergibt sich eine Röhre.

2. Die Röhre über den Schaumstoffblock ziehen, linke Seite nach außen. Seitliche Nähte stecken und einzeichnen; sie sollten genau in der Mitte der Seitenflächen sitzen und etwas kürzer als die Seitenflächen sein, damit die Ecken schräg verarbeitet werden können (S. 200). Das Schaumstoffpolster herausnehmen, die Nähte wieder zusammenstecken. Steppen. An den Ecken kurze, diagonale Nähte nähen, Ecken schräg verarbeiten. Den überschüssigen Stoff an den Nähten abschneiden. Rechte Seite nach außen drehen; Nähte ausbügeln. Schaumstoffpolster wieder in den Bezug stecken; die noch offene Stelle zunähen oder Reißverschluß einarbeiten.

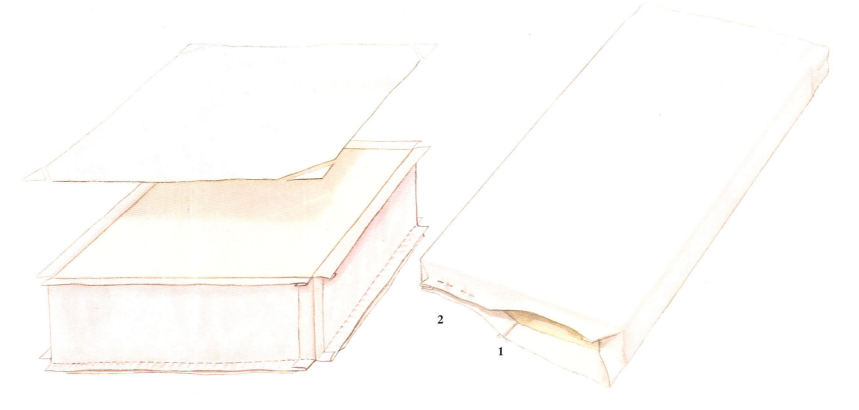

KISSENBEZÜGE NÄHEN

ZIERKISSEN

1. Den Stoff für die obere Deckplatte des Kissenbezuges mit einer Nahtzugabe von 12 mm zuschneiden. Ein Papiermuster in der gleichen Größe ausschneiden und in zwei Teile schneiden (s. Abbildung). Beide Stücke 2,5 cm entfernt voneinander hinlegen – das ist die Lücke für den Reißverschluß. Ein neues Papiermuster in dieser Form anfertigen und danach die untere Deckplatte zuschneiden. Reißverschluß einnähen.

2. Gegebenenfalls dekorative Posamenten an der Deckplatte anbringen. Eventuell einen Paspel oder eine Rüsche an einer der Kissenplatten rundherum anbringen: Stoff rechts auf rechts legen, die unversäuberten Kanten übereinander – wobei der Paspel oder die Rüsche zur Mitte der Kissenplatte zeigt. Heften. Steppen.

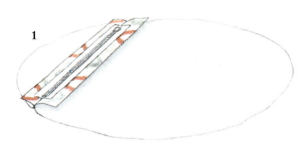

Beide Deckplatten übereinanderlegen, rechts auf rechts, und Reißverschluß offenlassen. Rundherum zusammennähen. Rechte Seite nach außen drehen. Naht ausbügeln und Kissenfüllung hineinstecken.

EIN VIERECKIGES POLSTERKISSEN

1. Den Stoff für die obere Deckplatte ausschneiden; falls erforderlich Papiermuster anfertigen. Nahtzugabe von 12 mm rundherum berücksichtigen. Bei der unteren Deckplatte 2,5 cm in der Breite zugeben und in zwei Teile schneiden, damit der Reißverschluß eingenäht werden kann. Reißverschluß einarbeiten (S. 201).

2. Einen Stoffstreifen für die seitlichen Zwickel schneiden, eng um das Polster legen. Die kurzen Seiten zusammenstecken und steppen. Nahtzugabe des Zwickels an den Ecken einklipsen. Bei runden Kissen den Streifen für den Zwickel schräg schneiden, damit sich der Stoff gut anlegt.

3. Keder (Paspel mit Kordel) für die obere und untere Deckplatte anfertigen (S. 200). Deckplatten auf das Polster legen, linke Seite nach außen. Deckplatten an Zwickel anstecken. Wenn das Kissen mit Bändern am Stuhl befestigt werden soll, Stoffbänder anfertigen und auf der Rückseite des Kissens in die Nähte schieben und feststecken. Reißverschluß öffnen; den zusammengesteckten Bezug abnehmen und Nähte mit der Maschine steppen. Nahtzugaben an den Ecken einklipsen; runde Nähte nach Bedarf einkerben (S. 198). Der Reißverschluß kann auch seitlich am Bezug eingearbeitet werden. In diesem Fall braucht man zwei Streifen für den Zwickel. Der Teil mit dem Reißverschluß muß mindestens 5 cm über die angrenzenden zwei Ecken hinausgehen und 2,5 cm breiter sein als der andere Teil. Er wird der Länge nach halbiert, damit der Reißverschluß eingenäht werden kann.

EINE NACKENROLLE

Bevor Sie den Stoff zuschneiden, überlegen Sie, ob das Muster längs oder quer um die Rolle laufen soll. Stoff zuschneiden und 12 mm für Nähte auf allen Seiten zugeben. Die breiten Enden zusammennähen und in der Mitte der Naht einen Reißverschluß einnähen. Über die Rolle ziehen, linke Seite nach außen; Nahtzugaben einklipsen.

Für die Enden zwei Stoffkreise mit 12 mm Nahtzugabe rundherum ausschneiden. Falls gewünscht, Keder oder Rüschen anstecken. Beide Teile an der Stoffröhre anstecken, linke Seite nach außen. Den Bezug abnehmen und Nähte mit der Maschine steppen. Nahtzugaben einklipsen, die unversäuberten Kanten abschrägen und zum Mittelpunkt der Kreise kippen. Bügeln. Rechte Seite nach außen drehen und wieder bügeln. Den Bezug über das Polster ziehen.

Die Enden kann man mit Quasten, Rosetten oder bezogenen Knöpfen verzieren.

133

HEIMTEXTILIEN

LOSE POLSTERBEZÜGE

Wenn Sie Ihr Farbkonzept ändern möchten oder Ihren Lieblingsstuhl aufmöbeln wollen, sind lose Bezüge die ideale Lösung. Man verwendet sie gern für Sitzmöbel, die stark beansprucht werden; in einem Familienwohnzimmer sind Polsterbezüge, die man waschen oder reinigen lassen kann, schlicht unentbehrlich.

Lose Bezüge gibt es seit dem achtzehnten Jahrhundert, man verwendete sie damals als Schutzbezüge für kostbare Seiden- und Samtpolster. Meist wurden sie aus einer Art Gingham gemacht, waren aber, wie viele Gemälde von Interieurs aus dieser Zeit zeigen, alles andere als maßgeschneidert. An diesen Stil erinnert der lose Überwurf – ein Stück Stoff, das kunstvoll über einen Sessel oder ein Sofa drapiert wird.

Als Überwurf kann man auch eine alte, gestickte Tischdecke, eine Leinendecke oder eine kostbare, alte Bettdecke verwenden. Der Überwurf wird an den Seiten und unter den Polsterkissen eingeschlagen. Er wird weder zugeschnitten noch genäht; man kann allenfalls die drapierten Falten mit ein paar Stichen festhalten. Und wenn man außerdem noch ein paar Kissen darübertürmt, schafft ein solches Arrangement eine legere, unkonventionelle Atmosphäre.

Ein maßgeschneiderter, loser Bezug mit gleichfarbigem oder kontrastierendem Keder, der die Konturen des Sessels oder des Sofas betont, und mit einem geraden Volant mit Kellerfalten an den Ecken, wirkt zeitlos elegant und ist kaum von einem festen Polsterbezug zu unterscheiden. Dennoch wird der lose Bezug häufig mit der freundlich-lässigen Eleganz von geblümten Chintz- oder Leinenbezügen assoziiert, die mit Grazie altern. Gekräuselte Volants und dicke, weiche Kissen steigern die Atmosphäre von Komfort und Behaglichkeit.

Die Wahl des Stoffes

Die richtige Stoffqualität trägt sehr zum guten Sitz des Bezuges bei. Der Stoff muß fest und strapazierfähig sein, aber leicht genug für dekorative Keder und gut ausgebügelte Nähte. Daher sollten Sie zu dicke Materialien wie Samt, Tapisserien oder Tweed meiden. Für Sitzmöbel, die nicht viel benutzt werden, sind leichte, bedruckte Baumwollstoffe und Chintze mit glänzender Oberfläche ideal; aber für stark beanspruchte Stücke sollten sie schwerere Baumwollstoffe oder Leinenmischgewebe wählen.

Wenn Sie damit rechnen müssen, daß der Stoff, den Sie ausgewählt haben, einläuft, und wenn die Bezüge noch dazu statt chemisch gereinigt gewaschen werden sollen, müssen Stoff und Keder vor dem Verarbeiten gewaschen werden.

Für Ihren ersten Versuch, einen Polsterbezug anzufertigen, sollten Sie einen einfarbigen oder kleingemusterten Stoff verwenden, dann müssen Sie beim Nähen nicht so genau auf das Muster achten. Großformatige Motive oder auffallende Muster müssen nämlich genau in der Mitte der Bezüge sitzen.

UNTEN *Chintzbezüge haben mehr Substanz und sitzen besser, wenn man sie mit einem Volant mit Quetschfalten und mit Keder arbeitet. Lose Bezüge haben den Vorteil, daß man sie zum Waschen oder Reinigen abziehen kann. Das ist natürlich besonders bei hellen, einfarbigen Stoffen wichtig.*

RECHTS *Das auffällige, breite Streifenmuster gibt dem Sofa genug Präsenz, um sich neben den floralen Mustern zu behaupten. Die Streifen wiederholen sich auf den Kissen und als Futterstoff der geblümten Vorhänge. Beim Verarbeiten von Streifenmustern ist es sehr wichtig, daß das Muster an den Nähten richtig angelegt wird.*

LOSE POLSTERBEZÜGE

RECHTS *Diese bodenlangen, losen Bezüge für die Stühle um den Eßtisch verbergen zwar die Beine, aber es steckt gewiß keine viktorianische Idee dahinter. So einfach die Form der Stühle ist, die Bezüge sind sehr sorgfältig gearbeitet: Die Nähte sind mit einem Keder markiert; die Kellerfalten an den Ecken sind mit einem kontrastierenden Stoff unterlegt.*

UNTEN *Der gekräuselte Volant am Sesselbezug wirkt der Förmlichkeit entgegen. Hier wurde ein korallenfarbener Baumwollstoff gewählt, um einen kräftigen Farbakzent zu setzen. Der Vorteil: Eine Koordinierung von Mustern ist überflüssig. Für Bezüge läßt sich auch ein leichter Stoff verwenden, vorausgesetzt er ist fest gewebt und es lassen sich gerade, feste Nähte nähen, die man mit einem Keder unterstreichen kann.*

Lose Bezüge nähen

Maßgeschneiderte oder locker sitzende lose Bezüge sind eine praktische und zugleich traditionelle Verkleidung für Polstermöbel. Der Stil des Bezuges läßt sich mit vielerlei dekorativem Zubehör variieren, wobei sich auch Themen der Raumausstattung aufgreifen lassen. Am einfachsten näht sich eine lockere Hülle für einen Stuhlsitz. An der Unterkante wird ein Band durchgezogen, damit man die Hülle unter dem Sitz festziehen kann. Das Ganze kann man mit einem bodenlangen Volant oder einer Fransenborte verzieren, je nachdem, welchen Effekt man erzielen möchte.

Ein Keder unterstreicht die Konturen des Sitzmöbels und läßt es förmlicher erscheinen. Besonders elegant wirkt ein Bezug mit bodenlangem Volant und Kellerfalten an den Ecken. Eine lange Fransenborte ist eine Alternative, um häßliche Stuhlbeine zu verbergen.

Lose Bezüge sind gar nicht so schwer zu machen, aber sie lassen sich beim Nähen schwer handhaben, weil sie verhältnismäßig voluminös sind. Am besten fangen Sie mit etwas Einfachem an – ein Stuhl ohne Armlehnen ist das richtige Objekt für einen Anfänger. Die Grundmethode besteht darin, rechteckige Stoffstücke zu schneiden und dann den Bezug an den Stuhl anzupassen, mit der linken Seite nach außen. Wenn man die einzelnen Teile mit der linken Seite nach außen anlegt, lassen sich die Nähte leichter stecken und einzeichnen. Passen Sie die einzelnen Teile des Bezuges wie oben beschrieben nacheinander an und steppen Sie dann die Nähte.

Bezug für einen Stuhl ohne Armlehnen

Zeichnen Sie ein maßstabgetreues Papiermuster für die einzelnen Teile des Bezuges, auf dem auch der richtige Fadenlauf für die einzelnen Teile angegeben ist: Er verläuft von vorn nach hinten über den Sitz, an der Stuhllehne von unten nach oben und auf der Rückseite wieder nach unten. Den Stoffverbrauch nach dem Papiermuster ausrechnen (S. 207). Zwei rechteckige Stoffbahnen für die Rückenlehne und eine für die Sitzfläche in den errechneten Maßen schneiden. Die Mitte der einzelnen Bahnen und die Mitte des Stuhles mit Stecknadeln markieren.

1. Den vorderen Teil der Rückenlehne an der Stuhllehne anstecken, mit der linken Seite nach außen; die Stecknadeln auf den Mittellinien müssen genau übereinanderliegen.

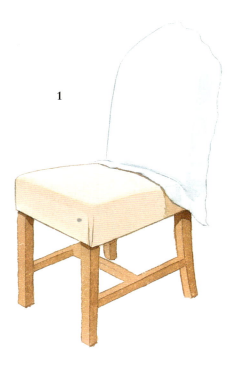

2. Den Stoff genau der Rückenlehne anpassen und, falls erforderlich, an der Rundung mit ein paar Stichen einhalten oder Abnäher machen.

3. Den hinteren Teil der Rückenlehne genauso anpassen. Beide Teile auf der Außenkante der Rückenlehne zusammenstecken; die Nahtlinie einzeichnen. Den Bezug abnehmen, Nadeln entfernen und Keder auf der Nahtlinie anstecken. Naht heften. Steppen. Falls erforderlich, an einer Seite ein Stück offenlassen, damit sich der Bezug leichter über die Lehne ziehen läßt.

Den Bezug für die Sitzfläche genauso anpassen; stecken; Nähte einzeichnen. Nähte steppen und, wenn vorgesehen, Keder dazwischenschieben (S. 200). Die Bezüge für die Rückenlehne und den Sitz wieder überziehen und beides zusammenheften. Nähte steppen. Wenn zwischen der gepolsterten Rückenlehne und dem Sitz eine Spalte ist, die Naht so legen, daß die Nahtzugabe in die Spalte geschoben werden kann.

4. Für den gekräuselten Volant um den Sitz rechnet man die doppelte Breite der Kanten, an denen der Volant angebracht werden soll. Beim Zuschneiden 10 cm für den Saum, 12 mm für die Naht an der Oberkante und 2,5 cm für die Naht an den Enden des Streifens zugeben. Die Nahtzugabe an den Enden umkippen und bügeln; am unteren Saum 2,5 cm umkippen und bügeln; an der gleichen Stelle noch einmal 8 cm umkippen, Saum steppen. An der unversäuberten Oberkante kräuseln; an der Unterkante des Sitzes anstecken; ansteppen. Die Nahtzugaben beider Teile zusammen versäubern. An einer der hinteren Ecken, wo die Naht des Volants sitzt, den Reißverschluß einarbeiten.

Ein Volant mit Kellerfalten

Ein bodenlanger Volant mit scharfgebügelten Kellerfalten an den Ecken sorgt für klare Konturen. Er eignet sich ebenso für einen einfachen Stuhl ohne Armlehnen wie für einen Sessel oder ein Sofa. Die kurzen Volants für Sessel und Sofas müssen nicht gesäumt werden, da der Stoff in diesem Fall doppelt genommen wird.

1. Stoffstreifen für jede der vier Seiten des Volants schneiden und an jedem Ende 11 cm für Falte und Naht zugeben. Der Stoffstreifen muß doppelt so breit geschnitten werden wie der fertige Volant plus 2,5 cm Nahtzugabe an den Enden. Da die Falten an den Ecken unterfüttert werden, noch drei weitere Stoffstreifen schneiden, die genauso breit sind wie der Volant und 22 cm lang. Für die vierte Ecke, wo der Verschluß angebracht wird, einen Futterstreifen aus zwei Teilen mit Nahtzugabe zum Anbringen des Verschlusses schneiden. Den Stoffstreifen für den Volant in der Längsrichtung in der Mitte zusammenfalten, links auf links. Bügeln. Der Knick ist die untere Saumlinie. Das gleiche gilt für die Futterstreifen.

2. Die Zugabe von 11 cm für Falte und Naht an beiden Seiten der Volantteile umkippen und bügeln. Die Teile am Knick aneinanderlegen und die Futterstreifen über die Nahtstellen legen, so daß die unversäuberten Kanten übereinanderliegen. Zusammenstecken und 12 mm von den Kanten entfernt steppen. Die Kanten zusammen versäubern. Die Naht, in der der Verschluß angebracht wird, nicht zunähen. Falten an der Oberkante des Volants heften.

Den Volant an der Unterkante des Sitzpolsterbezugs anstecken. Steppen. Nahtzugaben kürzen, abschrägen und nach oben bügeln. Reißverschluß oder Klettverschluß an der offenen Ecke anbringen. Bei einem einfachen Stuhl ohne Armlehnen muß der Verschluß bis auf den Boden reichen. Bei einem Sessel oder einem Sofa mit kurzem Volant muß der Verschluß am Hauptteil des Bezuges angebracht werden. Die Nahtzugaben in der Mitte der Kellerfalte, dort wo der Verschluß sitzt, umkippen und versäubern.

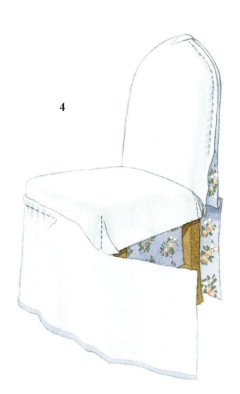

HEIMTEXTILIEN

Sessel und Sofas

Es gibt so viele verschiedene Stile und so viele Macharten für Bezüge, daß es unmöglich ist, detaillierte Anleitungen für das Anfertigen von Bezügen für alle Möbeltypen zu geben. Dennoch gibt es einige Grundregeln, die Sie abwandeln können, wenn Sie einen Bezug für ein bestimmtes Möbelstück anfertigen möchten.

1. Falls Sie einen Stoff mit großformatigen Motiven verwenden möchten, legen Sie den Stoff so an, daß je eins der Hauptmotive auf der Mitte der Hauptflächen des Sessels oder des Sofas liegt: auf der Rückenlehne oder dem Rückenkissen, auf der Sitzfläche, in der Mitte der Vorderfront und in der Mitte der Armlehnen. Es erleichtert die Arbeit, wenn man zuerst auf dem Sessel die Mitte der einzelnen Teile markiert und beim Arbeiten die Motive entsprechend anlegt.

Die Bezugteile für jeden Teil des Sessels anpassen und zusammennähen. Wenn alle Nähte versäubert sind, alle Bezugteile zusammenfügen. Gewöhnlich beginnt man mit dem Zusammenfügen des vorderen und des hinteren Teils der Rückenlehne. Ist die Lehne eckig, macht man Abnäher an den Ecken, ist die Oberkante abgerundet, hält man den Stoff mit ein paar Stichen ein. Dann werden die Armlehnen angepaßt: Die Innen- und Außenteile zusammennähen, dann die vorderen Zwickel hinzufügen. Danach die Sitzfläche mit dem Vorderteil zusammenfügen; die Seitenkanten der Sitzfläche mit den Unterkanten der Innenteile der Armlehnen zusammennähen; die Seitenkanten des Vorderteils der Sitzfläche mit den Zwickeln der Armlehne zusammennähen.

Zum Schluß die Teile für die Armlehnen und die Sitzfläche mit dem Rückenteil zusammennähen: zuerst an der Rückseite der Sitzfläche, dann am hinteren Teil der Armlehnen und schließlich entlang der Außenkanten der Rückenlehne. Falls es sich um einen Ohrensessel handelt, zuerst den Bezug für die Ohren anfertigen und mit dem Innenteil der Rückenlehne zusammenfügen.

Bei den Nähten das Versäubern der Nahtzugaben (S. 198) und das Einklipsen an den Ecken nicht vergessen. Jede fertig genähte Naht ausbügeln und versäubern. Das ist nicht ganz leicht, wenn schon einige Teile zusammengenäht sind.

2. Wo sich Nähte kreuzen, Keder allmählich in die Naht hineinnehmen, dabei die Kordel aus dem Paspel heraustrennen, um das Volumen zu reduzieren. Das ist wichtig, wenn man durch zwei Nähte steppen muß.

3. Sofas sind meist so breit, daß man mehrere Stoffbreiten für die Rückenlehne, die Sitzfläche und die Vorderpartie aneinandernähen muß. Zuerst eine volle Stoffbreite in der Mitte anlegen, dann rechts und links die schmaleren Streifen, Webkante an Webkante. Damit die Musteran-

schlüsse genau passen, Nähte mit Ansatzheftstich nähen.

Die Teile für die Sitzfläche und den Rücken so berechnen, daß die Nähte um die Sitzfläche herum und zwischen Arm- und Rückenlehne in die Spalte der Polsterung gesteckt werden können, damit der Bezug fest sitzt. Diese Nähte erst versäubern, wenn Sie bei der Anprobe mit dem Sitz des Bezuges zufrieden sind.

4. Es gibt viele verschiedene Formen von Armlehnen. Bei einfachen, geradlinigen Formen muß man häufig Zwickel für das Vorderteil der Armlehne anfertigen. Wenn Sie den Stoffstreifen für den Zwickel stückeln müssen, legen Sie die Naht an die vordere Ecke der Armlehne. Bei rund gepolsterten Formen den Stoff am oberen Teil der Armlehne kräuseln und für die Vorderseite der Armlehne ein separates Stück einfügen.

5. An der Unterkante des Bezuges 20 cm zum Umschlagen unter dem Sessel zugeben. An den Beinen oder Laufrollen den Stoff einschneiden und herumführen; einen Umschlag von 6 mm stehenlassen. Die Kante mit einem Schrägstreifen versäubern. An den Unterkanten einen Tunnel nähen, ein Band durchziehen und festziehen, damit der Bezug stramm sitzt.

6. An den noch offenen Seitenkanten des Rückenteils breitere Nahtzugaben machen. Kanten nach innen umkippen und Reißverschluß oder Klettverschluß mit übereinandergreifenden Kanten anbringen (S. 201).

7. Bevor Sie den Volant anbringen, die Ansatzlinie auf der Außenseite des Bezuges stecken und mit Schneiderkreide markieren. Nachmessen, ob der Abstand zum Fußboden an allen Seiten gleich ist.

Wenn Sie einen gekräuselten Volant anbringen wollen, Streifen eineinhalbmal so lang schneiden wie die Gesamtlänge der Unterkanten des Sessels. Die Seitenkanten und die Unterkante mit einem Doppelsaum von 12 mm versäubern. Die unversäuberte Oberkante kräuseln. Volant auf den Bezug legen, rechts auf rechts, Volant nach innen zeigend. Ansteppen. Naht ausbügeln und dabei den Volant nach unten drücken.

8. Wenn bei einem glatten Volant die gerade Linienführung besonders betont werden soll, die Unterkante des Bezuges unmittelbar unter der gesteckten Ansatzlinie für den Volant abschneiden. Volant anfertigen, den abgeschnittenen Streifen in die Naht zwischen Volant und Bezug schieben, um die unversäuberte Kante des Volants legen, steppen. Nahtzugaben abschrägen und nach oben bügeln.

4

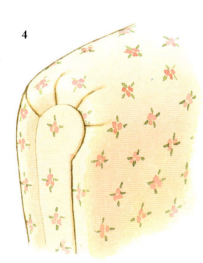

HEIMTEXTILIEN

POLSTERUNGEN

Die eleganten Kurvierungen einer Regency-Liege oder die strengen Konturen eines hochlehnigen Speisezimmerstuhls erfordern eine straffe Polsterung. Sie unterstreicht die Formen und ist Voraussetzung für schwierigere Polstertechniken wie etwa die Knopfheftung.

Als Polsterstoffe eignen sich sämtliche Stoffarten, von den schwersten Samten und Tweedstoffen und den mittelschweren Leinen- und Baumwollstoffen bis zu Moiré und Satin. Da feste Polsterungen schwerer zu reinigen sind als lose Bezüge, sollte man darauf achten, daß Stoffe in Pastelltönen und Muster mit hellem Untergrund eine fleckenabstoßende Ausrüstung haben. Außerdem sollte man für die Armlehnen zusätzlich lose Bezüge anfertigen, weil die Polsterung an dieser Stelle besonders stark beansprucht wird. Schwere, gemusterte Tapisseriestoffe in satten, warmen Farben sind praktisch und dekorativ.

Grundtechniken

Die einfachste Polsterung besteht aus einem Stück Stoff, das über eine beliebige, stramm gestopfte, mit Kaliko überspannte Fläche gespannt wird. Zu den fortgeschritteneren Polstertechniken gehören das Einpassen und Formen des Polsters und das Aufbringen des Bezugsstoffes. Polsterungen bestehen aus verschiedenen Füllstoffen wie Haaren, Fasern oder Schaumstoffschichten, die in diversen Kombinationen vorkommen. Die einfachste Sitzpolsterung besteht aus einer dicken Schaumstoffschicht, die auf den Sitz zugeschnitten wird und durch einen festgespannten Kalikoüberzug, der an der Unterkante des Sitzrahmens befestigt ist, leicht gerundet wird.

Bei traditionellen Sitzpolstern sitzt die Polsterung auf einem Geflecht von Gurtbändern, das über einen Rahmen gespannt und mit grobem Sackleinen bedeckt ist. Darauf sitzt entweder die herkömmliche Füllung aus Roßhaar und Baumwollfasern oder aus moderneren Ersatzstoffen wie etwa Polyester. Außerdem gibt es bei Sesseln und Sofas und gelegentlich auch bei Speisezimmerstühlen Polsterungen mit Sprungfedern, nicht nur im Sitz, sondern auch in Rücken- und Armlehnen.

Der herausnehmbare Sitz eines Eßzimmerstuhls ist ein gutes Objekt für den Einstieg in die Techniken des Polsterhandwerks, weil sich die Arbeit hier auf eine kleine Fläche beschränkt. Eßzimmer- und sonstige Stühle mit gepolsterten Rückenlehnen sind eher eine Aufgabe für Fortgeschrittene. Hier muß ein Kalikobezug für den Sitz und die Rückenlehne angefertigt und straff über die Polsterungen gespannt werden; dabei muß man genügend Spielraum lassen, damit das Polster ein bequemes Sitzen erlaubt.

Dekorative Details

Bezugstoffe werden mit Nägeln am Rahmen der Sitzmöbel befestigt, wobei zumindest der untere Teil des Rahmens sichtbar bleibt. Die Stoffkante läßt sich mit dekorativen Polsternägeln aus Messing verdecken, so wie es früher üblich war, als es noch vielerlei Nägel mit vielen schönen Mustern gab. Man kann aber auch Borte oder Litze über die Köpfe der Nägel kleben oder eine etwas üppigere Dekoration wählen und Fransenborten an den Kanten der Stühle und Fußbänke anbringen oder die Armlehnen und Polsterkissen mit Quasten dekorieren.

UNTEN *Damast hat eine lange Tradition als Polsterstoff. Ursprünglich wurden die Muster in Seide oder Wolle gewebt; heute sind es häufig Druckmuster. Die Eleganz der schweren Brokatfransen ist dem traditionellen Stil der Ausstattung angepaßt.*

140

POLSTERUNGEN

LINKS *Die Eleganz dieser Chaiselongue wird durch die Polsterung betont. Samt wäre der traditionelle Bezugstoff, hier setzt ein gemusterter Baumwollstoff den Akzent.*

UNTEN *Bei diesem Sofabezug sitzt jede Naht an der richtigen Stelle, und jedes Bezugteil ist maßgeschneidert. Die strenge Linie wird durch die weiche Kräuselung des Volants an den Ecken gemildert.*

OBEN *Antike Tapisserien, neu interpretiert und in modernen Versionen, gibt es für Stühle in historisierenden Stilarten.*

OBEN *Messerscharfe Falten sind der optische Reiz dieses phantasievollen Volants mit eingezogenen Knöpfen.*

OBEN *Das Polster dieses Eßzimmerstuhls wird von einer einfachen Litze umrandet, die farblich fein abgestimmt ist.*

Einen Stuhlsitz polstern

Das Polstererwerkzeug

Wenn Sie sich mit der Konstruktion oder auch mit dem Beziehen von Polstermöbeln befassen wollen, brauchen Sie Spezialwerkzeuge. Mit einem Gurtspanner können Sie die Gurtbänder festhalten und sie dann straff über den Rahmen ziehen. Sie können sich auch mit einem Holzklotz behelfen.

Verwenden Sie Polsternägel und einen leichten Polsterhammer, um Gurte, Sackleinen und Kaliko anzunageln. Das Roßhaar wird mit großen, sehr lockeren Stichen festgehalten; dazu brauchen Sie dicke, gerade und halbkreisförmig gebogene Nadeln. Feinere, gebogene Nadeln brauchen Sie, um die Stoffe mit Ansatzsaumstich anzunähen, sowohl den Kaliko wie den Bezugstoff.

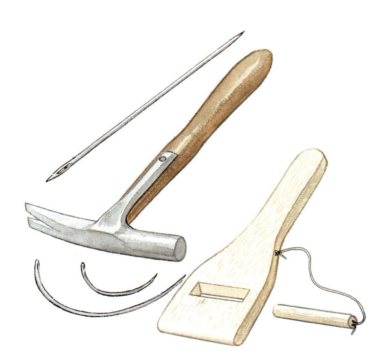

Bezugstoffe

Es ist wichtig, daß Sie für den Bezug einen fest gewebten Stoff verwenden; er muß – vor allem, wenn er stark gespannt wird – die Form behalten und so dicht sein, daß die Köpfe der Nägel nicht durch das Gewebe rutschen können. Als Polsterstoffe eignen sich Samt und schwere Tapisseriestoffe, Brokat und Seide, reines Leinen und Leinenmischgewebe, Juteleinen, ungemusterte Baumwollstoffe und Baumwollstoffe mit Webmustern. Wichtige Kriterien für die Wahl des Stoffes sind die Beanspruchung, der der Stoff ausgesetzt ist, und das Ausstattungskonzept des Raumes.

Am Beispiel von zwei Sitzen für Eßzimmerstühle werden im folgenden ein paar Grundregeln für einfache Polsterarbeiten demonstriert. Es wird gezeigt, wie Kaliko und Bezugstoff an einem herausnehmbaren Sitz befestigt werden; und wie die Stoffe aufgebracht werden, wenn das Sitzpolster direkt mit dem Rahmen verbunden ist.

Das nicht herausnehmbare, genähte Sitzpolster erfordert eine kompliziertere Technik. An diesem Beispiel wird gezeigt, wie man die Gurtbänder neu spannt und Polsterung und Bezug erneuert. Diese Technik ist auch anwendbar bei herausnehmbaren Sitzen und bei gepolsterten Rücken- und Armlehnen. Vom Stil des Stuhles hängt es ab, wo der Stoff befestigt werden muß. Dafür gibt es verschiedene Möglichkeiten: Wenn es sich um einen Stuhl mit Schnitzdekor handelt, kann man den Stoff in einer Vertiefung des Stuhlrahmens befestigen; andernfalls kann man ihn um den Sitz herumziehen. In diesem Fall haben Borten oder Litzen nur noch eine rein dekorative Funktion, sie müssen keine Kanten verdecken.

Schneiden Sie den Stoff stets fadengerade und legen Sie ihn so an, daß der Schußfaden quer über die Rückenlehne läuft und der Kettfaden in Längsrichtung. Sie machen es ganz professionell, wenn Sie den Stoff beim Arbeiten mit ein paar strategisch plazierten Nägeln provisorisch festhalten und erst dann, wenn alles richtig sitzt, die Polsternägel endgültig einschlagen.

Einen herausnehmbaren Sitz beziehen

1. Ein Stück Kaliko zurechtschneiden, rundherum 20 cm Stoff für das Umschlagen bis unter den Sitzrahmen zugeben. Stoff ausbreiten, linke Seite nach oben, Stuhlsitz auf den Stoff legen. Stoff um den Sitz schlagen und zuerst provisorisch mit ein paar Nägeln in der Mitte der Vorder- und Hinterkante befestigen. Den Stoff um alle Kanten herum glattziehen, und auch an den Seitenkanten mit ein paar Nägeln provisorisch festmachen.

2. Den Stoff rundherum auf der Unterseite des Sitzes mit Polsternägeln befestigen. Die Nägel im Abstand von 5 cm einschlagen, und an den Ecken 5 bis 10 cm freilassen. Die Stoffecken fest über den Rahmen ziehen und mit einem Nagel dicht an der Ecke befestigen.

3. Die losen Stoffkanten an den Ecken zum Nagel hin falten, so daß sich eine Art Kellerfalte bildet und der Stoff über der Ecke stramm sitzt. Festnageln. Den Bezugstoff auf die gleiche Art und Weise befestigen. Darauf achten, daß großformatige Motive in der Mitte der Sitzfläche sind.

4. Überschüssigen Stoff abschneiden. Ein Stück Sackleinen oder schwarzes Polsterleinen – als Staubabdeckung für die Unterseite des Sitzes – schneiden und rundherum 12 mm zugeben. Die Stoffkanten 4 cm nach innen umkippen und mit Polsternägeln befestigen, so daß die unversäuberte Kante des Bezugstoffes verdeckt ist.

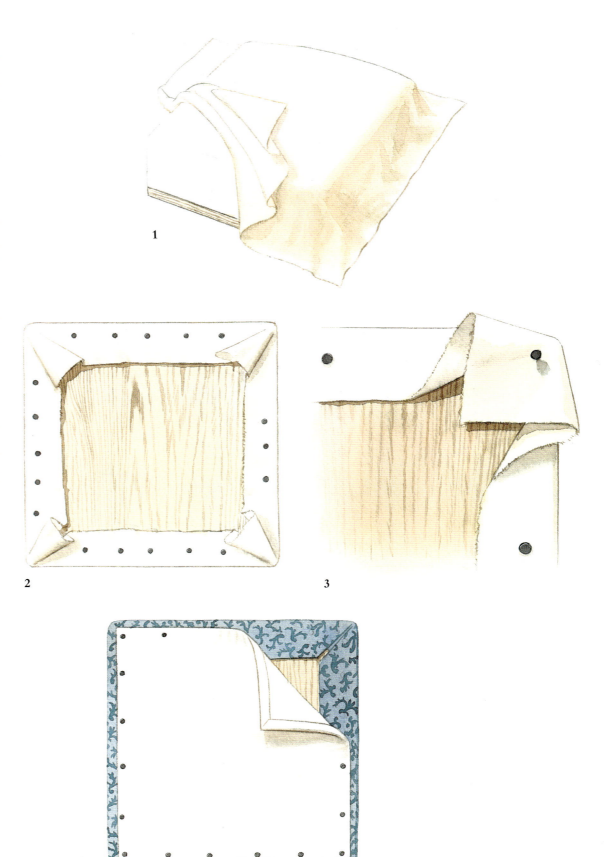

HEIMTEXTILIEN

Einen nicht herausnehmbaren Polstersitz reparieren

Das alte Polster nebst Gurtbändern abreißen und notieren, wie das Polster konstruiert war. Das Füllmaterial aufheben, damit man es eventuell wiederverwenden kann. Die Nägel mit der Klaue des Polsterhammers entfernen.

1. Traditionelle Sitze haben als Basis ein Geflecht von Gurtbändern, das über den Rahmen gespannt ist. Das Gurtband vor dem Anbringen nicht zerschneiden; das Gurtband für den ersten Streifen so anlegen, daß die Schnittkante ein paar Zentimeter über den Rahmen reicht; das Gurtband mit drei Polsternägeln dicht an der Außenkante des Rahmens befestigen.

Das lose Ende des Gurtbandes über den drei eingeschlagenen Nägeln nach innen einschlagen. Mit zwei Polsternägeln, die zwischen die ersten drei Nägel plaziert werden, befestigen. Mit einem Gurtstrecker oder einem Holzklotz das Gurtband über den Rahmen spannen und, wie gehabt, mit drei Nägeln am gegenüberliegenden Teil des Sitzrahmens befestigen.

Das Gurtband 4 cm hinter den drei Nägeln abschneiden, das Ende nach innen umkippen und, wie oben beschrieben, mit Polsternägeln befestigen. Die gleiche Prozedur für alle Gurtbänder wiederholen. Der Zwischenraum zwischen den Gurtbändern sollte schmäler sein als die Breite der Gurte. Zuerst die Gurtbänder von vorn nach hinten spannen, dann die querverlaufenden; sie werden, wie bei der Leinenbindung, mit den Längsgurten verwoben.

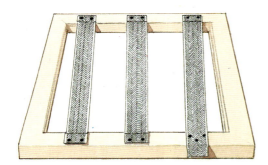

2. Ein Stück Sackleinen als Abdeckung für das Gurtgeflecht fadengerade zuschneiden und rundherum 2,5 cm zugeben. Sackleinen über den Rahmen spannen, so daß Kette und Schuß parallel zu den Rahmenkanten verlaufen. Zuerst provisorisch am Rahmen befestigen und prüfen, ob der Stoff fest genug gespannt ist. Die Nahtzugaben

nach innen umkippen und rundherum im Abstand von 5 cm mit Polsternägeln befestigen.

3. Ein paar sehr lockere Steppstiche mit großen Schlingen um die Kanten des Sackleinens machen. Roßhaar locker aufzupfen, rundherum auf der Sitzfläche verteilen, und an den Kanten unter die Schlingen schieben. Roßhaarschicht zur Mitte hin dicker auffüllen, damit ein gut gepolsterter Sitz entsteht.

4. Ein Stück Kaliko zuschneiden, über die Sitzfläche spannen und provisorisch befestigen: an der hinteren Kante des Sitzrahmens zuerst, dann an der vorderen und schließlich an den Seitenkanten. Den Kaliko immer wieder glattstreichen und provisorisch befestigen. An den hinteren Ecken den Stoff einschneiden und um die Pfosten legen; fest über das Sitzpolster spannen, an den Ecken nicht zu fest ziehen. An den vorderen Ecken den überschüssigen Stoff durch kleine Falten einhalten, den Stoff nach innen umkippen, Stoffkante in Höhe des Beinansatzes nach innen kippen und mit Polsternägeln befestigen. Überschüssigen Stoff neben den Nägeln abschneiden.

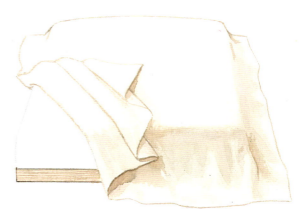

5. Eine Schicht Baumwollfilz oder Zwischenfutter aus Wolle auf den Kaliko legen, über den Sitzrahmen ziehen und ebenso befestigen wie den Kaliko. Zur Befestigung des Bezugsstoffes kann man gewöhnliche Polsternägel oder Polsternägel aus Messing verwenden und sie sehr dicht nebeneinandersetzen. Der Bezugsstoff wird, je nach der Form des Stuhles, entweder an den Seiten oder auf der Unterseite des Sitzrahmens befestigt.

6. Die Kante des Bezugsstoffes mit einer einfachen oder dekorativen Borte abdecken, die gegebenenfalls auch die Nägel verdeckt. Die Borte kann man mit einem Streifen Sackleinwand oder Kaliko unterlegen, damit die Abschlußkante möglichst glatt aussieht.

POLSTERTECHNIKEN

Das genaue Vorgehen beim Nähen und Formen von Polsterungen hängt ganz vom Stil und von der Form des Stuhles ab, den sie beziehen wollen. Dennoch gibt es einige Grundregeln, die für jede Form anwendbar sind. Die wichtigste Regel beim Abpolstern heißt: sorgfältig notieren, wie das Originalpolster gearbeitet war und wo die Gurte und Federn saßen. Dann können Sie den Stuhl genau in der gleichen Art und Weise wieder herrichten.

Werfen Sie den alten Bezug nicht weg, Sie können ihn als Schnittmuster für den neuen Stoff verwenden. Machen Sie stets großzügige Nahtzugaben, damit Sie den Stoff beim Spannen gut greifen können – überschüssiger Stoff läßt sich schnell abschneiden. Wenn Sie schwierigere Polstertechniken in Angriff nehmen wollen, empfehlen wir Ihnen die Benutzung eines »Tackers« oder einer Heftpistole, das erleichtert das Befestigen des Stoffes am Rahmen erheblich.

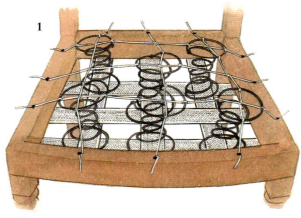

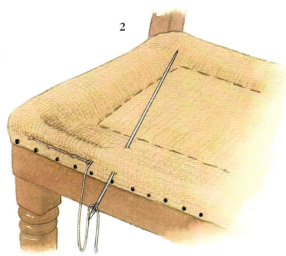

ALLGEMEINE RATSCHLÄGE

1. Vor dem Einsetzen von Sprungfedern auf der Unterseite des Sitzrahmens zunächst ein Geflecht von Gurtbändern anbringen – nicht auf der Oberseite, wie am Beispiel des Eßzimmerstuhls beschrieben. Die Sprungfedern auf die Gurtbänder setzen und so plazieren, daß jeweils eine Feder an der Stelle sitzt, wo sich zwei Gurtbänder kreuzen. Die Sprungfedern an den Gurtbändern festnähen und jeweils eine Reihe von Sprungfedern mit Schnürfäden zusammenbinden: an jedem Ende jeder Reihe von Federn einen Polsternagel halb in den Rahmen einschlagen; den Schnürfaden am Nagel befestigen, durch alle Federn in der Reihe schnüren und um den gegenüberliegenden Nagel wickeln. Beide Nägel fest einschlagen. Durch diese Schnürung sollen die Federn etwas zusammengedrückt werden.

Die Federn mit einer Lage Sackleinen abdecken. Das Sackleinen mit Polsternägeln auf dem Rahmen festnageln und mit Schnürfaden an den Federn befestigen. Die Polsterung wie bei Sitz ohne Federung aufbringen.

2. Ein Sitzpolster mit einer festen Kante erfordert eine weitere Stoff- und Polsterschicht: Das Roßhaar wird durch eine Schicht Fassonleinen (aus Jute oder Leinen) in Form gehalten, das Fassonleinen wird an den Seiten der Sitzleisten nahe der Unterkante befestigt.

Dann wird rund um die Sitzkante eine Wulst genäht: den Faden an einer Ecke des Sitzes mit ein paar Rückstichen befestigen. Am äußersten Rand des Sitzes eine Wulst Fassonleinen mit Roßhaarfüllung greifen. Die Wulst mit Steppstichen entlang der Kante festhalten. Die Nadel schräg einstechen; dadurch entstehen zwei fast kontinuierliche Linien von Stichen, dicht oberhalb und unterhalb der Sitzkante. Durch diese Stiche wird die Wulst auf dem Rand des Sitzrahmens fixiert.

Als nächsten Schritt die Mitte des Sitzes aufpolstern, die Füllung mit großen, lockeren Stichen auf dem Fassonleinen festhalten. Darauf werden der Kalikoüberzug, eine Schicht Baumwollfilz und zum Schluß der Bezugstoff, wie oben beschrieben, aufgebracht.

Wenn Sie einen Stuhl mit gepolsterter Rückenlehne und/oder gepolsterten Armlehnen neu polstern wollen, beginnen Sie immer mit dem Sitzpolster und dem Anbringen der Gurtbänder, auf denen die Sprungfedern oder die Polsterung ruht. Bei Rücken- und Armlehnen sind Gurtbänder normalerweise nicht erforderlich, hier sitzt die Füllung direkt auf dem Sackleinen.

Das Fassonleinen am unteren Teil der Rückenlehne vorerst nicht befestigen, das erleichtert die Fertigstellung des hinteren Teils des Sitzpolsters.

Die Gurtbänder und die Sprungfedern für das Sitzpolster anbringen und die Federn mit Sackleinen abdecken. Dann die Füllung mit Fassonleinen aufbringen und eine feste Sitzkante nähen. Mit Kaliko abdecken, Baumwollfilz und Bezugstoff aufbringen und an der Außenseite der hinteren Kante des Sitzrahmens mit Polsternägeln befestigen.

Die Füllung auf die Rückenlehne aufbringen, mit großen lockeren Stichen festhalten. Die Vorderseite mit Kaliko abdecken. Für den hinteren Teil der Rücklehne Kaliko zuschneiden und 2,5 cm rundherum zugeben. Die Zugabe umkippen und bügeln. Beide Hälften des Kalikoüberzugs auf der Außenkante der Rückenlehne mit Fallstich zusammennähen. Den Bezugstoff genau wie den Kaliko zuschneiden und befestigen.

Zum Befestigen der Füllung am Rahmen die Polsternägel halb einschlagen und die Nägel mit losen Schlingen aus Schnürfaden verbinden. Die Nägel fest einschlagen, um damit die Schlingen zu verankern. Das Roßhaar aufzupfen und, wie oben beschrieben, unter die Schlingen schieben. Die Füllung wird durch Fassonleinen festgehalten, das mit Polsternägeln am Rahmen befestigt wird.

Bei einer kurvierten Rückenlehne muß der Stoff an der Rundung durch kleine Falten eingehalten werden. Die Wülste an Arm- und Rückenlehnen werden, wie beim Sitz beschrieben, geformt und genäht. Bevor der Kalikobezug aufgebracht wird, müssen die vertieften Stellen in der Polsterung mit Roßhaar aufgefüllt werden. Der Zwickel des Bezugstoffs am Vorderteil der Armlehne wird mit Fallstich befestigt, wie bei der Rückenlehne beschrieben.

HEIMTEXTILIEN

Tischwäsche

Reines Leinen gehört zu einer festlich gedeckten Tafel ebenso wie Porzellan, Silber und geschliffene Kristallgläser. Bei Servietten sollte man darauf achten, daß der Stoff saugfähig ist. Auch hier ist Leinen das ideale Material. Da Servietten beidseitig verwendbar sind, eignen sich am besten glatte Stoffe oder Webmuster wie Gingham-Karos oder Streifen. Die Säume können schlicht und unauffällig sein oder mit kontrastierenden Paspeln, Spitzen- oder Häkelkanten abgesetzt werden.

Der Schnitt der Decken

Wenn Sie für die Tischdecke und die Servietten den gleichen Stoff verwenden wie für die Vorhänge, wird das Muster oder die Farbe der Vorhänge in den Raum hineingezogen. Wenn das Muster von Kissenbezügen im Wohnzimmer mit dem Hauptmuster kontrastiert, könnte man es auf den Decken der Beistelltische wiederholen und dadurch die Kontrastwirkung verstärken. Früher hat man Tische, Sideboards und Kaminumrandungen mit Stoffdraperien dekoriert. Meist waren sie aus schweren Stoffen und wurden mit langen Fransenborten garniert, zuweilen wurden auch kleine Decken aus Leinen oder Spitze darübergelegt. Aber auch in unseren viel bescheidener ausgestatteten Interieurs kann eine bodenlange Decke auf einem Beistelltisch sehr stilvoll wirken. Ein antiker Kelim oder ein Paisley-Muster in satten, warmen Farben als Unterlage für Sammlerstücke kann sehr dekorativ wirken, selbst wenn die Tischplatte darunter nur aus einer einfachen Holzfaserplatte besteht.

Wenn man eine kreisrunde, bodenlange Decke extra lang schneidet, gibt es einen ausschwingenden Saum. Knie- oder bodenlange Tischdecken kann man mit einer Stoffkante einfassen, die Kante unterfüttern oder sie mit einer Rüsche oder einer Fransenborte verzieren. Decken können auch paarweise auftauchen: über die Hauptdecke legt man eine kleine runde oder quadratische Decke in einem kontrastierenden Stoff; über eine cremefarbene oder dunkle Decke kann man ein Stück Madras-Musselin drapieren oder locker knoten; Spitze wird in weichen Raffbögen über gekräuseltem Voile drapiert und sorgt für romantische Stimmung im Schlafzimmer.

Beistelltische mit bodenlangen Decken haben sich einen Platz im Wohnzimmer erobert – als Alternative zu den herkömmlichen Allzwecktischen, auf denen Lampen, Bücher und Objekte ihren Platz haben. Im Schlafzimmer übernehmen sie oft die Rolle von Nachttischen oder Frisiertischen; unter der langen Decke läßt sich sogar ein tragbarer Fernseher verbergen. Dieser elegante Tisch bietet auch in der Diele eine nützliche Abstellfläche.

OBEN *Der Eßtisch in diesem luftigen, unverstellten Raum wirkt fast wie ein Altar vor dem hohen Fenster mit den Voilegardinen. Eine bodenlange Decke für einen rechteckigen Tisch zu nähen, ist sehr schwierig. Hier kam man diesem Ziel mit einer handgestickten Tischdecke ziemlich nahe.*

RECHTS *Für den Beistelltisch in diesem Gesellschaftszimmer wurde eine bodenlange Decke mit üppig fallendem Saum aus rosa Chintz gewählt.*

TISCHWÄSCHE

LINKS *Das Stilleben auf dem Tisch wird durch einen Schal mit breiter Paisley-Kante hervorgehoben, der schräg über den Tisch drapiert ist und Form und Stil des Tisches teils verdeckt, teils aufdeckt. Das Helldunkel ist sorgfältig gewichtet und hält das ganze Arrangement trotz der Schräglage des Schals im Gleichgewicht.*

LINKS *Eine bodenlange Decke für einen runden Tisch muß aus einem schweren Stoff gearbeitet werden, denn leichte Stoffe verrutschen gern. Eine gequiltete Decke, die eigentlich als Bettdecke gedacht war, hat die nötige Substanz und Schwere, hier als Überdecke zu dienen.*

RECHTS *Ein feierlicher Anlaß erfordert eine feierlich gedeckte Tafel, die auf die Umgebung abgestimmt ist. Die Überdecke schließt mit einer Bogenkante ab.*

HEIMTEXTILIEN

Tischwäsche nähen

Einfache Tischdecken aus Leinen oder Baumwolle kann man mit allen nur erdenklichen Verzierungen versehen: mit Paspeln in kräftigen Kontrastfarben, mit feinen handrollierten Säumen oder mit einem einfachen, gesteppten Doppelsaum. Man kann sie mit applizierten Bändern oder mit Spitze dekorieren, mit Kordeln oder mit Hohlsaum. Servietten sollten von einfacherer Machart sein, da sie häufig gewaschen werden müssen. Ein Mischgewebe aus Baumwolle und Polyester ist ein sehr pflegeleichtes Material.

Gewebe, bei denen Schuß- und Kettfaden senkrecht zueinander verlaufen, verziehen sich nicht und sind leichter zu schneiden und zu verarbeiten. Wenn man eine glatte Schnittkante braucht oder einen geraden Saum machen will, muß man nur einen Faden ziehen.

Wenn man eine bodenlange, runde Decke machen will, muß man sorgfältig Maß nehmen (S. 207) und schneiden. Man kann die Decke mit Futter und Zwischenfutter arbeiten und den Saum unterfüttern oder mit einer Stoffkante absetzen.

Tischdecken und Servietten

Legen Sie fest, welche Maße Ihre Tischdecke haben soll und wieviel Nahtzugabe erforderlich ist. Wenn die Decke eingefaßt werden soll, ist keine Nahtzugabe erforderlich; bei einem rollierten Saum reichen 6 mm Nahtzugabe; bei einem Doppelsaum variiert die Zugabe zwischen 2 cm und 20 cm. Den Stoff für die Decke zuschneiden, dabei besonders auf die Ecken achten – sie müssen genau im rechten Winkel geschnitten werden. Beim Schneiden können Sie eine Tischdecke als Vorlage benutzen. Falls mehrere Stoffbreiten aneinandergenäht werden müssen, arbeitet man abgesteppte Nähte.

1. Die Stoffstreifen für die Einfassung doppelt so breit schneiden wie die fertige Einfassung sein soll, mit einer Nahtzugabe von je 6 mm an den Längskanten. Die Nahtzugaben umkippen und bügeln, den Streifen der Länge nach zusammenfalten, rechte Seite nach außen. Die Einfassung von Hand oder mit der Maschine anstelpen. An den Ecken einhalten.

2. Soll der Saum handrolliert werden, 6 mm von der Kante entfernt eine Maschinennaht nähen. Mit Daumen und Zeigefinger einer Hand die Stoffkante einrollen und mit der anderen Hand den Saum nähen.

3. Die für einen Doppelsaum erforderliche Stoffbreite umkippen, überschüssigen Stoff an den Ecken abschneiden, damit der Saum nicht zu dick wird. Die Ecken schräg verarbeiten oder die aufeinandertreffenden Säume an den Ecken überlappen lassen. Den Saum mit der Maschine dicht an der Innenkante steppen. Oder mit Zickzackstich quer über die Innenkante nähen. Oder den Saum von rechts mit Zickzackstich nähen und mit den Stichen gleichzeitig eine Borte befestigen.

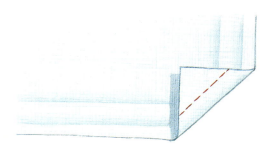

4. Die Maße der Servietten festlegen. Um den Stoff maximal auszunutzen, aus einer Stoffbreite drei oder vier Servietten schneiden. Für die Säume eine der oben beschriebenen Nähtechniken verwenden.

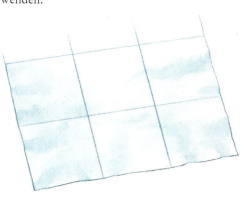

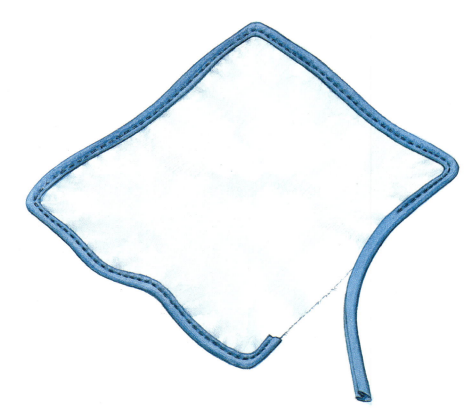

TISCHWÄSCHE NÄHEN

EINE RUNDE TISCHDECKE

1. Den Durchmesser der fertigen Decke festlegen; wenn die Decke einen schönen Fall haben soll, etwas mehr als zweimal die Länge plus Durchmesser des Tisches rechnen. Überlegen Sie, wie der Saum gearbeitet werden soll und machen Sie eine entsprechende Saumzugabe. Wenn die Decke gefüttert werden soll, rundherum 5 cm zugeben. Statt ein Futter einzuarbeiten, arbeitet man aus dem Futterstoff am besten eine separate Decke, die unter die Tischdecke gelegt wird; das erleichtert das Reinigen.

3. Soll die Decke gefüttert werden, einen Futterstoff in der gleichen Größe zuschneiden. Bei beiden Stoffkreisen Stoff an den Rändern rundherum in regelmäßigen Abständen (etwa 2,5 cm) einklipsen, damit der Saum glatt liegt. Die Saumzugaben bei Hauptstoff und Futter umkippen, bügeln. Das Futter und den Hauptstoff aufeinanderlegen, links auf links. Wenn die Decke sehr groß ist, das Futter bis zur Mitte zurückschlagen und mit einer Reihe von losen Hexenstichen quer über die

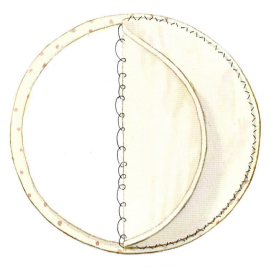

Als Ausgangspunkt für den Schnitt ein Stoffquadrat nähen, dessen Seiten genauso lang sind wie der errechnete Durchmesser des Stoffkreises, der für die Decke erforderlich ist. In den meisten Fällen wird eine Stoffbahn nicht reichen. Wenn zwei Stoffbahnen ausreichend sind, die erste Stoffbahn ausbreiten, die zweite in der Mitte auseinanderschneiden und die Hälften links und rechts an die erste Bahn anlegen, zusammennähen. Dadurch wird eine Mittelnaht vermieden. Das Muster sorgfältig anlegen und mit Ansatzsaumstich aneinandernähen.

2. Das Stoffquadrat vierfach zusammenfalten, linke Seite nach außen, und, wenn möglich, auf einen Teppichboden legen. Ein Papiermuster anfertigen: ein Papierquadrat in der Größe des zusammengefalteten Stoffes schneiden, eine Nadel durch eine der Ecken stechen und einen Faden daran festmachen, an dessen anderem Ende ein Bleistift befestigt wird. Der Faden muß so lang sein wie eine Seite des Quadrats. Mit dem Bleistift einen Kreisbogen schlagen und das Papiermuster auf dem Kreisbogen ausschneiden. Das Papiermuster auf das zusammengefaltete Stoffquadrat legen und den Kreisbogen einzeichnen. Alle vier Stofflagen zusammenstecken und auf der Kreislinie ausschneiden. Bei schweren oder rutschigen Stoffen nur zwei Lagen auf einmal ausschneiden.

ganze Breite am Hauptstoff befestigen. Das Futter wieder auf den Hauptstoff legen und mit Fallstich am Saum des Hauptstoffes annähen.

Durch einen unterfütterten Saum bekommt die Decke mehr Stand. Den Stoff für die Decke, wie oben beschrieben, mit einer Saumzugabe von 1 cm zuschneiden. Einen 2,5 cm breiten Schrägstreifen für den Saum anfertigen. An den Längskanten 6 mm Stoff umkippen und bügeln und die Enden zusammennähen (S. 200). Einfacher ist es, wenn man ein Schrägband fertig kauft. Die Einfassung an der Kante der Decke anstecken, rechts auf rechts. Naht so plazieren, daß der Saumknick der Einfassung 1 cm von der unversäuberten Kante der Decke entfernt ist. Steppen. Naht ausbügeln. Nahtzugabe und Einfassung auf die linke Seite kippen. Bügeln. Die Kante der Einfassung auf der linken Seite der Decke mit Fallstich annähen. Beim Nähen den Stoff einhalten.

Man kann auch einen einfachen Saum steppen und ihn mit einer Borte oder Brokatkordel absetzen, die fast am Boden schleift.

Betten und Bettwäsche

BETTDECKEN	152
Tagesdecken anfertigen	156
Quilts anfertigen	158
BETTWÄSCHE	160
Bettwäsche nähen	162
Lose Bezüge und Volants	164
BETTVERKLEIDUNGEN	166
Bettverkleidungen anbringen	170
Bettzeug und Accessoires fürs Kinderzimmer	172

BETTEN UND BETTWÄSCHE

BETTDECKEN

Seit Jahrhunderten sind kostbare Tagesdecken, Bettdecken und Quilts wichtige Elemente der Schlafzimmerausstattung. Scharlachrote Seide, mit Goldfäden durchzogen, war der Stoff, aus dem im vierzehnten Jahrhundert die königlichen Quilts waren; das Bett Heinrichs VIII. prunkte mit prächtigen Quilts in Gold und Silber; in den etwas bescheideneren Häusern der Tudors begnügte man sich mit gesticktem Leinen und nützlichen Wolldecken.

Waschbare indische Chintzdecken mit Mustern in leuchtenden Farben, bekannt als »Palampores«, tauchten in europäischen Betten zum erstenmal vor 300 Jahren auf, sie wurden von der East India Company aus Madras importiert; während man zur gleichen Zeit in den königlichen Vierpfostenbetten aufwendigere Decken aus Damast und Samt bevorzugte. Hochzeitsquilts waren etwas ganz Besonderes – in viktorianischer Zeit stickten englische Mädchen jahrelang an ihrer eigenen Hochzeitsdecke – und in der Kolonialzeit erwartete man von verlobten amerikanischen Mädchen, daß sie für die Aussteuer mindestens zwölf gewöhnliche Quilts und ein Hochzeitsquilt anfertigten.

Gestaltung, Farben und Stoffe

Die Bettdeckenmode mag ständig wechseln, aber für Schlafzimmer im Cottagestil oder Dachgeschoßschlafzimmer sind traditionelle Patchworkquilts in Verbindung mit Bettgestellen aus Eisen oder Kiefernholz oder mit bemalten Betten ein erfolgversprechendes Rezept. Anspruchsvollere Betten vertragen aufwendige, reich verzierte Patchworkquilts. Durch gekräuselte oder glatte Volants mit Falten, die den unteren Teil des Bettes verdecken, läßt sich die Wirkung zusätzlich variieren. Der Volant kann auf die Farben des Quilts, des Bezuges am Kopfteil des Bettes, der Fensterdekoration oder der Polsterbezüge abgestimmt werden oder mit ihnen kontrastieren.

Für Kinder gibt es bezaubernde Quilts und Bettdecken aus kleingemusterten Baumwollstoffen, mit Buchstaben- und Tierapplikationen oder mit Lochstickereikanten. Sehr phantasievolle Applikationen für Kinderschlafzimmer – man könnte fast sagen im Edwardian Stil – sind Kate Greenaways Figuren; es gibt sie in gedämpften Graugrün-, Blau-, Creme- und Terrakottatönen.

Die hübschen, femininen Spitzen- und Häkeldecken wirken weich und glamourös im Kontrast mit den robusten Eisen- und Messingbettstellen. Gott sei Dank ist es nicht schwierig, neue Versionen von authentischen Spitzenmustern aus dem neunzehnten Jahrhundert zu fin-

RECHTS *Eine knubbelige Häkeldecke, feines Leinen, einfache Tüllgardinen und ein bemaltes Bettgestell aus Metall bestimmen dieses nostalgisch karge Schlafzimmer.*

LINKS *Mit einem Überwurf läßt sich Bett und Bettzeug verdecken oder in seiner Wirkung unterstreichen. Diese Tagesdecke ist ebenso romantisch wie elegant.*

UNTEN *Das Quilt aus Baumwollbatist ist eine märchenhafte Bettdecke fürs Babybett. Der Polsterrand verhindert, daß sich das Baby an den Metallstäben stößt.*

BETTEN UND BETTWÄSCHE

den; sie werden noch immer hergestellt. Ein schöner Überwurf aus weißem oder cremefarbenem Voile oder aus Spitze, mit gekräuseltem Volant, geben einem alten Chintzquilt ein aufregend neues Gesicht und dienen gleichzeitig als Schutzschicht.

Ein loser Überwurf aus gesäumtem Bettwäschestoff ist sehr praktisch, er paßt zu einer unkonventionellen Schlafzimmerausstattung und ist leicht herzustellen. Für anspruchsvollere Betten, die eine luxuriösere, aufwendigere Aufmachung erfordern, kann man Bettdecken quilten und sie mit einem passenden Stoff in einem kleinteiligen, geometrischen Muster füttern. Als Bettdecke kann man, je nach Saison, ein schweres, warmes Quilt für den Winter und eine leichte Decke aus Baumwollstoff für den Sommer nehmen.

Eine maßgeschneiderte Tagesdecke, verziert mit einem glatten oder in Falten gelegten Volant, verleiht einem Vierpfostenbett Eleganz und Würde. In Einzimmerappartements und Gästezimmern muß das Bett sich als Sitzgelegenheit unauffällig in die Einrichtung integrieren lassen.

Hier eignen sich als Stoffe vor allem einfarbige Leinenmischgewebe oder Baumwollrips, aber auch Tartan- oder Paisley-Drucke in zurückhaltenden Farben wie Burgunder, Navy, Anthrazit oder Flaschengrün. Als schmückende Details kommen Paspel und unterlegte Falten in den Farben der Vorhänge oder der Polsterbezüge in Frage.

Bei den Entwürfen sollte auch die Raumstruktur und vor allem der Lichteinfall berücksichtigt werden.

BETTDECKEN

LINKS *Nichts paßt so gut in ein rustikales Schlafzimmer wie ein Quilt in einem einfachen Schachbrettmuster in kräftigen Farben. Frühe amerikanische Patchworkquilts und Shaker-quilts wurden aus feinen Woll- oder Baumwollflicken gemacht – ein Recycling alter Kleider und Decken. Quilts waren Erbstücke, die von Generation zu Generation weitergereicht wurden; sie waren ein Stück Familiengeschichte.*

LINKS *Statt der Steppdecken und Bettdecken kann man einfache Wolldecken mit Überlaken und passender Bettwäsche nehmen. Bodenlange, gerüschte Volants aus geblümtem Stoff sind die einzige Verzierung. Am Fußende des Bettes liegen, zusammengefaltet, die Daunendecken für die Zeit der kalten Nächte bereit.*

RECHTS *Quilts sind sehr vielseitig – sie wären eine perfekte Lösung, wenn man zum Beispiel eine Decke für ein Vierpfostenbett sucht, die nicht allzu feierlich wirkt. Die Farben dieses amerikanischen Quilts wiederholen sich in dem hübschen, kurzen Volant am Pfostenrahmen und auf dem Patchworkkissen.*

155

BETTEN UND BETTWÄSCHE

Tagesdecken anfertigen

Wenn Sie Ihre Tagesdecke selbst anfertigen, haben Sie nicht nur die Garantie, daß sie gut sitzt, Sie haben auch die Möglichkeit, sie in Farbe und Muster auf die übrige Raumausstattung abzustimmen. Sie selbst können über die Gestaltung und die dekorativen Details entscheiden – ob es ein gequiltetes Muster sein soll, ausgefallene Paspelierungen oder eine Einfassung. Bevor Sie Maß nehmen für die Decke, müssen Sie sich entscheiden, ob die Kopfkissen und das übrige Bettzeug am Tage unter der Decke liegenbleiben sollen.

Wenn Sie eine besonders breite Decke für ein Doppelbett anfertigen möchten, für die mehrere Stoffbreiten erforderlich sind, plazieren Sie die Stoffbahnen so, daß die Nähte rechts und links von der Mitte verlaufen. Das sieht nicht nur besser aus, es ist auch professioneller.

Maßgeschneiderte Decken mit Keder liegen besser an, wenn man die obere Fläche füttert, die Volantteile müssen nicht unbedingt gefüttert werden – es würde natürlich viel eleganter aussehen.

Ein Überwurf

Dieser einfache, bodenlange Überwurf hat abgerundete Ecken am Fußende des Bettes, er wird mit Futter und Zwischenfutter gearbeitet. Zuerst muß man sich überlegen, wie breit und wie lang der fertige Überwurf werden soll: Man kann ihn bodenlang arbeiten oder auf dem Boden schleifen lassen.

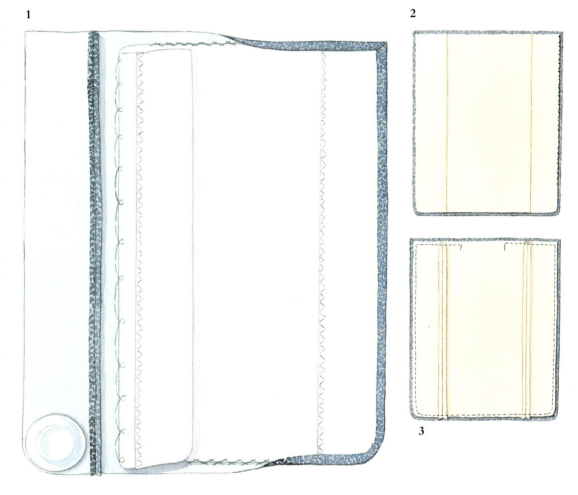

1. Beim Zuschneiden des Oberstoffes 5 cm für Nähte an den Seiten und an der Vorderkante zugeben sowie 2,5 cm am Kopfende. Das Zwischenfutter zuschneiden, an den Seiten und an der Vorderkante 2,5 cm zugeben, keine Stoffzugabe am Kopfende. Das Futter wird an den Seiten und an der Vorderkante ohne Nahtzugabe geschnitten; am Kopfende 2,5 cm zugeben.

Wenn für Oberstoff, Futter und Zwischenfutter mehr als eine Stoffbahn erforderlich ist, eine ganze Stoffbreite in die Mitte legen, eine zweite in der Mitte durchschneiden und rechts und links an die mittlere Bahn anlegen, Webkante an Webkante. Bei Oberstoff und Futter die Bahnen mit einfacher Naht zusammensteppen, beim Zwischenfutter die Stoßnaht (S. 199) arbeiten. Die unteren Ecken am Fußende abrunden, als Vorlage einen großen Teller oder ein Papiermuster nehmen. Nachprüfen, ob beide Rundungen gleich sind.

Zwischenfutter auf die linke Seite des Oberstoffes legen, zurückschlagen und mit losem Hexenstich (S. 196) anheften, die vorgesehenen Saumzugaben rundherum frei lassen. Zwischenfutter mit Hexenstich rund um die Außenkanten am Oberstoff befestigen. Saumzugabe des Oberstoffes am Kopfende über das Zwischenfutter kippen; bügeln.

2. Wenn Sie den Saum von Hand nähen möchten, die 5 cm Saumzugabe des Oberstoffes umkippen und Zwischenfutter aufrollen, ohne einen scharfen Saumknick zu machen. Beim Futter rundherum 2,5 cm umkippen und bügeln.

Futter auf die linke Seite von Oberstoff und Zwischenfutter legen und mit losen Hexenstichen am Zwischenfutter befestigen. Futter rundherum mit Fallstich am Oberstoff annähen, dicht an der Kante des Zwischenfutters.

3. Wenn Sie das Futter mit der Maschine annähen wollen, Futter auf Oberstoff mit Zwischenfutter legen, rechts auf rechts.

Saumzugaben beider Stoffe glattstreichen. Stoffe zusammenstecken, 2,5 cm Nahtzugabe frei lassen.

Oberstoff an den abgerundeten Ecken im Saum einhalten. Alle Stofflagen zusammensteppen, am oberen Ende eine Öffnung von 50 cm lassen. Rechte Seite nach außen kippen und bügeln, ohne in den Saum des Zwischenfutters einen Knick zu bügeln. Wenn Sie ganz professionell vorgehen wollen, müssen Sie an der Öffnung Saumzugaben von Oberstoff und Futter mit Fallstich aneinandernähen.

Eine massgeschneiderte Decke mit Kellerfalten

Die maßgeschneiderte Decke besteht aus der Liegefläche, die mit einem Keder abgesetzt wird, und aus einem geraden Volant mit Kellerfalten an den vorderen Ecken des Bettes. Maß nehmen für die Decke: Länge und Breite der Liegefläche und erforderliche Breite des Volants messen.

1. Den Stoff für die Liegefläche zuschneiden – mit einer Nahtzugabe von 12 mm rundherum. Futterstoff in den gleichen Maßen schneiden. Die Volantteile schneiden und zusammennähen, 40 cm für die Falten an den beiden vorderen Ecken des Bettes zugeben. An der Oberkante des Volants eine Nahtzugabe von 12 mm machen; an der Unterkante und an den Enden 5 cm für Doppelsäume zugeben. Einen Keder – eine Einfassung mit Kordel (S. 200) – für die Seitenkanten und die Vorderkante der Liegefläche anfertigen.

Falls erforderlich, mehrere Stoffbreiten für die Liegefläche zusammennähen. Die Ecken am Fußende des Bettes abrunden, damit die Decke gefälliger wirkt. Den Keder an den Seitenkanten und an der Vorderkante der Liegefläche anstecken. Heften und mit dem Reißverschlußfuß der Maschine ansteppen; eine Nahtzugabe von 12 mm stehenlassen. Die Nahtzugabe an den Ecken nach Bedarf einklipsen, damit der Keder flach aufliegt.

Falls Sie die Liegefläche am Fußende mit abgerundeten Ecken gearbeitet haben, Decke auf das Bett legen und die Position der Falten an den Ecken mit Stecknadeln markieren.

2. An den Enden und an der Unterkante des Volants Doppelsäume von 2,5 cm Breite umkippen und steppen, Ecken schräg verarbeiten. Die Breite der Falten markieren; die Falten stecken und darauf achten, daß sie genau an den Ecken der Bettdecke sitzen. Dicht an der unversäuberten Oberkante des Volants über die Falten steppen. Volant an den Seiten und an der Vorderkante der Bettdecke anlegen, rechts auf rechts, die unversäuberten Kanten aufeinander. Falls erforderlich, Nahtzugabe des Volants an den Ecken einklipsen, damit der Stoff nicht beutelt. Volant anstecken und entlang der Steppnaht, mit der der Keder befestigt ist, heften. Steppen. Nahtzugaben abschrägen.

Das Futter auf die Liegefläche legen, rechts auf rechts, die unversäuberten Kanten aufeinander. Quer über die Oberkante steppen; rechte Seite nach außen kippen. Am Futter 12 mm Saum rundherum umkippen und mit Fallstich an den Oberstoff nähen, so daß die unversäuberten Kanten von Liegefläche, Volant und Keder verdeckt sind.

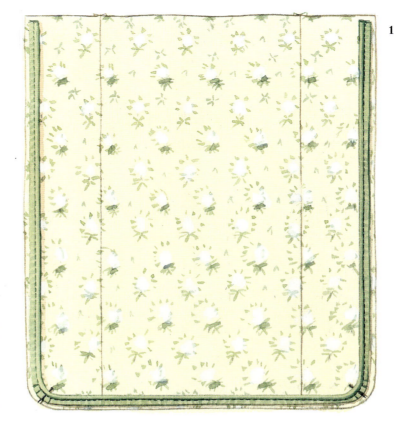

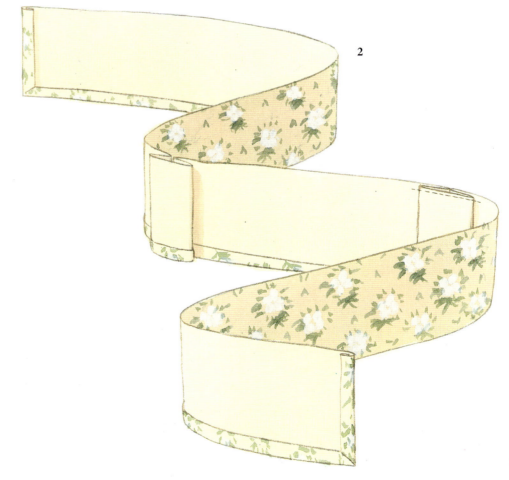

BETTEN UND BETTWÄSCHE

Quilts anfertigen

Ein einfacher Überwurf aus gequiltetem Material ist nicht nur sehr dekorativ, er hat auch eine praktische Seite: Ein Quilt kann man als zusätzliche, wärmende Schicht über Wolldecken und Steppdecken legen. Bei warmem Wetter genügt ein Quilt mit einem Überschlaglaken als Zudecke.

Es gibt zwar fertig gequiltete Stoffe und fertige Quilts zu kaufen, aber wenn Sie Ihren Stoff selbst quilten, können Sie den Zwischenraum und die Richtung der Stepplinien selbst bestimmen oder das Quiltmuster selbst gestalten. Bei einem gestreiften Stoff sind Stepplinien parallel zu den Streifen besonders effektvoll. Wenn es phantasievoller sein soll, können Sie einzelne Motive des Stoffmusters durch Quilten hervorheben.

Ein gequilteter Überwurf

Stoff in den Maßen des fertigen Überwurfs plus 10 cm Saumzugabe rundherum schneiden. Wattierung und Futterstoff in den gleichen Maßen schneiden. Es empfiehlt sich, den Futterstoff in einer kontrastierenden Farbe zu nehmen, weil sich ein Quilt beidseitig verwenden läßt.

1. Wenn für Oberstoff und Futter mehr als eine Stoffbreite erforderlich ist, die Stoffbahnen mit einfachen Nähten aneinandernähen. Bei der Wattierung die Bahnen mit Stoßnähten aneinandernähen, mit der Maschine mit Zickzackstich oder von Hand mit Hexenstich. Alle drei Schichten übereinanderlegen: die Wattierung innen, Oberstoff und Futter mit der rechten Seite nach außen. An den Außenkanten rundherum zusammenheften. Heftstiche in parallelen Linien im Abstand von 10 cm über die ganze Fläche arbeiten, parallel oder diagonal zu den Außenkanten.

2. Entlang der gehefteten Nähte mit der Maschine hin und her über die Decke quilten. Das gequiltete Stück nach den festgelegten Maßen schneiden; die Ecken, falls gewünscht, abrunden (S. 157). Schrägstreifen für die Einfassung rundherum schneiden und zusammennähen. Der Streifen muß 8 cm breit sein. An den Längskanten je 2 cm Stoff umkippen und bügeln. Streifen der Länge nach in der Mitte zusammenfalten, links auf links; bügeln. Die Einfassung um die Kante des Quilts legen und von Hand oder mit der Maschine ansteppen.

3. Wenn die Decke für ein Vierpfostenbett bestimmt ist, vor dem Einfassen am Fußende Einschnitte für die Pfosten machen.

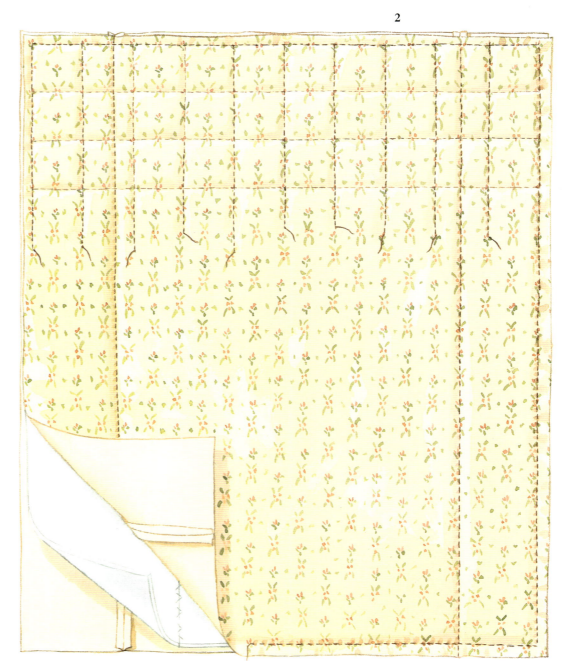

158

QUILTS ANFERTIGEN

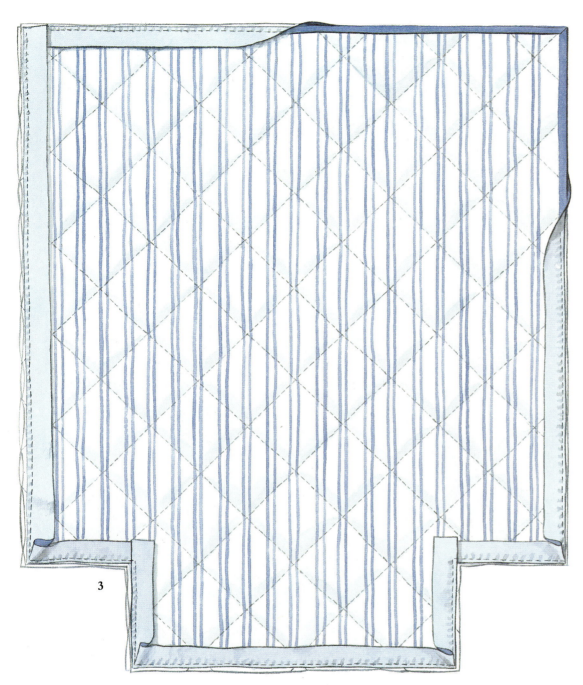

3

mit Buntstiften oder farbigen Kugelschreibern einzeichnen. So läßt sich die Farbabfolge besser planen. Wenn Sie verschiedene Stoffe in verschiedenen Farbtönen einer Farbe nehmen, können Sie die Quadrate so zusammensetzen, daß die Helligkeit der Farbtöne von innen nach außen abgestuft ist.

Wählen Sie drei oder vier Stoffe, die in Farbe und Muster aufeinander abgestimmt sind, und schneiden Sie sie in 12 cm breite Streifen. Dann schneiden Sie die Streifen in gleichmäßige Quadrate. Bei jedem Quadrat rundherum eine Nahtzugabe von 1 cm nach innen umkippen und einbügeln.

Zwei Quadrate aus verschiedenen Stoffen nehmen und mit einfacher Naht aneinandernähen. An den freien Kanten oben und unten weitere Quadrate annähen und dabei die Muster immer in der gleichen Reihenfolge aneinanderfügen. So viele Quadrate zusammennähen, bis Sie einen Streifen haben, der so lang ist wie die geplante Decke.

Weitere Streifen nähen, bis Sie genug für die Breite der Decke beisammenhaben. Beim Zusammennähen der Streifen darauf achten, daß die Musterreihe bei jedem Streifen mit einem anderen Muster beginnt. Alle Nähte ausbügeln und quer über die Ecken der Nahtzugaben schneiden.

Die Streifen genauso aneinandernähen wie die Quadrate und darauf achten, daß die Nahtzugabe immer genau 1 cm breit ist. Vor dem Zusammennähen die Streifen so nebeneinanderlegen, daß die Muster in diagonalen Streifen über die Decke verlaufen. Nähte ausbügeln.

Aus der Patchworkdecke, einer Wattierungsschicht und einem einfarbigen Stoff als Rückseite ein Quilt arbeiten. Alle drei Stoffe müssen die gleichen Maße haben. Zum Schluß die Kanten mit Schrägstreifen einfassen.

Wenn Sie die Quadrate in Dreiecke unterteilen, müssen die Kanten beim Nähen sehr sorgfältig aneinandergelegt werden, damit es keine schiefen Nähte gibt.

Eine Patchworkdecke

Die Patchworktechnik diente ursprünglich der Resteverwertung, sie hat aber im Laufe der Zeit ausgesprochen künstlerische Qualitäten entwickelt.

Die hier erläuterte Grundtechnik ist einfach und zeitsparend; sie geht von einfachen, geometrischen Formen – Quadraten und Dreiecken – aus, die mit der Maschine zu einer Patchworkdecke zusammengenäht werden. Wenn alle Flicken aneinandergenäht sind, kann man die Decke zusätzlich quilten.

Alle Flicken in der gleichen Größe und mit der gleichen Nahtzugabe ausschneiden. Das ist wichtig, damit beim Zusammennähen der Teilstücke, die schließlich zum Ganzen zusammengefügt werden, die Nähte genau aufeinandertreffen. Die Anleitung, die hier gegeben wird, bezieht sich auf eine ganz einfache Bettdecke aus gleichgroßen Quadraten. Sie können sie auch aus Dreiecken machen, von denen je vier zu einem Quadrat zusammengesetzt werden.

Bevor Sie mit dem Nähen beginnen, sollten Sie sich auf Millimeterpapier einzeichnen, wie Sie die Quadrate arrangieren wollen und auch die Farben

159

BETTEN UND BETTWÄSCHE

Bettwäsche

Im Mittelalter wurde in begüterten Familien das Leinen für die Bettwäsche im Hause gesponnen und gewebt, und die Wäsche wurde in riesigen Eichenschränken aufbewahrt, die süß nach Waldmeister und Lavendel dufteten. Bettleinen war damals so kostbar, daß es ein wichtiger Teil der Mitgift war und auch in Testamenten eigens erwähnt wurde.

Vermögende Leute nahmen ihre eigene Bettwäsche mit, wenn sie zu Freunden reisten. Bestickte »Überlaken« aus Seide schmückten königliche Betten, und darunter lag das praktische Pendant aus Leinen.

Es wird berichtet, daß zur Tudorzeit Satinlaken in England ein kurzes Gastspiel hatten; das war Anne Boleyn zu verdanken, die sie aus Frankreich mitgebracht hatte. Wie auch immer, Bettwäsche aus Baumwolle kam erst gegen Ende des achtzehnten Jahrhunderts auf. Sie war stets weiß und blieb es auch im ganzen neunzehnten Jahrhundert, wenn auch die Kanten häufig mit kostbaren Stickereien oder mit Spitze und Bändern geschmückt wurden.

Erst seit den sechziger Jahren unseres Jahrhunderts gibt es Baumwollbettwäsche in großer Farbauswahl und in wunderschönen floralen Mustern; auch Steppdecken und Daunendecken aus Deutschland und Skandinavien fanden ihren Weg nach England und revolutionierten das moderne Bettwäschedesign.

Gestaltung und Stoffe

Man sollte Bettwäsche als Teil der Gesamtausstattung des Schlafzimmers begreifen. Kopfkissen und Steppdecken sollten auf die übrigen Textilien im Schlafzimmer abgestimmt werden. Man kann sie aus den gleichen Stoffen machen wie die Vorhänge, die Rollos und die Tagesdecken oder in Farbe und Muster darauf abstimmen – als Ergänzung oder als Kontrast.

Man könnte sich auch an bewährte Kombinationen halten: Überschlaglaken aus reiner Baumwolle in frischem Weiß, abgesetzt mit einem Volant aus zarter Spitze mit Bogenkante, heben sich wunderbar von dunklem Nußholz oder vom Mahagoni eines Empirebettes ab. Hübsch und praktisch für das Bett eines Jungmädchenzimmers oder eines Gästezimmers sind Steppdecken mit Streublümchenmuster und dazu gekräuselte Volants an der Unterkante des Bettes. Überschlaglaken und Kopfkissenbezüge mit riesigen Rosenblüten passen zu einer Häkeldecke oder einer weißen Spitzendecke – sie lassen sich auch gut mit einem kleinformatigen Spaliermuster oder einem Streifenmuster auf der Tagesdecke und dem Raffrollo kombinieren.

Die Wäschegarnitur für ein Bettsofa im Wohnzimmer, im Arbeitszimmer oder in einem Einzimmerappartement kann man auf den Bezugstoff abstimmen: Laken und Kopfkissenbezüge in Mitternachtsblau und dazu ein leichtes Quilt mit Paisley-Muster sind entweder aus dem gleichen Stoff wie der Polsterbezug, oder sie bilden einen wirkungsvollen Kontrast.

Wenn Sie Ihre Bettwäsche selbst nähen, können Sie sie ganz nach Ihrem Geschmack gestalten – Sie können zum Beispiel Kopfkissenbezüge und Überschlaglaken mit Rüschen oder Paspeln in kontrastierenden Farben absetzen. Auch Zierkanten aus dem gleichen Stoff oder aus einem einfarbigen Stoff in einer Kontrastfarbe sind sehr attraktiv. Seit ewigen Zeiten beliebt sind auch gestickte Monogramme, Ton in Ton, auf einfarbigen Überschlaglaken und Kopfkissenbezügen. Und ein paar Blüten, Blätter oder Schleifen, auf die Ecke eines glatten, weißen Kopfkissenbezuges gestickt, können Wunder wirken.

UNTEN *Der gepolsterte Überzug für das Kopfteil des Bettes ist mit Bändern befestigt und läßt sich zum Waschen leicht abnehmen. Die gerade Form unterstreicht die klaren Umrisse des Bettes.*
Die gequiltete Bettdecke und der gestreifte Volant heben sich wirkungsvoll von dem weißen Stoff ab. Ein Kopfkissen im gleichen Stoff wie der Überzug vervollständigt die Garnitur.

BETTWÄSCHE

RECHTS *Steppdecken sind ideale Tagesdecken für Betten mit hohen Fußteilen, die manchmal schwierig zu machen sind. Man kann sie rein funktionell gestalten oder sehr aufwendig, als reine Schaustücke. Eine Baumwolldecke wirkt immer frisch und sommerlich und hebt sich besonders gut von dem dunklen, gewachsten Fußboden ab.*

UNTEN *Ein maßgeschneiderter Volant, im gleichen pastellfarbenem Muster wie das übrige Bettzeug, vervollständigt die perfekte Bettdekoration. Die Rüschen an den Kissen bringen genug Bewegung in die Konturen – ein gekräuselter Volant wäre hier zuviel gewesen.*

UNTEN *Gekräuselte Volants wirken nicht nur hübsch und feminin, sie sind auch eine graziöse Tarnung für den Unterbau des Bettes, für unansehnliche Beine oder verstauten Krimskrams. Der Volant aus feinem, weißem Baumwollstoff mit Spitze wurde bewußt als Kontrast zu dem Metallrahmen des Bettgestells eingesetzt. Volants aus dem gleichen Stoff wie das übrige Bettzeug oder in einem darauf abgestimmten Muster wirken immer elegant – eine andere Möglichkeit wäre ein Volant, der eine der Farben im Raum aufnimmt.*

161

BETTEN UND BETTWÄSCHE

Bettwäsche nähen

Wenn Sie Ihre eigene Bettwäsche nähen, bringen Sie die dekorativen Details vor dem Versäubern der Nähte an. Bei Verzierungen beschränkt man sich am besten auf Kanten und Einfassungen, denn es ist nicht gerade bequem, darauf zu schlafen – und das läßt sich kaum verhindern, wenn sie an anderen Stellen angebracht sind. Für das Überschlaglaken und das Laken nehmen Sie am besten einen Stoff, der extra breit liegt, um unbequeme und unschöne Nähte zu vermeiden.

In diesem Kapitel werden Anleitungen für Kordelbesatz und Biesen gegeben. Anleitungen für weitere Verzierungen finden Sie an anderer Stelle: Applikationen auf S. 203, Rüschen auf S. 201 und Keder auf S. 200.

Für Laken und Bettbezüge gibt es extra breiten Wäschestoff, er ist 160 cm und 240 cm breit. Wenn Sie einen gemusterten Stoff nehmen möchten, den es nicht in dieser Breite gibt, verwenden Sie ihn nur für die Teile der Bettwäsche, die sichtbar sind – zum Beispiel für eine Stoffkante rund um das Kopfkissen oder an der Oberkante des Bettbezuges.

Verwenden Sie stets waschbare Stoffe. Leinen ist großer Luxus, und außerdem muß man viel Zeit und Arbeit aufwenden, wenn es stets wie am ersten Tag aussehen soll. Baumwolle oder ein Baumwoll-Polyestergemisch sind praktische Alternativen. Wenn möglich, machen Sie Rollnähte um das Ausfransen bei der Wäsche zu verhindern.

Kordelbesatz

Verwenden Sie eine dünne Baumwollkordel, entweder in Weiß, in der Farbe des Stoffes oder in einer kontrastierenden Farbe. Entsprechendes Garn spulen. Der Unterfaden kann dieselbe Farbe haben wie das Wäschestück.

Stellen Sie einen mittleren Zickzackstich auf der Maschine ein und schrauben Sie den Kordelfuß an; er hat ein Loch, durch das die Kordel gezogen wird.

Position der Kordel mit Kreide oder Heftstichen auf der Oberseite des Stoffes markieren. Kordel durch den Kordelfuß ziehen und die Arbeit unter den Kordelfuß legen. Entlang der markierten Linie nähen: Kordel unter den Kordelfuß schieben und sie mit Zickzackstich annähen. Zwei parallele Kordellinien sind eine einfache, aber dekorative Verzierung.

Biesen

Den Abstand der Biesen festlegen: Sehr schmale Biesen steppt man dicht an der Bruchkante; bei breiteren Biesen 15 mm von der Bruchkante entfernt steppen. Die Anzahl der Biesen schätzen, und die Zahl mit der doppelten Breite jeder Biese multiplizieren – das ergibt den Stoffverbrauch. Etwas Stoff zugeben, damit Sie das gebiestete Stück beim Einsetzen sauber verarbeiten können.

Auf dem Stoff das obere und untere Ende jeder Biese markieren; wenn Sie ein großes Stück bearbeiten, wie zum Beispiel einen Bettbezug, die Position der Biesen durchgehend markieren. Bei Nadelbiesen den Bruch jeder Falte markieren; bei breiteren Biesen beide Stepplinien jeder Falte markieren. Die Falten, den Markierungen folgend, in den Stoff einbügeln. Bei breiten Biesen den Stoff so falten, daß die markierten Stepplinien übereinanderliegen.

Eine Biese nach der anderen steppen; mit Steppfuß arbeiten. Die Fadenenden müssen nicht unbedingt befestigt werden, da sie beim Steppen von Nähten und Säumen sowieso festgehalten werden. Biesenteil auf das erforderliche Maß zurechtschneiden und beim Einarbeiten des Teils darauf achten, daß die Biesen genau zentriert sind.

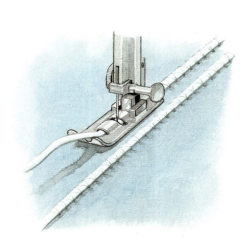

162

EIN BETTBEZUG

1. Die Steppdecke oder Daunendecke, für die der Bezug bestimmt ist, ausmessen. Die beiden Teile des Bezuges zuschneiden; rundherum 5 cm zugeben. Will man den oberen Teil verzieren, muß das vor dem Schließen der Nähte passieren. Wenn Sie für den oberen Teil einen gemusterten Stoff verwenden wollen und mehrere Stoffbreiten aneinandernähen müssen, plazieren Sie eine ganze Stoffbreite in der Mitte und fügen Sie rechts und links gleich breite Streifen in der erforderlichen Breite an. Die Bahnen mit abgesteppter Naht zusammennähen. Wenn das Anlegen des Musters schwierig ist, die Bahnen vor dem Steppen mit Ansatzheftstich zusammenheften.

Den oberen und unteren Teil des Bezuges mit französischer Naht rundherum zusammennähen; am Fußende den Bezug in der Mitte offenlassen; von den Ecken aus gerechnet, an jeder Seite 20 cm zunähen. Das ergibt die Öffnung für die Daunen-

decke. Nahtzugabe an der Öffnung umkippen und säumen.

2. Bezug nach links drehen. An der Öffnung ein Druckknopfband – oder irgendeinen anderen Verschluß wie Klettband etc. – anbringen und die unversäuberten Kanten abdecken oder säumen. Beim Anbringen der gegenüberliegenden Hälfte der Verschlußleiste darauf achten, daß Knopf und Knopfloch genau übereinanderliegen. Die Leisten befestigen. Rechte Seite nach außen drehen und bügeln.

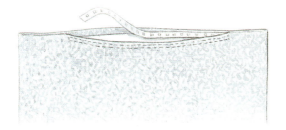

EIN EINFACHER KOPFKISSENBEZUG

1. Einen Stoffstreifen schneiden, der doppelt so lang ist wie das Kopfkissen, plus 30 cm für eine breite Stoffkante und den Umschlag. An den Längsseiten je 2 cm für Nähte zugeben. An einem der kurzen Enden 15 mm umkippen und bügeln, dann noch einmal 10 cm umkippen und steppen – dadurch entsteht eine breite Stoffkante. Einen Kordelbesatz oder irgendeine andere Verzierung anbringen. An der gegenüberliegenden Seite Doppelsaum von 15 mm umkippen und mit der Maschine steppen, noch einmal 15 cm umkippen und den Umschlag bügeln.

2. Den Stoff zusammenfalten, links auf links, so daß die äußere Kante der breiten Zierkante auf dem Bruch des Einschlags liegt. An den Längsseiten französische Nähte arbeiten: Die Kanten zusammenstecken und 1 cm Nahtzugabe stehenlassen, steppen. Kanten sauber abschneiden. Die Nähte ausbügeln; linke Seite nach außen drehen. Französische Nähte fertignähen. Rechte Seite wieder nach außen drehen; bügeln.

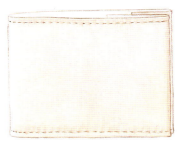

KOPFKISSENBEZUG MIT ABGESTEPPTER KANTE

Für einen Kopfkissenbezug mit einer flachen, abgesteppten Kante rundherum braucht man für den oberen Teil ein Stück Stoff und für den unteren Teil zwei. Von den zwei Stücken ist das eine Teil des Bezuges, das andere der Einschlag.

1. Den oberen Teil mit einer Zugabe von 6 cm rundherum für die abgesteppte Kante und die Nahtzugabe schneiden. Den unteren Teil des Bezuges mit der gleichen Zugabe schneiden, nur an einer der kurzen Seiten die 6 cm nicht zugeben. Den Stoff für den Einschlag genauso breit schneiden wie den unteren Teil des Bezuges, aber nur 23 cm lang.

Am kürzeren Ende des unteren Bezugteils und des Einschlagteils je einen Doppelsaum von 2 cm umschlagen. Wenn Sie einen traditionellen Verschluß mögen, auf dem Doppelsaum des unteren Bezugteils Knopflöcher arbeiten. Den unteren Bezugteil über den Einschlag legen, die linke Seite des Bezugteils auf die rechte Seite des Einschlags. Beide Teile so plazieren, daß sie zusammen genauso lang sind wie der oberer Bezugteil. Beide Stoffe entlang der Nahtzugabe zusammenheften.

Unteren Bezugteil auf den oberen legen, rechts auf rechts, und an den äußeren Kanten zusammenstecken. Steppen; 1 cm Nahtzugabe stehenlassen.

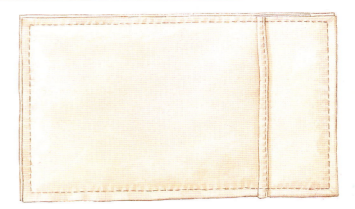

2. Rechte Seite nach außen drehen und bügeln. Um den ganzen Bezug herum steppen, die Stepplinie muß 5 cm von der Außenkante entfernt sein, damit sich eine flache Steppkante ergibt. Je nach Bedarf Kordelbesatz auf der Stepplinie anbringen. Knöpfe oder anderen Verschluß annähen.

BETTEN UND BETTWÄSCHE

Lose Bezüge und Volants

Ein loser Bezug für das Kopfteil des Bettes

Das Kopfteil eines einfachen Bettes ist gewöhnlich aus Holz und hat zwei geschlitzte Streben, an denen der Bettrahmen sitzt. Einfache Bezüge zum Überstreifen sind nicht schwer zu machen und lassen sich zum Waschen leicht abnehmen. Für ein einfaches Kopfteil aus Holz eignet sich ein Bezug aus gequiltetem Stoff, der das fehlende Polster ersetzt. Wenn das Kopfteil gepolstert ist, wäre ein ungefütterter Bezug aus Chintz sehr hübsch.

Messen Sie das Kopfteil aus und überlegen Sie, wie groß der fertige Bezug sein soll. Wenn das Kopfteil eine Phantasieform hat, machen Sie sich am besten eine Papiervorlage. Schneiden Sie Vorder- und Rückenteil des Bezuges und geben Sie 12 mm für Nähte zu. Eine zusätzliche Zugabe bis zu 2,5 cm an der Oberkante und an den Seitenkanten erleichtert das Überziehen des Bezuges – besonders wenn der Stoff gequiltet ist. An den Unterkanten 2,5 cm für die Säume zugeben. Wenn das Kopfteil dicker ist als 5 cm, müssen Sie für die Außenkanten Zwickel schneiden: an den Längskanten 12 mm und an den Enden je 2,5 cm für Nähte zugeben. Keder (S. 200) für die Oberkante und die Seitenkanten anfertigen. Stoffstreifen schneiden zum Einfassen der Unterkanten des Vorder- und Rückenteils einschließlich Zwickel. Vier Bänder schneiden, 5 cm breit und 15 cm lang.

1. Keder an den Außenkanten des Vorderteils anbringen, die Einfassung, falls erforderlich, an den Ecken einklipsen. Wenn es sich um einen Bezug mit Zwickel handelt, am Rückenteil ebenfalls einen Keder anbringen.

2. Vorder- und Rückenteil aufeinanderlegen, rechts auf rechts, die unversäuberten Kanten übereinander. Keder dazwischenlegen, steppen. Wenn der Bezug mit Zwickel gearbeitet wird, an Vorder- und Rückenteil je einen Kederstreifen ansteppen; Vorder- und Rückenteil an den Zwickel ansteppen. Nach rechts drehen und bügeln.

3. Bänder nähen: 12 mm an den Längskanten der Stoffstreifen umkippen und bügeln. Streifen der Länge nach in der Mitte falten, bügeln. Nähte steppen.

4. Einfassung an der Unterkante des Bezuges anbringen; die Bänder in die Naht schieben – etwa ein Drittel der Gesamtlänge von den Ecken entfernt.

Eine zusätzliche Rüschenverzierung anbringen

Maßgeschneiderte Bezüge für gepolsterte Kopfteile können auf vielerlei Art und Weise dekoriert werden: Im folgenden wird beschrieben, wie man eine 15 cm breite gerüschte Kante anbringt. Die Rüschenkante besteht aus einen gerüschten Stoffstreifen, der rund um die Außenkanten des Bezuges angesteppt und mit einem Keder abgesetzt wird.

Die Teile für den Bezug des Kopfteils zuschneiden: Vorder- und Rückenteil, Keder, Stoffstreifen für die Einfassung, Bänder und, falls erforderlich, Zwickel. Für die Rüsche drei 18 cm breite Streifen schneiden – für die Oberkante und die Seitenkanten des Bezuges. Die Streifen müssen mindestens eineinhalbmal so lang sein wie die Kanten, wenn die Rüsche schön voll sein soll. Außerdem brauchen Sie einen zweiten Keder für die Innenkante der Rüsche.

1. Die drei Streifen an beiden Längskanten rüschen und im rechten Winkel aneinandernähen: den längeren Streifen in der Mitte; die Ecken schräg verarbeiten. Mit Kreide eine Linie um die Kanten des vorderen Bezugteils markieren, 16 cm von den Schnittkanten entfernt. Keder entlang der markierten Linien anstecken und heften. Die Innenkante der Rüsche anheften, 12 mm Nahtzugabe frei lassen: Die rechte Seite der Rüsche auf den Keder und die rechte Seite des Bezuges legen, während der Außenrand der Rüsche zur Mitte des Bezuges zeigt. Ansteppen.

2. Nahtzugabe abschrägen. Die Rüsche zur Außenkante des Bezugvorderteils hin bügeln, so daß die unversäuberten Kanten von Rüsche und Vorderteil übereinanderliegen. Den zweiten Keder um die unversäuberte Kante stecken; heften. Das Rückenteil des Bezuges über Vorderteil und Keder legen. Den Bezug, wie oben beschrieben, fertignähen.

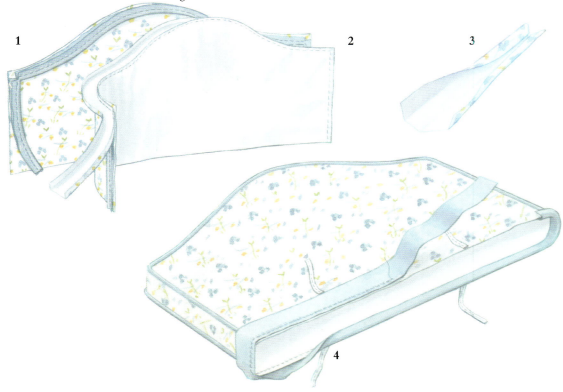

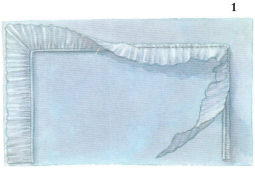

LOSE BEZÜGE UND VOLANTS

Ein gerüschter Volant

Volants sind Bettverkleidungen, die den unteren Teil des Bettes, einschließlich der nicht immer attraktiven Beine, verdecken und durch Farbe und Muster zur Integration des Bettes in das Ausstattungskonzept des Schlafzimmers beitragen. Sie lassen sich auf vielerlei Art und Weise gestalten – man kann sie kräuseln oder glatt lassen und mit Kellerfalten an den Ecken arbeiten. Volants mit Kellerfalten werden genauso gearbeitet wie maßgeschneiderte Bettdecken (S. 157). Der Volant wird an dem glatten Stoffteil befestigt, das auf der Liegefläche liegt und unter der Matratze verschwindet. Wenn Sie für diesen Teil einen Bezugstoff verwenden, setzen Sie die Außenkanten mit einem 15 cm breiten Streifen aus dem Volantstoff ab, damit der Bezugstoff nicht zu sehen ist.

Messen Sie das Bett aus, aber entfernen Sie vorher die Matratze. Der Volant reicht von der Oberkante des Bettrahmens bis auf den Fußboden. Das Stoffteil, an dem er befestigt ist, bedeckt die Liegefläche und liegt unter der Matratze (S. 206).

Den Stoff für die Liegefläche schneiden, 12 mm für Nähte an den Seiten und am Fußende zugeben und 10 cm am Kopfende für den Einschlag. Falls erforderlich, mehrere Stoffbreiten zusammenfügen.

1. Für den Volant an den Seitenkanten und am Fußende einen Stoffstreifen anfertigen. Er muß mindestens eineinhalbmal so lang sein wie die Kanten, wenn der Volant voll und großzügig wirken soll. An der Oberkante 12 mm für die Naht, und an der Unterkante 5 cm für einen 2,5 cm breiten Doppelsaum zugeben. Falls erforderlich, stükkeln. Wenn der Volant für ein Vierpfostenbett bestimmt ist, muß er in drei separaten Teilen gearbeitet werden. Den Volant versäubern: An den Enden einen 12 mm breiten Doppelsaum und an der Unterkante einen 2,5 cm breiten Doppelsaum arbeiten. Die Mitte jedes Volantstreifens mit einer Stecknadel markieren; Kräuselfaden durch die Oberkanten ziehen.

2. Den Einschlag am Kopfende des Stoffteils für die Liegefläche säumen: an den Seiten mit einem 6 mm breiten und 10 cm langen Doppelsaum.

3. An der Liegefläche die Mitte der Seitenkanten und der Kante am Fußende mit Stecknadeln markieren. Die gekräuselten Volantteile rundherum an der Liegefläche anstecken und heften. Anseppen. Die Schnittkanten zusammen versäubern und nach unten bügeln.

4. Bei Vierpfostenbetten müssen die Volantteile für die Seiten und das Fußende des Bettes separat bleiben, damit die Pfosten ausgespart werden können.

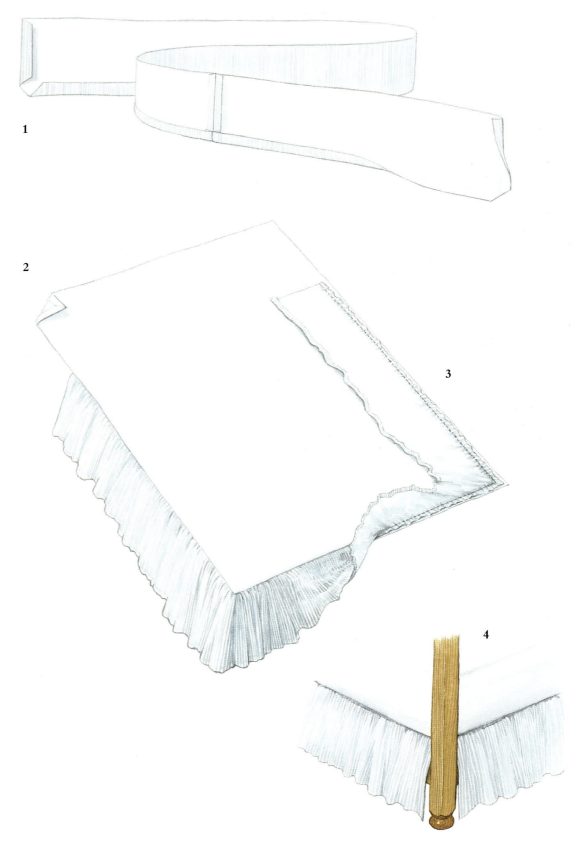

165

BETTVERKLEIDUNGEN

Zur Tudorzeit war Wärmeisolierung im Schlafzimmer noch ein Thema; die mittelalterlichen Vierpfostenbetten waren mit abnehmbaren Bettverkleidungen und -vorhängen ausgestattet, die meist aus Wollstoffen waren und an Eisenstangen oder Hornringen befestigt wurden. Etwas später kamen Bettvorhänge mit Krüwelstickerei in Mode, einige hübsche Exemplare von Abigail Pett, die mit mythologischen Tiermotiven und mit stilisierten Früchten und Blumen geschmückt sind, kann man noch heute im Victoria and Albert Museum in London besichtigen. Die ersten Baumwollchintze, die aus Indien importiert wurden, avancierten sofort zum beliebtesten Material für Bettverkleidungen, während man in begüterten Kreisen weiterhin Seidendamast und Brokat bevorzugte. Die Verarbeitung war außerordentlich luxuriös, Goldbrokatfransen, Quasten und Raffhalter waren keine Seltenheit.

Im Regency und im Empire favorisierte man Liegebetten mit geschwungenen Konturen; die Bettverkleidungen wurden einfacher, aber sie dienten ausschließlich der Dekoration, es gab keine Vorhänge zum Zuziehen. Das Material war leichter Voile, gepunkteter Musselin oder Seide. Die Drapierungen wurden häufig von einem Knauf gehalten oder an einer Krone befestigt – eine Bettdekoration, die sich heute sehr leicht nachgestalten läßt.

Die Viktorianer kehrten zum Vierpfostenbett aus Messing mit schweren Samtportieren zurück, beschlossen aber um 1860, daß es ungesund ist, das Bett rundherum mit Vorhängen abzuschließen. Als Resultat dieser Überlegungen kam der sogenannte »Halftester« – das Baldachin-Himmelbett – in Mode. Es hatte nur zwei Pfosten am Kopfende, an denen feste, rein dekorative Draperien angebracht waren.

Zur Zeit der *Arts-and-Crafts*-Bewegung, die William Morris ins Leben gerufen hatte, kamen wieder schwere, geschnitzte Vierpfostenbetten in Mode; aber diesmal mit Baumwoll- und Leinenverkleidungen, die im Vergleich zu ihren Vorgängern leicht und kapriziös wirkten.

Im zwanzigsten Jahrhundert ist das auf ein kleineres Maß reduzierte Vierpfostenbett zum Kennzeichen des Landhausstils geworden. Bettvorhänge aus Chintz mit tief herunterhängenden Querbehängen, Rüschen und Bogenkanten kamen in Mode.

LINKS *Diese Bettdraperie ist einem Moskitonetz nachempfunden. Sie ist in lockeren Raffbögen über den Bettrahmen geschlungen und wurde mit Klettverschluß befestigt, damit die Falten nicht verrutschen. Solche Dekorationen wirken am besten an modernen Vierpfostenbetten; man braucht dazu einen durchsichtigen Stoff wie Musselin, Voile, Spitze oder feine Seide.*

BETTVERKLEIDUNGEN

OBEN LINKS *Für einen luxuriösen Baldachinhimmel braucht man einen Stoff, der sich leicht in Falten legen läßt. Die gefütterten Drapierungen an den Pfosten gleichen den Ärmeln mittelalterlicher Gewänder.*

OBEN *Ein einfaches Holzbett in ein Vierpfostenbett zu verwandeln ist nicht schwierig für einen Schreiner. Mit etwas Geschick kann man die rohen Pfosten mit dekorativen Stoffdrapierungen festlich gestalten.*

LINKS *Ein breiter, gerüschter Querbehang und ein Vorhang am Kopfende schmücken das Vierpfostenbett. Die hübschen, weiß gestrichenen Pfosten blieben unverkleidet.*

167

Bettverkleidungen heute

Ein harmonisches Ambiente läßt sich gestalten, wenn man für Bett- und Fensterdekorationen die gleichen oder aufeinander abgestimmte Stoffe verwendet. Sollte Ihre Fensterdekoration aus verschiedenen Stoffen bestehen und sehr aufwendig verarbeitet sein, können Sie sich die Sache einfach machen. Sie brauchen nur die Gewichtung der Muster umzukehren und schon haben Sie ein ausgeglichenes Ausstattungskonzept: Sie nehmen den einfacheren Futterstoff der Fenstervorhänge für die Hauptteile der Bettverkleidung und umgekehrt, den Oberstoff der Fenstervorhänge für die koordinierenden Effekte.

Wenn Sie mit Ihrem Ausstattungskonzept den Stil einer bestimmten Epoche oder eines bestimmten Landes anstreben, drücken Sie das am besten durch die Gestaltung der Vorhänge aus. Sie können zum Beispiel die Drapierungen und Raffbögen des achtzehnten Jahrhunderts wiedererstehen lassen, indem Sie an der Wand über dem Kopfende des Bettes eine Gardinenstange anbringen, die in den Raum hineinragt, über diese Stange ein paar Meter Stoff drapieren und ihn rechts und links vom Bett raffen – ein Stil, der besonders gut zu einem Empirebett paßt. Wenn Sie einen Baldachin kreieren wollen, der an tropische Gefilde erinnert, befestigen Sie eine Stoffwoge aus feinem Musselin oder Voile an einem großen Haken, der an der Decke über dem Bett befestigt wird; etwas tiefer können Sie unter dem Stoff einen Reifen befestigen, damit die Draperie nach unten breiter auseinanderfällt. Rustikale amerikanische Bettverkleidungen bestehen aus einfachen, bedruckten Stoffen; sie werden mit Bändern oder Stoffstreifen am Bettrahmen befestigt.

OBEN *Charakteristisch für diese Schlafzimmerausstattung in klassizistischer Manier ist das Bett mit dem schönen Holzfurnier, die Form der Möbel, das einfache Farbkonzept und die duftige Draperie. Sie besteht aus vier Spitzenschals, die am oberen Ende gerafft und an einem Haken befestigt wurden, der von der Decke herunterhängt. Dieser Teil der Draperie wird von einer Stoffhülle verdeckt. Das Spitzenthema wird am Fenster fortgesetzt.*

RECHTS *Die Muster der Polsterbezüge, Kissen, Rollos, Bettvorhänge und der Bettwäsche sind aufeinander abgestimmt und schaffen eine ruhige, entspannende Atmosphäre. Die Lieblichkeit der floralen Muster wird durch die einfache Verarbeitung der Faltrollos, der Kissen, die mit breitem Stoffrand eingefaßt sind, und der ungerüschten Bettvorhänge ausgeglichen. Die Vorhänge sind mit Stoffschleifen an dem einfachen Vierpfostenbett befestigt. Die Grundfarbe der Dekoration ist weiß.*

BETTVERKLEIDUNGEN

RECHTS *Bettdraperien in großer Empire-Attitude bestimmten den Stil dieses Schlafzimmers. Für kleinere Schlafzimmer mit niedriger Decke ist diese kleine, halbkreisförmige Krone sehr praktisch, weil sie weniger Platz wegnimmt als ein runder Baldachinhimmel. Die Draperien würden auch in cremefarbenem Musselin mit winzigen Punkten oder in Spitze, kombiniert mit gleichfarbiger Bettwäsche, gut aussehen.*

BETTEN UND BETTWÄSCHE

BETTVERKLEIDUNGEN ANBRINGEN

Es gibt viele Arten, ein Bett zu dekorieren. Wichtiger als die Frage, wie die Dekoration aussehen soll, ist die Frage, wie sie befestigt werden soll. Wenn Sie ein Vierpfostenbett haben, können Sie wählen zwischen rein dekorativen Vorhängen, die dicht an dem Pfosten hängen und nicht zugezogen werden können, zwischen Vorhängen, die an drei Seiten des Bettes geschlossen werden können, einem Querbehang auf drei Seiten, der am oberen Teil des Bettrahmens befestigt wird, und einem Baldachin. Sie können aber auch alle drei Elemente – Vorhänge, Querbehang und Baldachin – miteinander verbinden. Ein breiter Volant am Baldachin erspart einen separaten Querbehang. Wenn Ihr Bett keine Pfosten hat, können Sie sich so behelfen, daß Sie Pfosten an den Deckenbalken befestigen oder Gardinenstangen direkt an der Decke anbringen.

EIN VIERPFOSTENBETT DEKORIEREN

Selbst wenn Sie die Vorhänge um das Vierpfostenbett gar nicht zuziehen wollen, wäre es doch praktisch, Vorhänge und Querbehang an gespannten Drahtseilen aufzuhängen, damit sie zum Reinigen leicht abgenommen werden können. Wenn es sich bei dem Bett um kein besonders wertvolles Stück handelt, können Sie Ösen in den Holzrahmen schrauben und die Vorhänge daran aufhängen – entweder mit Haken, die am Gardinenband befestigt werden oder mit Drahtseilen.

1. Die Ösen an den Holzrahmen schrauben und die Drahtseile daran befestigen: ein Drahtseil über die ganze Breite am Kopfende des Bettes und kurze Drahtseile, etwa 50 cm lang, für die kurzen Vorhänge an den Seiten und am Fußende. Die Vorhänge für die kurzen Drahtseile müssen entsprechend schmal sein; sie hängen parallel zu den Seitenkanten und parallel zum Fußende. Wenn Sie Vorhänge zum Zuziehen anbringen möchten, befestigen Sie die Gardinenstangen an der Unterseite des Rahmens rund um das Bett.

2. Schmale, gefütterte Vorhänge (s. Anleitung S. 101) können Sie aus einer Stoffbreite anfertigen, da die Vorhänge nicht zugezogen werden. Oberstoff und Futter müssen gleich breit sein, damit die Vorhänge auf der Innenseite genauso gut aussehen wie auf der Außenseite. Wenn Sie die Vorhänge mit Rüschen an den Seitenkanten verzieren möchten, arbeiten Sie den Vorhang wie ein großes Kissen mit einer Rüsche rundherum.

Verwenden Sie keinen Futterstoff für die Vorhänge, auch nicht für die Innenseite des Bettes. Wählen Sie statt dessen ein Muster, das mit dem Hauptstoff harmoniert oder kontrastiert. Die Seitenkanten mit einer Rüsche oder einer Einfassung verarbeiten und am oberen Ende eine Futteralkante (S. 104) arbeiten, durch die das Drahtseil gezogen wird. Oder an der Oberkante des Vorhangs ein Faltenband befestigen, die Kordeln anziehen, die Vorhanglaken durch die Schlingen des Faltenbandes stecken und in die Gardinenringe oder in die Ösen am Bettrahmen einhängen. Für alle Vorhänge die gleiche Hängung benutzen. Die Säume umstecken und von Hand nähen – das sieht am besten aus.

EINEN QUERBEHANG NÄHEN

Die Gesamtlänge des fertigen Querbehangs messen: entlang der Seitenkanten des Bettes und quer über das Fußende. Entscheiden Sie, wie breit er sein soll – 30 cm ist ein gutes Durchschnittsmaß. Zum Kräuseln brauchen Sie mindestens das Eineinhalbfache der gemessenen Längen. An der Oberkante 12 mm für die Naht zugeben. Querbehang in beiden Stoffen – für die Außenseite und das Futter – zuschneiden. Den Stoff für das Futter auf den Stoff für die Außenseite legen, rechts auf rechts, und an den Enden zusammensteppen. Gegebenenfalls eine Rüsche zwischen die Stofflagen schieben und die Unterkante steppen. Oder die rechte Seite nach außen drehen und die Unterkante mit einer Einfassung versäubern.

Beim Anbringen des Querbehangs genauso verfahren wie beim Befestigen eines Querbehangs am Fenster – wie auf S. 104 beschrieben. Verwenden Sie ein Faltenband mit Haken und befestigen Sie den Querbehang am Bettrahmen. Sie können ihn auch in drei separaten Teilen arbeiten – für die Seiten und das Fußende.

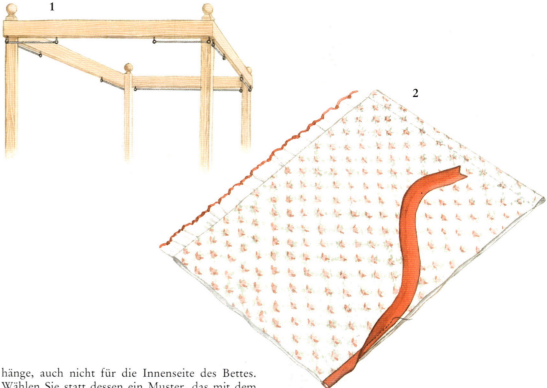

BETTVERKLEIDUNGEN ANBRINGEN

Einen Baldachin anfertigen

Ein Baldachin (Himmel) mit Rüsche wird ganz ähnlich gearbeitet wie der Volant für den unteren Teil des Bettes (S. 165). Der einzige Unterschied: Der Baldachin hängt über einem Vierpfostenbett. Für die Baldachinfläche benötigen Sie zwei Stoffschichten aus einem leichten, lichtdurchlässigen Material wie Voile oder ähnliches. Beim Zuschneiden geben Sie rundherum 12 mm für Nähte zu. Die Rüsche wird nur an den Seiten und quer über dem Fußende angebracht.

Maßnehmen und drei separate Volants, wie oben beschrieben, arbeiten. Faden durch die Oberkanten ziehen und die Volants kräuseln. Die drei Volants an den Seitenkanten und an der Kante am Fußende eines der beiden Stoffe für die Baldachinfläche anlegen, rechts auf rechts. Stoffülle gleichmäßig verteilen, an den Ecken etwas dichter kräuseln. Heften.

Die zweite Stoffschicht für die Baldachinfläche auf die Schicht mit den Volants legen, rechts auf rechts, und alle drei Lagen an den Kanten zusammensteppen. Die Steppnaht über das Kopfende verlängern, dabei in der Mitte der Kante eine Öffnung von 50 cm frei lassen, Kanten rundherum versäubern, rechte Seite nach außen drehen und bügeln. Noch einmal durch beide Stoffschichten und den Volant steppen, diesmal auch quer über die Kante am Kopfende.

Wenn die Pfosten des Vierpfostenbettes mit Fialen geschmückt sind, Löcher in den Baldachin schneiden, durch die die Pfosten gesteckt werden. Die Öffnungen von Hand versäubern oder mit Stoffstreifen oder Keder einfassen.

Ein Baldachin im Empirestil

Der Empirebaldachin wird über eine Stange am Kopfende des Bettes drapiert. Die Stange wird an der Decke befestigt; sie hängt in der Längsrichtung des Bettes.

1. Den Abstand vom Fußboden auf einer Seite des Bettes über die Stange und bis zum Fußboden auf der anderen Seite des Bettes messen. 30 cm (inklusive Saumzugabe) zugeben, damit der Stoff locker hängen kann. Zwei Stoffbahnen schneiden, eine für die Außenseite, die andere für das Futter. Beide Stücke aufeinanderlegen, links auf links. An den Längsseiten zusammenheften.

2. Die Mitte der Stoffbahn markieren – das ist die Stelle, die über der Stange liegt – und eine Futteralkante durch beide Stofflagen steppen. Beide Stofflagen an den Längskanten einfassen; die Kante um das Futteral separat einfassen.

3. Die Stange durch die Futteralkante ziehen und die Saumlinien markieren. Saumzugaben beider Stoffschichten nach innen umstecken, Oberstoff und Futter mit Fallstich aneinandernähen. Raffhalter arbeiten (S. 102), die den Stoff auf beiden Seiten des Kopfendes festhalten.

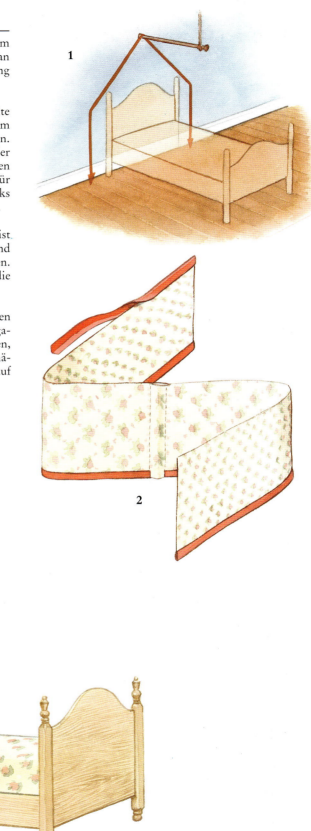

Bettzeug und Accessoires fürs Kinderzimmer

Im Kinderzimmer gibt es ein paar funktionelle Accessoires, die sich durchaus dekorativ gestalten lassen; sie sind verhältnismäßig klein und bieten Anfängern Gelegenheit, schwierige Nähtechniken wie Applikationen oder Patchwork (S. 203) auszuprobieren.

Ein Polsterrand fürs Kinderbett hält nicht nur die Zugluft ab, er verhindert auch, daß das Baby sich den Kopf am Gitter stößt. Eine Vorratstasche aus Stoff kann am Kinderbett oder am Wickeltisch hängen; sie enthält alles, was man beim Wechseln der Windeln braucht.

Im Kinderzimmer muß alles frisch und sauber sein, deshalb sollte man nur waschbare Stoffe verwenden.

Ein Babykorb mit gequiltetem Polster und Rüschen

1. Ein Papiermuster für Boden- und Seitenpolster des Korbes schneiden; Abnäher oder Fältchen markieren.

Für den Boden zwei Stoffstücke mit 12 mm Nahtzugabe rundherum schneiden. Wattierung ohne Nahtzugabe schneiden. Schichten übereinanderlegen, rund um die Außenkante und quer über die Mitte heften. Mit der Maschine rundherum und quer über die Fläche quilten (S. 202). Der Abstand zwischen den Linien muß nicht besonders klein sein.

2. Zwei gleiche Stücke Stoff für die Seitenverkleidung nach dem Papiermuster schneiden, 12 mm für die Naht an der Unterkante und 20 cm für den Umschlag an der Oberkante zugeben. Die Wattierungsschicht nach dem Papiermuster – ohne Nahtzugabe – schneiden. Wattierung zwischen die Stoffstreifen legen, die Schichten an den Ober- und Unterkanten der Wattierung zusammenheften. Die Seitenpolsterung in vertikalen Linien im Abstand von 5 bis 10 cm quilten; schmalen Zickzackstich verwenden. Entlang der Oberkante der Seitenpolster – das ist gleichzeitig die Oberkante der Wattierung – eine Steppnaht nähen.

An den Kanten beider Stoffschichten 12 mm nach innen umkippen und bügeln. Dicht an der Oberkante steppen; eine zweite Naht parallel zur ersten, 2 cm tiefer, steppen; dadurch entsteht ein Tunnel. Neben dem Tunnel eine Rüsche ansteppen.

3. Den Boden an die Seitenteile heften und ein Gummiband durch den Tunnel ziehen, damit die Polsterung nicht verrutscht. Wenn der Korb Griffe hat, die Stellen markieren und Schlitze in die Polsterung schneiden. An jedem Ende der Schlitze kurze diagonale Schnitte machen, Kanten umkippen und mit Fallstich zusammennähen oder mit einem kontrastierenden Schrägstreifen einfassen (S. 200).

Ein Maßgeschneidertes Laken für ein Kinderbett

Nicht alle Kinderbetten haben Standardmaße, daher ist es vielleicht ganz sinnvoll, wenn Sie die Laken selbst nach Maß anfertigen. Wenn Sie Frotteestretch verwenden, haben Sie bestimmt keine Probleme mit der Paßform.

1. Die Matratze des Kinderbettes ausmessen (S. 206). Frotteestoff für das Laken zuschneiden; rundherum eine Stoffzugabe in Höhe der Matratzenbreite, plus 15 cm für den Umschlag unter der Matratze und für den Saum machen. Stoff auf die Matratze legen, rechte Seite nach unten, Stoff um die Matratze schlagen und an den Ecken kurze Nähte stecken. Heften. Den Stoff wieder abnehmen; die Nähte steppen. Überschüssigen Stoff an den Ecken abschneiden und Ecken schräg verarbeiten.

2. An allen Kanten einen Doppelsaum von 12 mm umkippen und steppen; Ecken frei lassen und Säume nur bis auf 8 cm an die Ecken heransteppen. Den Saum an den Ecken mit Gummiband verarbeiten: vier Stücke Gummiband schneiden, 6 mm breit und 10 cm lang; je ein Stück am Saum anheften, dort, wo er um die Ecke biegt. Mit Zickzackstich befestigen und beim Nähen das Gummiband auseinanderziehen.

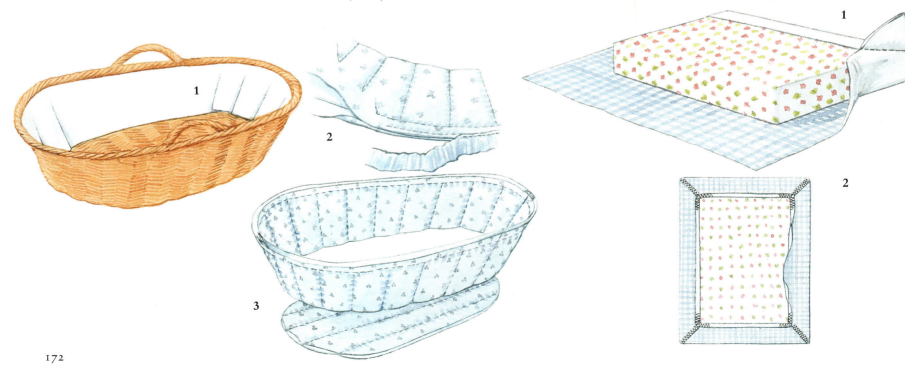

BETTZEUG UND ACCESSOIRES FÜRS KINDERZIMMER

EIN POLSTERRAND FÜRS KINDERBETT

Waschbaren Stoff verwenden und die Polsterwand mit schwerer Polyesterwattierung ausstopfen. Die Anleitungen beziehen sich auf eine Polsterung mit eingefaßten Kanten – genausogut kann man sie mit einer Rüsche oder einem Keder verzieren.

Messen Sie die Seitenlänge des Bettes und die halbe Höhe der Gitterwand. Festlegen, wo die Bänder angebracht werden sollen: Die Oberkante der Polsterung sollte auf halber Höhe an den Eckpfosten und Gitterstäben befestigt werden. Wenn das Bett ein massives Kopfteil hat, brauchen Sie lange Bänder, die um das Kopfteil herumgeführt werden können.

Zwei Stücke Stoff für die Polsterung und eine Lage Wattierung ohne Zugaben schneiden. Falls gestückelt werden muß, den Hauptstoff mit flachen Nähten, die Wattierung mit überlappenden Nähten aneinandernähen. Einen 15 cm breiten Stoffstreifen zum Einfassen der Polsterung schneiden; es muß kein Schrägstreifen sein, da die Einfassung nicht um Ecken oder Rundungen läuft. Vier Bänder schneiden, 20 cm lang und 5 cm breit.

1. Die Wattierung zwischen die beiden Stoffstücke legen, rechte Seite nach außen; stecken. Rundherum heften. Parallele Linien quer über den Stoff heften, damit die Schichten beim Quilten nicht verrutschen: Wenn Sie waagerechte Linien quilten möchten, müssen Sie senkrechte Linien heften; wenn Sie senkrechte Linien quilten wollen, müssen Sie waagerechte Linien heften (S. 202).

2. An den Längskanten der Einfassung 2,5 cm nach innen umkippen. An der Innenseite der Polsterung anlegen; der Knick der Einfassung muß 2,5 cm von der unversäuberten Kante der Polsterung entfernt sein; rechts auf rechts. Auf dem Knick der Einfassung ansteppen; an den Ecken einhalten. Die Einfassung auf die Außenseite der Polsterung kippen und mit Ansatzheftstichen annähen oder mit der Maschine auf der Linie der vorherigen Steppnaht ansteppen.

3. Die Bänder anfertigen: An den Längskanten 12 mm nach innen umkippen und in der Mitte der Länge nach zusammenfalten. Bügeln. Steppen. An den Enden den Stoff nach innen kippen und vernähen. Die Bänder in der Mitte an den vorgesehenen Stellen des Polsters, an der Außenseite der Einfassung, annähen. Die Bänder dürfen nicht zu lang sein – wenn sie sich lösen, besteht die Gefahr, daß sie sich um den Hals des Babys wickeln.

EIN VORRATSBEHÄLTER

Ein einfacher Vorratsbehälter aus Stoff, an die Rückseite der Tür oder an das Bett gehängt, kann zum Aufbewahren von Zubehör fürs Wickeln oder von Babysachen dienen.

Die Maße des Behälters festlegen: 60 × 100 cm ist eine praktische Größe, sie bietet Platz für viele kleine Dinge. Größe und Anzahl der Taschen festlegen: In der Anleitung sind in der Breite drei Reihen von Taschen, 30 cm tief, vorgesehen. Eine Lage Chintz oder zwei Lagen eines dünneren Stoffes verwenden.

Ein Stück Stoff für die Rückseite des Behälters in der vorgesehenen Größe schneiden. Drei Stoffstreifen für die Taschen schneiden; die Streifen müssen so lang sein wie der Behälter breit ist. An den Oberkanten 2,5 cm für Säume und an den Unterkanten 12 mm für Nähte zugeben. Einen Stoffstreifen oder einen Schrägstreifen für die Einfassung des Rückenteils des Behälters schneiden. Zwei Stoffschlingen anfertigen, mit denen das Ganze an den Eckpfosten des Bettes oder an der Rückseite der Tür befestigt wird.

An den Oberkanten der Streifen für die Taschen Doppelsäume von 12 mm umkippen und steppen. An den Unterkanten Nahtzugaben von 12 mm umkippen; bügeln. Die drei Streifen in gleichmäßigen Abständen auf das Rückenteil des Behälters legen. Streifen an den Seitenkanten und an den Unterkanten anheften. Ansteppen. Die Breite der Taschen auf den Streifen markieren. Steppen. Die Steppnähte an den Oberkanten der Taschen gut vernähen.

Einfassung auf der Vorderseite des Rückenteils um die Außenkanten stecken. An jeder Ecke eine Falte stecken, damit die Ecken schräg verarbeitet werden können. Die Enden der Stoffschlingen von oben zwischen den Stoff und die Einfassung schieben. Ansteppen; Steppnähte über die Seiten der Taschen verlängern und zum Schluß quer über das Ende der Schlingen steppen. Die Einfassung auf die Rückseite des Behälters kippen und von Hand oder mit der Maschine ansteppen.

Wenn die Taschen größer sein sollen, für jede Tasche 2,5 cm in der Breite zugeben. Den Saum an der Oberkante umkippen und steppen; die Nahtzugabe an der Unterkante umkippen und einbügeln. Die Heftlinien für jede Tasche vor dem Ansteppen markieren; auf beiden Seiten der Linien eine 6 mm tiefe Falte stecken; auch an den Außenseiten der äußeren Taschen eine Falte vorsehen.

Die Stoffstreifen für die Taschen wie oben beschrieben an das Rückenteil ansteppen; dabei werden die gesteckten Falten von der Steppnaht an der Unterkante festgehalten. Heftstiche entfernen und die Außenkanten des Rückenteils rundherum einfassen (S. 200).

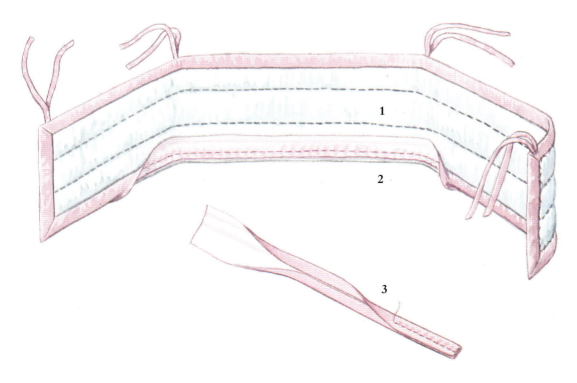

RAUMACCESSOIRES

KOORDINIEREN UND GRUPPIEREN	176
KREUZ UND QUER DURCHS HAUS	180
Kästen und Wandschirme	184
LAMPENSCHIRME	186
Lampenschirme anfertigen	188
BILDER UND SONSTIGER WANDSCHMUCK	190
Bilder rahmen	192

RAUMACCESSOIRES

Koordinieren und Gruppieren

Am leichtesten läßt sich ein Zusammenhang zwischen Sammlerobjekten und Accessoires herstellen, wenn man sie nach einem Thema zusammenstellt. Das kann eine Farbe sein, ein Sachthema oder die Ähnlichkeit von Formen; und die Objekte, die Sie sammeln, müssen auch nicht unbedingt den gleichen Stil haben oder aus der gleichen Epoche stammen. Beginnen Sie mit ein paar Dingen, die irgendeinen Zusammenhang haben und die den Kern Ihrer Sammlung bilden sollen, und seien Sie flexibel bei der Auswahl weiterer Objekte. Eine durchdachte, eklektische Mischung kann durchaus von einem individuellen Geschmack zeugen.

Gruppieren nach Farben

Mit Gruppierungen von Objekten und Accessoires nach Farben kann man ein Farbkonzept wirkungsvoll unterstützen. Sie können zum Beispiel Kissen, Lampenschirme und Bilderrahmen in antikisierenden, gedämpften, weichen Farben auswählen, die eine Farbe im Teppich oder in der Tapete aufgreifen. Stellen Sie die Farben sorgfältig zusammen; korallenfarbene Keramikvasen und Lampenschirme kontrastieren sehr gut mit den rauchblauen Tönen einer Wohnzimmerausstattung. In ein vorwiegend apricotfarbenes Schlafzimmer passen Akzente in weichem Aquamarin, das in der filigranen Stickerei eines Kissenbezuges oder in dekorativen Gläsern vorkommt.

Zum Beispiel erzeugt eine Sammlung von Töpfen, Schalen und Tellern in Blau und Weiß, vor einem gleichfarbigen Hintergrund aufgestellt, eine kühle, frische Atmosphäre. Im Gegensatz dazu kann eine Sammlung von Tellern in leuchtendem Safrangelb auf dem Geschirrschrank eine Küche, in der kühles Blau und Weiß vorherrschen, sonnig und lichtdurchflutet erscheinen lassen. Große Ingwertöpfe aus blauweißer Keramik waren in frühgeorgianischer Zeit als Accessoires sehr beliebt, sie waren ein willkommener Blickpunkt auf dem Kaminsims und lockerten den schweren Schnitzdekor der Kaminumrandung auf. Auch heute kann man mit einem Paar oder einer Sammlung blauweißer Ingwerkrüge auf einer traditionellen Kaminverkleidung ähnliches bewirken, oder ganz einfach einem modernen Interieur eine klassische Note verleihen.

Durch Beziehen mit Stoffen, die auf das Ausstattungskonzept des Raumes abgestimmt sind, lassen sich alte Truhen, in denen man Decken aufbewahrt, Stellschirme, Kästchen, Holzkästen oder Papierkörbe aus Metall und sonstige Accessoires, die vom Farbkonzept abweichen, in das Interieur einbinden.

Ein paar amüsante Gags

Sammlungen und Accessoires können witzige und ungewöhnliche Verbindungen eingehen. Wenn man ein paar Halsketten um den Hals von einfachen Keramik- oder Glasvasen hängt, kann man ihre Wirkung steigern. Sehr amüsant ist auch ein Katzenporträt in *Trompe l'œil*-Manier auf den Kaminschirm gemalt, umgeben von Katzenmotiven in Petit-point-Stickerei auf ein paar Kissenbezügen. Wenn Sie nicht genügend Wandfläche zur Verfügung haben, um alle Ihre Bilder aufzuhängen, könnten Sie einen freistehenden, stoffbezogenen Stellschirm zur Hilfe nehmen – er bietet eine ideale Fläche zum Anpinnen von amüsanten Ansichtskarten und Puppenhüten. Sammlungen von altem Spielzeug und Gesellschaftsspielen kann man sehr wirkungsvoll in speziell angefertigten Acrylkästen zur Schau stellen.

UNTEN *Mit ein paar geschickt plazierten Pflanzenarrangements läßt sich der Garten ins Haus integrieren und Wintergartenatmosphäre im Wohnzimmer inszenieren. Anstelle von Bildern hängen an den Wänden Kränze und Girlanden, die zur Atmosphäre beitragen und einen hübschen Blickpunkt bilden.*

KOORDINIEREN UND GRUPPIEREN

LINKS *Mutig sein und ein kraftvolles visuelles Statement machen lohnt sich. Die Anhäufung chinesischer Ingwerkrüge auf dem Sideboard hat viel mehr Aussagekraft als einzelne, im Raum verteilte Exemplare.*

UNTEN LINKS *Ein paar Objekte bilden ein bizarres Stilleben – ihr Bindeglied ist die Kaminverkleidung.*

UNTEN *Die Accessoires auf dem Frisiertisch müssen peinlich genau geordnet sein, damit man sie schnell bei der Hand hat. Hier wurde eine Terrakottabüste zu einem amüsanten Hutständer; die Porzellanfigur aus Staffordshire setzt einen Kontrapunkt.*

RAUMACCESSOIRES

OBEN *Führen Sie bewußt Regie beim Arrangieren Ihrer Objekte, denken Sie in Farbblöcken. Ein paar Keramikobjekte in kühlen Pastellfarben werden durch ein Arrangement von weißen Blüten zu einer Gruppe zusammengefaßt. Die Bauklötze und die bemalte, hölzerne Kuh nehmen die Honigtöne des Bildes darüber auf.*

OBEN *Runde Tische mit bodenlangen Decken bieten ungeahnte Möglichkeiten zum Ausstellen von Objekten. Als Schutz und auch wegen der schimmernden Oberfläche kann man eine Glasplatte nach Maß schneiden lassen und darüberlegen.*

LINKS *Eine Orchidee mit schmalen, langen Blättern und drei Graphiken mit botanischen Themen auf dem Nachttisch sind ein interessantes Hintergrundpanorama von Farben und Mustern, von dem sich die Ansammlung von Trouvaillen wirkungsvoll abhebt.*

178

KOORDINIEREN UND GRUPPIEREN

OBEN UND RECHTS *Offene Regale eignen sich hervorragend zum Aufstellen von Objekten. Die Holzenten passen zu der Volkskunst an der Wand und zu den geschnitzten ethnischen Figuren; zwischen aufgestapelten Katalogen und Büchern sind Steinbrocken mit klassischen Ornamenten und geologische Proben geschickt verteilt.*

LINKS *Das Arrangement aus Trockenblumen ist ein ausdrucksvoller Hintergrund für die beiden Hunde aus Staffordshire-Porzellan, die etwas verwundert dreinblicken. Daneben Familienfotos.*

OBEN *Die frischen Blumen nehmen die Farben des Vorhangs auf und beleben das Arrangement. Die große Schüssel mit duftenden, getrockneten Blüten ist ein wesentliches Element des Landhausstils.*

RAUMACCESSOIRES

Kreuz und quer durchs Haus

Sammlungen, die sich thematisch auf die Interessen der Bewohner des Hauses beziehen, können besonders stilvolle Ergänzungen der Ausstattung sein. Globetrotter sind da gut dran, sie bringen von ihren Reisen alle möglichen Trouvaillen mit nach Hause: Teller und Gläser in verschiedenen Stilen und aus verschiedenen Ländern, die sich sehr schön auf Regalen arrangieren lassen; kunstgewerbliche Kissen oder Wandbehänge, die Erinnerungen wecken oder zu Highlights einer Raumdekoration werden. Altes Reisegepäck aus Leder mit ein paar Originalaufklebern kann einen unbenutzten Kamin wieder in den Mittelpunkt des Interesses rücken.

Es gibt Räume, da bieten sich die Themen von selbst an: Was läge näher für ein Badezimmer als ein Hauch von Ozean und ein Arrangement von blanken Steinen, die das Meer glattgeschliffen hat, von tropischen Muscheln, getrockneten Seeigeln und Seesternen auf einer großen Schale, und an der Wand ein paar Stiche oder Bilder von Segelschiffen? Auch ein großes Glas für Gästeseife, gefüllt mit kleinen Seifenstücken in Muschelform, gehört zum Thema.

In einem Schlafzimmer mit geblümter Tapete oder mit geblümten Dekorationsstoffen läßt sich das florale Thema auf vielerlei Art und Weise weiterführen: mit großzügigen Arrangements von frischen oder getrockneten Blumen oder von Seidenblumen; mit Körben oder Schalen, gefüllt mit duftenden, getrockneten Blüten; oder mit gestickten Blumenmotiven auf einem Berg von Kissen.

Im Wohnzimmer verbreitet eine Sammlung von Ostasiatika orientalisches Flair: Auf kleinen Tischen sind indische Pappmachékästchen in Edelsteinfarben und kleine Parfümflaschen aus Elfenbein und Jade, mit feinem Schnitzdekor, angeordnet, und ein paar Palmen in Übertöpfen aus chinesischer Keramik unterstreichen die fernöstliche Atmosphäre.

Im Eßzimmer oder in der großen Familienküche geben Früchte und Gemüse den Ton an – Früchte aus Keramik in einer Keramikschale als Tafeldekoration, und an der Wand Keramikteller in Form von Kohlblättern, dazu Reproduktionen von alten holländischen Stilleben mit blankpolierten Äpfeln und halbgeschälten Zitronen. In der Küche liegt es natürlich nahe, »antikes« Kochgeschirr zur Schau zu stellen: Alte Kupferpfannen und Puddingformen lassen sich sehr gut mit modernem Kochgeschirr aus rostfreiem Stahl kombinieren. Sie kön-

RECHTS *Ölgemälde gehören nicht unbedingt nur in gediegene Wohnzimmer oder Gemäldegalerien. Sie machen sich genausogut in einer weniger formellen Umgebung. Diese ländliche Küche mit dem sympathischen Mix von Alt und Neu hat genau die richtige, heimelige Atmosphäre für ein Familienporträt aus dem achtzehnten Jahrhundert.*

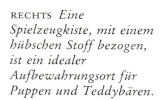

LINKS *Dieses traditionelle Möbel ist ein Kasten zum Aufbewahren von Decken. Er ist gepolstert und mit einem hübschen Stoff bezogen und steht am Fußende des Bettes. Auch zusätzliche Bettwäsche und Handtücher lassen sich bequem darin verstauen, außerdem kann man ihn auch als Sitzgelegenheit benutzen.*

RECHTS *Eine Spielzeugkiste, mit einem hübschen Stoff bezogen, ist ein idealer Aufbewahrungsort für Puppen und Teddybären.*

KREUZ UND QUER DURCHS HAUS

nen auch die Kasserollen, die Sie selbst benutzen, in einer Reihe der Größe nach aufhängen und dazwischen Bündel frischer Küchenkräuter.

Das Arbeitszimmer, die Bibliothek und der Hobbyraum eignen sich vor allem zum Aufstellen von gerahmten Fotografien, von botanischen Stichen und Cartoons. Sie können aber auch das ganze Drum und Dran zum Thema Musik ausstellen: alte Orchesternoten oder ein verbeultes Schlagzeug, das mit Stolz präsentiert wird; und Metronome, meist aus feinen Hölzern gemacht, die mit ihren bizarren Formen besonders ausgefallene Dekorationsobjekte sind.

Auch in der Eingangshalle, der Diele oder im Korridor lassen sich thematische Sammlungen gut unterbringen. Ein paar Fotografien aus der Schulzeit und Souvenirs aus der Studienzeit sind Zeugen Ihrer Familiengeschichte.

Das Kinderzimmer mit Accessoires auszustatten erfordert Witz und Originalität. Ein besonders schönes Spielzeug – ein Schaukelpferd aus Holz zum Beispiel – ist ein hübscher Blickfang und könnte zu weiteren Dekorationen inspirieren: zum Beispiel zu Schaukelpferdmotiven als Applikationen auf den Kissen und auf einem gemalten Fries. Das Pendant für ein Mädchenschlafzimmer wäre ein hübsches Puppenhaus, dazu Kissen mit Stickmustern und gerahmte Stickmuster.

Die Accessoires für das Schlafzimmer können sogar eine Funktion haben. Kästen für Decken, Wäschetruhen oder Wäschekörbe sehen nicht nur hübsch aus, sie bieten gleichzeitig Stauraum.

LINKS *Die Farben der Tapete wiederholen sich auf dem Bilderrahmen und dem Passepartout; ein ruhiger Hintergrund für die Ansammlung von Accessoires und persönlichen Erinnerungsstücken auf dem Frisiertisch.*

RECHTS *Einfache, weiß gestrichene Regalbretter sind ein übersichtliches Raster für alle möglichen Objekte. Im Eßzimmer wurde das tägliche Geschirr mit seinen klaren, klassischen Linien hier zur Schau gestellt.*

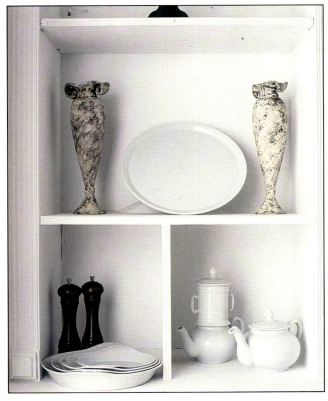

181

RAUMACCESSOIRES

OBEN *Ein dekorativer Stellschirm aus Stoff ist vielseitig verwendbar. Dieser Stellschirm besteht aus Stoffpaneelen, die an der Ober- und Unterkante auf Gardinenstangen gespannt sind.*

UNTEN *Große stoffbezogene Kästen und Truhen führen ein Doppelleben: Sie dienen als zusätzliche Sitzgelegenheit im Wohnzimmer und als Stauraum für Bücher, Zeitschriften und Spiele.*

LINKS *Klassische Formen in monochromem Weiß, mattem Schwarz und Chrom passen in ein modernes Bad ohne dekorativen Schnickschnack.*

RECHTS *In diesem Badezimmer im Edwardian Stil wurden die Details sorgfältig ausgewählt, um der Stilepoche möglichst nahezukommen. Die Leuchtkörper, der Handtuchhalter und die Einfassung des Spiegels wirken authentisch neben dem ungewöhnlichen, stoffbezogenen Stellschirm aus der Zeit, der diskret das Bidet und das WC verdeckt und von den Waschbecken trennt.*

LINKS *Dieser gefällige Dekorationsstil kommt durch die Mischung von formellen und informellen Objekten zustande: blauweißes Porzellan und ein ganz gewöhnlicher Korb in fröhlicher Gemeinschaft mit einem Beistelltisch aus Nußholz im Queen-Anne-Stil und antikem Silber.*

KREUZ UND QUER DURCHS HAUS

RAUMACCESSOIRES

Kästen und Wandschirme

Alte Zigarrenkisten oder ausgediente Schachteln für kandierte Früchte – auch kleine Kästchen aus starkem Karton – kann man polstern und mit Stoff beziehen. Man kann sie mit Filz oder Tapete auskleiden und sie auf den Frisiertisch oder den Schreibtisch stellen. Auch Hutschachteln sind dekorative Behälter für alle möglichen Dinge.

Holzkästen zum Aufbewahren von Decken kann man anstreichen, polstern oder mit Stoff beziehen, dadurch gewinnt man nicht nur Stauraum, sondern auch eine zusätzliche Sitzgelegenheit und einen Abstellplatz fürs Tablett.

Stellschirme sind bewegliche, dekorative Objekte; sie dienen der Abschirmung verschiedener Bereiche in einem Großraum oder sind ganz einfach elegante Accessoires. Wenn Sie noch keinen Stellschirm besitzen, können Sie sich ein einfaches Exemplar selbst anfertigen: Sie besorgen sich drei rechteckige Rahmen aus Weichfaserholz, die mit Hartfaserplatten abgedeckt werden, und verbinden sie mit Scharnieren, damit Sie sich zusammenfalten lassen.

Einen Kasten beziehen

1. Eine Wattierungsschicht in der Größe der Deckeloberfläche zuschneiden. An den Ecken mit Stoffkleber ankleben. Deckel ausmessen und in jeder Richtung das Zweifache der Deckelhöhe zugeben, plus 2,5 cm rundherum zum Einschlagen des Stoffes. Nach diesen Maßen den Stoff für den Deckel zuschneiden.

Den Deckel umgekehrt auf die linke Seite des Stoffes legen, zentrieren. Die Position des Deckels markieren. An jeder Ecke einen Punkt markieren, der 6 mm von den Ecken entfernt ist und auf einer imaginären Diagonalen liegt. An jeder Ecke des Stoffes ein Quadrat ausschneiden, das mit einer Spitze auf den markierten Punkt trifft (s. Abbildung). Stoff bis zur Ecke des Deckels einklipsen. Die schmalen Nahtzugaben umkippen und bügeln. Deckel wieder auf den Stoff legen und den Stoff an die Seitenwände legen. Festkleben. Restlichen Stoff zur Innenseite des Deckels umkippen und festkleben.

2. Filz oder Tapetenstück nach den Maßen der Innenseite des Deckels schneiden, an jeder Seite einmal die Höhe des Deckels zugeben. Die Maße auf der linken Seite des Materials einzeichnen.

An jeder Ecke, parallel zu den markierten Linien, ein Quadrat ausschneiden. Futter in den Deckel legen und festkleben. Den Korpus des Kastens nach der gleichen Methode bekleben; die Wattierung weglassen.

Wenn der Deckel sehr fest aufsitzt, ist es besser, wenn man den Stoff nicht nach innen umschlägt, sondern ihn an den Außenkanten abschneidet und die Schnittkante mit einem Band oder einer Borte verdeckt, die darüber geklebt wird. So vermeidet man bei schweren Stoffen Ungleichmäßigkeiten bei der Abschlußhöhe des Kastendeckels.

Wenn der Kasten einen flachen Deckel mit Scharnieren hat, die Scharniere entfernen und Kasten und Deckel separat beziehen. Aus Band oder einem Stoffstreifen eine Schlaufe zum Aufklappen des Deckels machen.

Einen Stellschirm beziehen

Die Scharniere zwischen den Rahmen entfernen und jeden Rahmen separat beziehen. Jeden Rahmen ausmessen. Wenn die Oberkante eine Phantasieform hat, Papiermuster schneiden.

Damit Sie sich das Nähen ersparen, schneiden Sie jedes Stoffteil etwas größer als den Rahmen, ziehen den Stoff über den Rahmen und befestigen ihn mit dem Tacker oder der Heftpistole. Schnittkanten und Heftklammern mit Zierborte abdecken; sie wird mit breitköpfigen Polsternägeln aus Messing, mit normalen Polsternägeln oder mit Klebstoff befestigt.

1. Wenn Sie einen Überzug mit Zwickeln für den Stellschirm nähen, messen Sie die Tiefe des Rahmens und schneiden Sie einen Stoffstreifen, der so lang ist wie der Umfang des Rahmens; geben Sie 12 mm an jeder Längskante und 5 cm an jedem Ende des Streifens zu.

Stoff für beide Seiten des Rahmens schneiden, 12 mm an allen Kanten und an der Unterkante zusätzlich 5 cm zugeben. Zwickel und beide Stoffteile für den Rahmen an den Seiten und an der Oberkante zusammenstecken. Heften. Saumzugaben an den Ecken einklipsen; Zwickel ansteppen. Nahtzugaben zum Rahmen hin bügeln. Rechte Seite nach außen drehen.

2. Den Bezug über den Rahmen ziehen und die Enden des Zwickels nach innen legen. Den Bezug fest über den Rahmen ziehen; Falten ausstreichen. An der Unterkante Nahtzugaben an der vorderen und hinteren Stoffbahn nach innen umkippen und übereinanderlegen; mit Heftklammern am Rahmen befestigen. Die Prozedur an den anderen Rahmen wiederholen. Die Scharniere wieder anbringen.

RAUMACCESSOIRES

LAMPENSCHIRME

Es gibt viele moderne Lampenfüße, die gut zu traditionellen Ausstattungen passen. Säulenförmige Lampenfüße aus Holz oder Keramik, mit Schirmen aus Karton oder Stoff, gibt es in ständig wachsender Farbauswahl und in allen möglichen Formen zu kaufen. Wählen Sie einen Lampenschirm und einen Lampenfuß, die zum Stil und zur Größe des Raumes passen: Keramikfüße in Form von traditionellen Ingwerkrügen gibt es in einer so großen Auswahl farbiger Glasuren, daß sich für fast jede Anstrichfarbe und jede Stoffarbe ein passender Lampenfuß finden läßt. In Kombination mit cremefarbenen oder weißen Stoffschirmen oder mit Kartonschirmen in Form von chinesischen Kulihüten passen sie in ein Wohnzimmer im Landhausstil genauso gut wie in ein traditionell eingerichtetes Wohnzimmer in einer Stadtwohnung; auch zylindrische Schirme aus gefälteten Baumwollstoffen oder Seide wären sehr elegant.

Kleinere Versionen von Kuli-Lampenschirmen oder zylindrischen Schirmen aus Baumwollstoffen mit Streublümchenmuster, kombiniert mit schlichten Säulenfüßen aus Holz oder Keramik, eignen sich für unkonventionelle Schlafzimmer und schaffen eine heimelige Atmosphäre. Glänzende, schwarze Kuli-Schirme aus Karton mit vasen- oder säulenförmigen Füßen in Schwarz, Creme oder Terrakotta, passen gut zu modernen Ausstattungen; durchbrochene chinesische Keramikfüße, mit dazu passenden Seidenschirmen vervollständigen das Ambiente mit fernöstlichem Einschlag.

Lampenschirme aus Karton

Lampenschirme aus gefächertem Karton sind leicht zu machen und passen zu fast jeder Ausstattung – dabei kommt es auf die Wahl des Kartons an. Glattweißer oder farbiger Karton, marmorierter Karton und sogar Tapetenreste oder dekoratives Geschenkpapier, auf weißen Karton geklebt und mit einer dünnen, weißen Kordel oder einem schmalen Band verziert, können sehr effektvoll sein. Sehr einfach herzustellen sind auch einfache, zylindrische Formen oder Kulihüte, die an einem mit Band umwickelten Drahtrahmen befestigt werden.

Eine hübsche Idee aus dem neunzehnten Jahrhundert verdient es, wieder aufgegriffen zu werden: Man schneidet ein einfaches, florales Motiv aus weißem Karton aus und macht daraus einen kleinen Schirm für eine Wandleuchte oder eine Nachttischlampe.

Mit einer Bordüre, freihändig oder mit einer Schablone aufgemalt, kann man einem fertig gekauften Lampenschirm eine ganz individuelle Note verleihen.

UNTEN LINKS *Einfarbige Lampenschirme aus Karton in Form von Kulihüten gibt es in vielen Farben und Größen. Mit einer aufgemalten Schablonenbordüre kann man ihnen eine individuelle Note verleihen.*

UNTEN *Es gibt Säulenfüße in den verschiedensten Ausführungen. Diese hohen, gedrehten Säulen aus geschnitztem Holz wirken recht frivol vor dem dunkelfarbenen Hintergrund.*

Ein bißchen alt, ein bißchen neu

Es lohnt sich auch, in Trödlerläden nach kleinen Lampenschirmen mit Glasmalerei oder nach marmorierten oder opaken Glasschirmen zu stöbern; in einem kleinen Schlafzimmer wirken sie hinreißend atmosphärisch. Auch Reproduktionen von Lampenfüßen und Lampenschirmen aus Glas sind gute Investitionen: rustikale Kerzenleuchter, elektrifizierte viktorianische Öllampen, Jugendstillampen, hohe, vergoldete korinthische Säulenfüße mit vielfarbigen Glasschirmen oder zylindrischen Papierschirmen. Bemalte Lampenschirme aus Metall oder Karton in dunklem Grün, Bordeaux oder Schwarz, lassen sich gut mit traditionellen Appliken und Kronleuchtern kombinieren, die ihrerseits unwahrscheinlich gut in zeitgenössische Arbeitszimmer, Bibliotheken oder Eßzimmer passen, deren Ausstattung einen Hauch von Tradition signalisiert.

LINKS *Gefächerte Schirme aus Karton passen sich ebensogut einer traditionellen wie einer modernen Umgebung an. Dieser Lampenschirm läßt sich mit den verschiedensten Lampenfußformen kombinieren, von klassischen Vasen- und Säulenformen bis zum Ingwerkrug.*

OBEN *Ein gefältelter, eingefaßter Stoffschirm ist die traditionelle Form für Schlafzimmer und Wohnzimmer. Als Stoffe eignen sich am besten feiner Chiffon, Seide oder Baumwolle in Weiß, Creme oder Pastelltönen.*

RECHTS *Wandarme mit kleinen Schirmen in Form von chinesischen Kulihüten wirken relativ modern, passen aber auch in traditionell ausgestattete Räume, etwa in ein Speisezimmer, ein Arbeitszimmer oder einen Korridor.*

Lampenschirme anfertigen

Die hier beschriebenen Macharten von Lampenschirmen eignen sich für einfache Rahmen. Die Rahmen kann man fertig kaufen und selbst beziehen, man kann aber auch alte Lampenschirme auseinandernehmen und neu beziehen. Für die folgenden Anleitungen brauchen Sie Rahmen in konischen Formen oder in Form chinesischer Kulihüte und eine passende Fassung für den Lampenfuß, auf der der Schirm ruht. Wenn Sie einen Rahmen kaufen müssen, nehmen Sie am besten einen aus plastiküberzogenem Draht, der nicht rostet.

Ein gefächerter Lampenschirm aus Karton

Einen einfachen Schirm macht man am besten aus festem Karton, den es in verschiedenen Farben zu kaufen gibt. Wenn Sie einen gemusterten Schirm anfertigen möchten, der zu Ihrer Raumausstattung paßt, nehmen Sie dünnen, weißen Karton und bekleben ihn mit Geschenkpapier oder Tapete.

1\. Den Umfang des unteren Drahtringes messen und mit 1½ oder 2 multiplizieren, je nachdem wie dicht die Falten sein sollen. Die Höhe einer der Seitenverstrebungen messen und oben und unten 2,5 cm zugeben. Das mit Karton versteifte, gemusterte Papier nach diesen Maßen schneiden.

2\. Die Tiefe der Falten festlegen: 12 mm paßt für beinahe alle Rahmen; nur bei sehr kleinen Schirmen müssen die Falten schmäler sein. Die Bruchlinien der Falten mit dünnen Bleistiftstrichen auf dem Karton markieren. Zum Einritzen der Linien den Rücken einer Schere verwenden: jede zweite Linie auf der Vorderseite des Schirms einritzen; den Karton auf die andere Seite drehen und die restlichen Linien einritzen.

Den Karton entlang der Linien in Ziehharmonikafalten legen; es macht sich leichter, wenn Sie ein Metallineal verwenden und den Karton mit Hilfe des Lineals in scharfe Falten knicken.

3\. Den überflüssigen Karton an den Enden abschneiden, die schmalen Kanten an den Enden übereinanderlegen und kleben.

4\. Mit einem kleinen Locher Löcher in die Falten knipsen, 12 mm von der Oberkante entfernt und in der Mitte zwischen den Faltenbrüchen. Kordel oder Band durch die Löcher ziehen. Den Schirm auf den Rahmen legen und die Kordel anziehen. Die Enden mit einer dekorativen Schleife zusammenbinden oder sie im Innern des Schirms unauffällig verknoten.

5\. Zum Befestigen des Schirms am Rahmen einen festen Faden verwenden, zwischen den Falten einstecken und den Schirm am Rahmen befestigen. Der untere Rand des Schirmes kann auf die gleiche Art und Weise befestigt werden.

Den Rahmen mit Band umwickeln

Wenn man den Rahmen mit einem Band umwickelt, kann man einen Stoffschirm am Rahmen annähen. Verwenden Sie ein schmales, fest gewebtes Band aus ungebleichter Baumwolle. Wenn Sie sich an die untenstehende Abbildung halten, brauchen Sie nur ein Ende des Bandes mit Stichen zu befestigen.

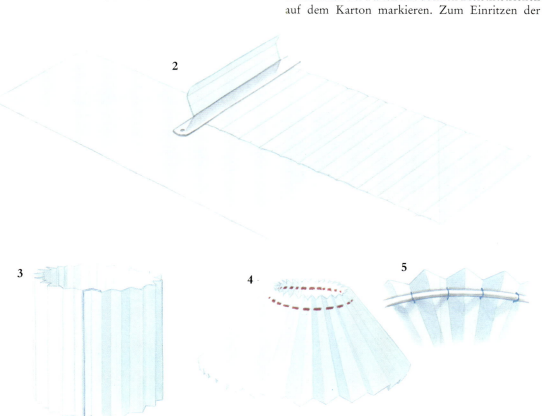

Wenn der ganze Rahmen mit Band umwickelt ist, das Ende des Bandes in die letzte Schlinge stecken, anziehen und mit ein paar Stichen befestigen.

EIN VERSTEIFTER STOFFSCHIRM

Wenn der Schirm gut und fest sitzen soll, bügeln Sie eine Einlage zum Versteifen auf den Stoff. Eine Einfassung in einer Kontrastfarbe betont die Konturen und ermöglicht eine saubere Verarbeitung.

1. Mit Hilfe des Rahmens ein Papiermuster anfertigen; eine gerade Linie, so lang wie die Verstrebung, einzeichnen und den Rahmen mit der Verstrebung auf die Linie legen. Den Rahmen über das Papier rollen und die Positionen des oberen und unteren Ringes jeweils mit Pünktchen markieren, während der Schirm gerollt wird. Die Pünktchen zu Linien verbinden. An jedem Ende 2 mm zugeben. Das Papiermuster ausschneiden und prüfen, ob es paßt, bevor der Stoff zugeschnitten wird. Bei beiden Stücken nur an einem Ende 2 mm zum Überlappen der Kanten zugeben.

Die Einlage in der Größe des Papiermusters zuschneiden, Oberstoff mit einer Zugabe von 6 mm rundherum schneiden. Einen 2 cm breiten Schrägstreifen schneiden, der so lang ist, wie der Umfang des oberen und des unteren Rings. 6 mm an jeder Längskante und genügend Stoff an den Enden zugeben.

2. Die Einlage auf den Stoff aufbügeln; Nahtzugaben frei lassen. Schrägstreifen an Ober- und Unterkante anlegen, rechts auf rechts; dabei muß die Schnittkante des Schrägstreifens 12 mm von der Kante des Stoffes entfernt sein. Auf der Bruchlinie des Schrägstreifens steppen.

Die Nahtzugabe des Stoffes über die Einlage kippen und den Schirm auf den Rahmen legen. Die überlappende Stoffkante ankleben. Ober- und Unterkante des Stoffes mit Fallstich an den umwickelten Rahmen nähen.

3. Die freie Kante der Einfassung über den Rahmen nach innen kippen. Mit Fallstich annähen oder ankleben.

EIN GEFÄLTELTER STOFFSCHIRM

Den Umfang des unteren Ringes messen und mit 1½ multiplizieren; das ergibt eine ausreichende Stoffülle für die Falten. Die Höhe des Schirmes an einer der Streben messen. Ein Stoffrechteck nach den gemessenen Maßen schneiden, und rundherum 2 cm zugeben. Einen Schrägstreifen, wie für den Kartonschirm, schneiden.

1. Die Enden des Stoffes mit einer 2 cm breiten Naht zusammensteppen; Nahtzugaben kürzen und versäubern; Naht ausbügeln. Den Stoff so halten, daß die linke Seite außen ist; einen Kräuselfaden durch Ober- und Unterkante ziehen. Bei jedem Stich nur wenige Fäden aufnehmen und in gleichmäßigen Abständen von etwa 2 cm einstechen. Der genaue Abstand hängt von der Schwere des Stoffes ab und davon, wieviel Stoff am oberen Rand eingehalten werden soll. Den Stoffschlauch in vier gleiche Abschnitte teilen und die Trennungslinien an der Ober- und Unterkante markieren.

2. Den Stoff über den Rahmen legen und mit Wäscheklammern festhalten, die gleichmäßig um den Rahmen herum verteilt werden. Kräuselfäden anziehen, bis sich der Stoff an den Rahmen anlegt. Die Falten, die sich bilden, sorgfältig arrangieren und mit den Fingern in die gleiche Richtung drücken. Die Falten an den umwickelten Rahmen stecken; den Stoff rundherum am oberen und unteren Ring annähen.

Stoff an der Ober- und Unterkante, dicht an den Stichen, abschneiden. Die Einfassung über die Ringe legen; annähen oder über die Ringe kleben.

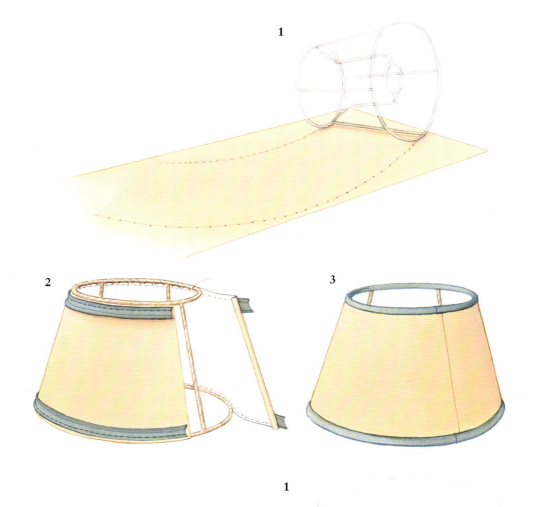

RAUMACCESSOIRES

Bilder und sonstiger Wandschmuck

Wenn Sie über eine bescheidene Anzahl von Bildern, Stichen und Fotografien verfügen, sind Sie gar nicht mehr so weit entfernt von Ihrer persönlichen Kunstgalerie. Die Hängung und die Gruppierung der Bilder ist natürlich sehr wichtig, wenn die Präsentation gekonnt sein soll. Wie alles andere, ist auch die Bilderhängung der Mode unterworfen. Wenn es sich um ein formelles Interieur handelt, bietet sich die Verwendung von Bilderleisten an. Bilderschnüre kann man mit breiten Satin-, Moiré- oder Samtbändern oder mit Streifen aus glänzendem Chintz tarnen; große Bilderhaken kann man unter theatralischen Taftschleifen oder Rosetten verstecken.

Gruppierungen

Durch Rahmen in der gleichen Farbe und in der gleichen Machart lassen sich Bilder verschiedener Formate zu einer Einheit zusammenfassen. Bilder mit verschiedenen Sujets kann man zum Beispiel mit Passepartouts in der gleichen Farbe unter einen Hut bringen.

Eine andere Möglichkeit, Bilder zu Gruppen zusammenzufassen, ist eine Methode aus dem achtzehnten Jahrhundert: Die Wände wurden in Bilderpaneele eingeteilt, die Bilder wurden mit einer einfachen Profilleiste oder einer Tapetenbordüre ge»rahmt«. Eine Tapetenbordüre mit klassischem Eierstabmotiv, auf einer hellgrau oder hellgelb gestrichenen Wand, ist ein perfekter Hintergrund für eine Gruppe von Stichen mit Rahmen aus Vogelaugenahorn. Eine Gruppe von chinesischen Stichen in schwarzen Lackrahmen würde auf einer rot gestrichenen Wand, die von einer Tapetenbordüre mit chinesischem Gittermuster umrahmt wird, hervorragend zur Geltung kommen. Auch mit einer schmalen, farbig gefaßten Profilleiste oder mit einer Akanthusleiste in Schablonenmalerei ließe sich die Wand wirkungsvoll in Paneele für Gruppierungen von Bildern einteilen.

Sie tun sich leichter beim Arrangieren der Bilder und Objekte, wenn Sie sie vor dem Aufhängen auf den Fußboden legen. Auf diese Art und Weise können Sie verschiedene Gruppierungen ausprobieren, bis Sie eine zufriedenstellende Lösung gefunden haben und sich das Ganze noch einmal aus der Entfernung anschauen können. Eine andere Möglichkeit wäre, die Bilder zum Experimentieren maßstabgetreu auf Millimeterpapier aufzuzeichnen. Wenn Sie die Bilder über ein Möbelstück hängen wollen, zum Beispiel über ein Sofa, ein Bett, eine Kommode oder einen Kamin, müssen Sie sich außerdem überlegen, wieviel Platz sie unter und über den Bildern frei lassen wollen – nicht nur aus praktischen Gründen, auch wegen der Wirkung.

LINKS *Es erfordert viel Akkuratesse, eine Gruppe von rechteckigen Bildern zu hängen. Hier ist die Grundlinie durch die Breite des Sofas vorgegeben.*

UNTEN *Die schwarz lackierte Holzstange und die feine Messingkette sind eine elegante Kombination und gleichzeitig eine traditionelle Version der Bilderleiste.*

BILDER UND SONSTIGER WANDSCHMUCK

RECHTS *Die ovalen Rahmen dieser reizvollen, nostalgischen Drucke wiederholen die geschwungenen Linien der Jugendstilsitzbank darunter. Die Bilder wurden übereinander gehängt, weil diese Lösung ästhetisch befriedigender erschien, als sie nebeneinander zu hängen.*

UNTEN *Die Bilderschnüre und Haken mit Seidenbändern und Schleifen zu verdecken ist eine Sitte aus dem achtzehnten Jahrhundert. Sie diente gleichzeitig dazu, ein bestimmtes Objekt einer Gruppe hervorzuheben.*

UNTEN *Eine Galerie schwarzweißer Drucke wurde auf die Wand geklebt; durch die Trompe l'œil-Rahmen in Schwarzweiß werden sie zu einer Einheit zusammengefaßt. Ein aufgedruckter Feston ist Mittelpunkt des Arrangements. Die Drucke sind nicht waagrecht aufgereiht, sondern in senkrechten Linien zentriert.*

191

BILDER RAHMEN

Professionelle Bilderrahmer schneiden die Passepartouts aus dickem Karton, der speziell für künstlerische Rahmungen hergestellt wird. Dieser weiße Karton hat eine getönte Oberfläche und muß mit einer Gehrungslade auf Gehrung geschnitten werden. Da das sehr schwierig ist und man dazu Spezialwerkzeuge braucht, wäre es ratsamer, wenn Sie etwas dünneren Karton verwenden, der durchgefärbt und sehr viel leichter zu handhaben ist.

Stimmen Sie den Farbton des Kartons auf das Bild ab oder wählen Sie eine Kontrastfarbe. Mit Weiß oder Pergament kann man nichts falsch machen; auch Creme- und Graunuancen und weiche Pastelltöne können sehr wirkungsvoll sein. Berücksichtigen Sie außerdem auch die Wandfarbe oder die Farbe der Tapete, auf der das Bild hängen soll, und die Farben irgendwelcher anderer Passepartouts, die im gleichen Raum hängen.

Rahmen gibt es fertig zu kaufen, meist jedoch in einfacheren Ausführungen – Klemmrahmen, einfache Holzrahmen und Bausätze für Aluminiumrahmen. Vielleicht finden Sie auch einen interessanten Second-hand-Rahmen. Die Rückwand des Rahmens wird im allgemeinen von kleinen Klemmen festgehalten, und die Fuge zwischen Rahmen und Rückwand ist mit einem Klebestreifen aus braunem Papier abgedichtet. Wenn Sie sich anschauen, wie das Bild montiert ist, können Sie selbst beurteilen, wie schwer oder wie leicht es für Sie ist, das Bild auszutauschen.

PASSEPARTOUTS SCHNEIDEN

Die Größe des Passepartouts festlegen: Wenn Sie das Bild in einen bereits vorhandenen Rahmen einpassen möchten, können Sie das alte Passepartout als Vorlage benutzen. Schneiden Sie den Karton so, daß er genau in den Rahmen paßt. Damit die Plazierung und die Festlegung der Größe des Fensters im Passepartout leichter für Sie ist, schneiden Sie sich eine Papiervorlage in der Größe der Bildfläche, die zu sehen sein soll. Legen Sie sie in die Mitte des Kartons. Wenn die Proportionen von Rahmen und Bildausschnitt nicht erlauben, daß rund um das Fenster ein gleichmäßig breiter Rand stehenbleibt, plazieren Sie das Fenster so, daß der Rand unter dem Bild breiter ist als die übrigen Ränder. Die übrigen Ränder sollten gleich breit sein.

Markieren Sie die Position des Fensters mit dünnen Bleistiftstrichen auf der rechten Seite des Passepartouts. Verwenden Sie zum Schneiden ein scharfes Universalmesser und ein Metallineal: Ritzen Sie zuerst den Karton mit dem Messer leicht ein, beginnen Sie bei einer Ecke und fahren dann mit dem Messer – vom anderen Ende des Lineals ausgehend – in entgegengesetzter Richtung auf der gleichen Linie zurück. Steigern Sie allmählich den Druck, bis Sie den Karton durchgeschnitten haben. Wiederholen Sie den Vorgang an jeder Seite des Fensters. Legen Sie das Bild hinter das Fenster und befestigen Sie es mit Tesafilm.

Wenn Sie eine ruhige Hand haben, können Sie das Fenster mit einer dünnen Linie umranden; ziehen Sie sie mit einem Pinsel oder einer Feder. Auch ein Rahmen aus marmoriertem Papier, auf Gehrung geschnitten, und rund um das Fenster geklebt, wäre eine zusätzliche Dekoration: Wählen Sie die Farben sorgfältig, sie müssen zum Bild und zum Rahmen passen.

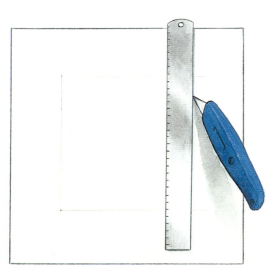

MONTAGE VON BILD UND RAHMEN

Die Montagetechnik hängt von der Art des Rahmens ab; wir geben Ihnen hier lediglich ein paar Ratschläge, wie Sie sich die Arbeit erleichtern können. Reinigen Sie das Glas gründlich mit einer 50:50-Mischung aus Wasser und Spiritus.

1. Rahmen auf eine weiche Unterlage legen, damit er nicht rutscht. Das Glas in den Rahmen legen; Fingerabdrücke vermeiden. Bild und Passepartout in den Rahmen legen.

2. Die Rückwand in den Rahmen einpassen; es kann eine Holz- oder Hartfaserplatte sein oder fester Karton, je nachdem, um was für einen Rahmen es sich handelt. Wenn die Rückwand Ihres Rahmens verlorengegangen ist, schneiden Sie eine Hartfaserplatte oder einen festen Karton in der entsprechenden Größe. Manchmal sind an den Rahmen Klemmen angebracht, die die Rückwand halten. Wenn keine Klemmen vorhanden sind, befestigen Sie den Karton oder die Hartfaserplatte mit dünnen Stahlstiften am Rahmen.

3. Die Fuge zwischen Rückwand und Rahmen mit einem Klebestreifen aus braunem Papier oder mit Abklebestreifen abdichten. Zum Aufhängen des Bildes auf jeder Seite des Rahmens eine kleine D-förmige Öse anbringen, etwa ein Viertel der Seitenlänge des Rahmens von jeder Ecke entfernt.

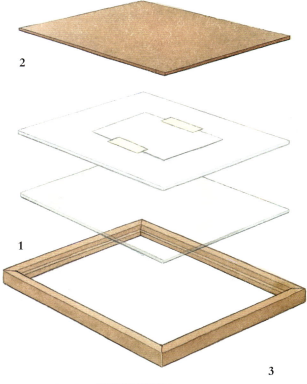

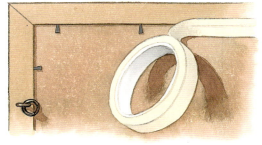

STOFFRAHMEN

Es gibt eine Menge Spezialklebstoffe, darunter auch solche, die für Stoff, für Karton oder für Holz geeignet sind. Bevor Sie den Klebstoff verwenden, testen Sie ihn und vergewissern Sie sich, daß er nicht durch den Stoff hindurch zu sehen ist und wie lange es dauert, bis er trocken ist.

Wenn der Klebstoff langsam trocknet, müssen Sie die Arbeit eventuell beschweren oder mit Wäscheklammern festhalten.

1. Rahmen und Rückwand aus festem Karton in den gewünschten Maßen schneiden. Einen zweiten Rahmen in U-Form schneiden, der nur 12 mm breit und an einem Ende offen ist. Stoff in den erforderlichen Maßen schneiden: Sie brauchen drei Stücke, die rundherum 12 mm breiter sind als der fertige Rahmen, und drei kleinere Stücke in der gleichen Größe wie der fertige Rahmen; ferner ein Stück Wattierung in der Größe des fertigen Rahmens.

Die Wattierung und eines der kleineren Stoffstücke in der Mitte ausschneiden, so daß sie genau auf den Kartonrahmen passen. Eines der größeren Stoffstücke in der Mitte ausschneiden, so daß es auf den Rahmen paßt und ein Rand von 12 mm an den Seiten übersteht. Diesen größeren Stoffrahmen flach hinlegen, linke Seite nach oben; die Wattierung und den Kartonrahmen darauflegen. Stoffzugabe rundherum einklipsen; straff über die Kanten ziehen und dabei die Wattierung festhalten. Festkleben. Das zweite, kleinere Stück Stoff kleiner schneiden, so daß es rundherum 6 mm kleiner ist als der Rahmen, auch an der Fensteröffnung. Auf die Rückwand des Rahmens kleben.

2. Das zweite größere Stück Stoff so zurechtschneiden, daß es einen 3 cm breiten, U-förmigen Rahmen mit einem offenen Ende gibt; den Stoffrahmen um den schmalen, U-förmigen Kartonrahmen legen; festkleben.

Ein Stück Band an das dritte, größere Stück Stoff senkrecht annähen; das untere Drittel frei lassen. Den Stoff auf die Kartonrückwand legen; ankleben. Das letzte, kleinere Stück Stoff auf die Innenseite der Rückwand kleben.

3. Die drei Schichten stoffbezogenen Karton übereinanderlegen und festkleben. Einen keilförmigen Ständer schneiden, ein Drittel kleiner als der Rahmen; ebenfalls mit Stoff bekleben. Das freie Stück des Bandes über den Ständer kleben. Außerdem noch ein Band zwischen Rückwand und Ständer kleben, damit das Bild stehen kann.

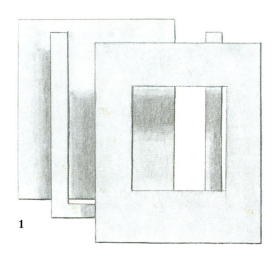

1

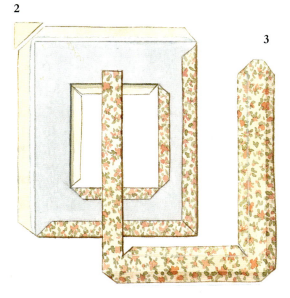

2

3

DEKORIEREN VON BILDERRAHMEN

Holz- oder Stuckrahmen lassen sich zum Beispiel mit Farbeffekten dekorieren, die sich durch bestimmte Maltechniken erzielen lassen. Fast alle diese Techniken sind auf S. 62 bis 65 beschrieben; sie lassen sich auch auf Bilderrahmen anwenden. Bei Bildern muß man natürlich, der Größe des Objektes entsprechend, kleinere Pinsel verwenden.

Zum Vergolden eines Rahmens muß das Holz entsprechend vorbereitet werden. Auf Rahmen aus frischem Holz oder auf andere poröse Oberflächen muß zuerst eine Grundierung aufgebracht werden. Dann erfolgt der Voranstrich mit einem Pigment, das der eigentliche Träger der Goldschicht ist, und auch die Farbwirkung des Goldes beeinflußt. Bei Vergoldungen nimmt man meist Rot für den Voranstrich, als Untergrund für Silber- oder Zinnauflagen nimmt man Schwarz.

Wenn es sich um einen Profilrahmen handelt, der vergoldet werden soll, kann man kleine Beschädigungen mit Gesso – eine Mischung aus Schlemmkreide und Leim – reparieren oder mit einem speziell für diesen Zweck hergestellten, wachshaltigen goldfarbenen Füllstift. Man benutzt ihn hauptsächlich, um kleinere Löcher zu füllen, die durch Nägel entstanden sind.

Goldfarbener Lack ist in mehreren Tönungen erhältlich, mit denen sich Vergoldungen verschiedenen Alters vortäuschen lassen. Den Lack über die Grundierung streichen, der Maserung des Holzes auf den verschiedenen Rahmenteilen folgend.

Wenn Sie den Rahmen **patinieren** wollen, müssen Sie die Intensität der Farbe variieren oder auf die erhöhten Stellen eine zusätzliche Farbschicht auftragen. Mit Goldcreme lassen sich weichere Goldtöne erzielen und vergoldete Rahmen »aufmöbeln«, wenn sie ein *Facelifting* nötig haben.

Natürliche Alterung läßt sich auch mit einem Patinastift vortäuschen. Damit lassen sich die Farbtöne des Rahmens variieren; man kann die Farben mischen, um die Modellierung der Profile hervorzuheben.

ANHANG

NÄHTECHNIKEN	196
Stiche	196
Säume	198
Einfassungen und andere dekorative Details	200
Quilten	202
Patchwork	203
Schlußverarbeitung	203
MASSNEHMEN	204
UNTERGRUNDVORBEREITUNGEN	208
GLOSSAR	213
TEXTIL-ABC	214
LAURA ASHLEY SHOPS	216
REGISTER	220
BILDNACHWEIS	224

ANHANG

NÄHTECHNIKEN

STICHE

Die im folgenden beschriebenen Nähtechniken vermitteln einige Grundkenntnisse, ohne die man bei Anfertigen von Heimtextilien nicht auskommt. Das Nähen von Hand wird von vielen vorgezogen, weil man die Stiche genauer plazieren kann.

EINFACHER HEFTSTICH

Dieser Stich wird hauptsächlich zum Einziehen von Kräuselfäden oder zum Zusammenheften mehrerer Stoffschichten verwendet. Den Faden mit einem Rückstich (s. unten) befestigen und kleine Stiche in gleichmäßigen Abständen machen. Zum Kräuseln zwei parallele Reihen von Stichen im Abstand von 6 mm arbeiten, den Faden am Ende hängenlassen und zum Kräuseln des Stoffes anziehen. Um den Faden provisorisch festzuhalten, wickelt man ihn in Achterform um eine Stecknadel.

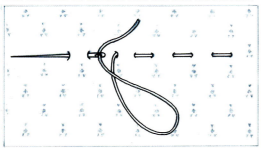

STEPPSTICH

Ein fester Stich, der auf der rechten Seite wie eine Maschinennaht aussieht; auf der linken Seite überschneiden sich die Stiche. Von rechts nach links arbeiten und die Nadel etwa 3 mm hinter der Stelle einstechen, an der der Faden rauskam, und 3 mm vor dieser Stelle wieder ausstechen usw.

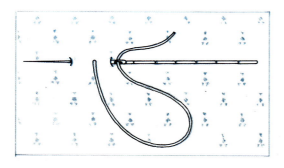

PUNKTSTICH

Dieser Stich ist eine Variante des Steppstiches, er fällt aber weniger auf. Anstatt die Nadel ein paar Millimeter hinter dem Ende des letzten Stiches einzustechen, sticht man sie ganz knapp hinter dem letzten Stich ein, daher wirkt die fertige Naht auf der rechten Seite wie eine Reihe von Punkten. Den Punktstich verwendet man bei feinen Stoffen, beim Annähen von Reißverschlüssen und beim Versäubern von Nahtzugaben.

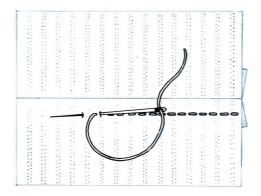

ANSATZHEFTSTICH

Dieser Stich wird auf der rechten Seite gearbeitet. Man verwendet ihn, wo zwei Bruchkanten aneinandergenäht und Musteranschlüsse genau passen müssen. Man heftet zwei Bruchkanten mit Ansatzheftstich aneinander, bevor man die Naht mit der Maschine steppt. Den Faden in einer der beiden Bruchkanten befestigen, dann in die Kante auf der gegenüberliegenden Seite einstechen und einen Stich von 6 mm machen. Dann wieder auf der gegenüberliegenden Kante einstechen usw. Beim Einstechen nur die obere Stofflage aufnehmen.

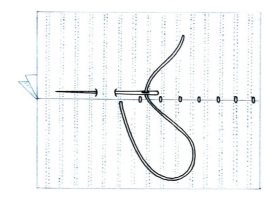

LOSER HEXENSTICH

Dieser Stich ist dem Hexenstich ähnlich; im Unterschied dazu wird der Faden sehr locker gelassen, denn der lose Hexenstich wird hauptsächlich verwendet, wenn man Futter oder Zwischenfutter locker am Vorhangstoff befestigen will und den Stofflagen Spielraum lassen muß. Die Stoffe aufeinanderlegen, links auf links. Mit Stecknadeln in regelmäßigen Abständen in einer geraden Linie von der Oberkante bis zur Unterkante feststecken. Futterstoff bis zur gesteckten Linie zurückklappen. Von oben nach unten arbeiten. Faden am oberen Ende befestigen und einen Stich durch die Bruchkante des umgeklappten Futters machen, dann einen Stich durch den Vorhangstoff, ohne die Nadel zwischen den beiden Stichen herauszuziehen (1); bei jedem Stich nur ein paar Fäden aufnehmen. Den nächsten Stich etwa 5 cm unterhalb des ersten machen und die Nadel über dem Faden ausstechen, damit sich eine Schlinge bildet (2). Den Faden sehr locker lassen. Senkrechte Stichlinien im Abstand von etwa 60 cm über die ganze Breite des Vorhangs arbeiten, damit das Futter nicht durchhängt.

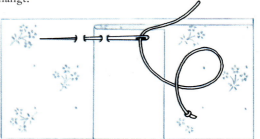

1

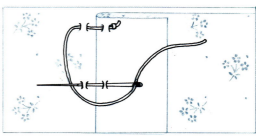

2

Fallstich

Von rechts nach links arbeiten. Die Nadel dicht oberhalb der Bruchkante in den Oberstoff einstechen, einen kleinen Stich machen und, ohne die Nadel herauszuziehen, in die Bruchkante einstechen und einen kleinen Stich machen; Nadel herausziehen. Die Nadel kurz hinter der Ausstichstelle wieder in den Oberstoff einstechen. Winzige Stiche machen, die von rechts fast unsichtbar sind.

Saumstich

Kleine Stiche machen und einen passenden Faden verwenden, damit der Saum fast unsichtbar ist. Von der linken Seite arbeiten. In den Hauptstoff einstechen und einen kleinen Stich von etwa 6 mm machen; die Nadel dabei in diagonaler Richtung bis unter die Saumkante führen und wieder ausstechen. Wiederholen. Faden gleichmäßig anziehen, aber nicht zu fest, damit der Saum nicht beutelt.

Maschinensteppen

Wenn Sie mit der Maschine nähen, beachten Sie die Betriebsanleitung, bevor Sie Dekorationsstoffe verarbeiten. In der Anleitung finden Sie sicherlich Informationen über die richtige Nadelstärke, die richtige Spannung und darüber, welcher Fuß zu benutzen ist. Wählen Sie die Fadenstärke nach dem Stoff und der Art der Arbeit und die Nadelstärke nach der Fadenstärke.

Die Spannung ist richtig, wenn die Fäden sich zwischen den Stofflagen gleichmäßig umeinanderschlingen.

Den Stoff fadengerade schneiden

Beim Zuschneiden des Stoffes muß man darauf achten, daß die Schnittkanten fadengerade sind. Das ist die Voraussetzung dafür, daß der Stoff gerade fällt, was besonders bei Vorhängen wichtig ist. Wenn Sie einen sehr festen Stoff verwenden, können Sie ihn reißen statt ihn zu schneiden, damit die Kante gerade wird: in die Webkante einschneiden, beide Ecken festhalten und Stoff quer über die Breite auseinanderreißen. Wenn es sich um ein lockeres Gewebe handelt, einen Schußfaden quer über die Breite ziehen und auf der Linie schneiden.

Eine andere Möglichkeit wäre, die Webkante an der Tischkante anzulegen und zu prüfen, ob die Schußfäden parallel zum Tischende verlaufen. Beim Abmessen der ersten Länge ein Winkeldreieck oder einen großen Gegenstand mit rechtwinkligen Ecken verwenden. Mit Schneiderkreide eine Linien quer über den Stoff einzeichnen, die im rechten Winkel zur Webkante verläuft. Weitere Stücke auf die gleiche Art und Weise schneiden.

Hexenstich

Ein fester Saumstich, der sich besonders für Vorhänge eignet. Die unversäuberte Kante des Saumes muß nicht nach innen gekippt werden, denn sie wird durch den Stich verdeckt. Wird normalerweise von links nach rechts gearbeitet. Den Faden befestigen und die Nadel durch den Saum herausziehen, ungefähr 3 mm von der Kante entfernt; den Faden diagonal über den letzten Stich nach rechts oben führen und von rechts nach links in den Vorhangstoff stechen, dicht über der Saumkante. Dann die Nadel nach rechts unten führen, diagonal über den letzten Stich, und in den Saum von rechts nach links einstechen. Den Faden verhältnismäßig locker lassen.

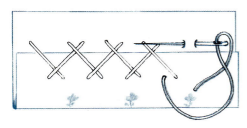

Langettenstich

Der Langettenstich dient zum Versäubern von Kanten bei Materialien wie Leder oder Filz, die nicht ausfransen. Er kann auch als dekorativer Abschluß einer Kante verwendet werden. Den Faden dicht an der Schnittkante befestigen, die Nadel im rechten Winkel zu der Stoffkante einstechen und über dem Faden herausziehen, damit sich eine Schlinge bildet. Die Stiche gleichmäßig lang arbeiten. Die Nadel wieder einstechen und so ausstechen, daß der Faden immer auf der Kante verläuft.

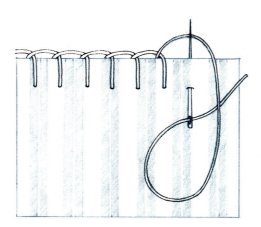

197

SÄUME

Wenn die Nähte der Vorhänge beuteln oder schief genäht sind, nützt der schönste Stoff nichts; sie müssen gerade und flach sein, sonst geht die Wirkung der Fensterdekoration verloren.

Bevor Sie mit dem Nähen beginnen, prüfen Sie, ob die Schnittkanten genau übereinanderliegen; dann sind auch die Nahtzugaben gleich breit. Optimal ist eine Breite von 1,5 cm. Vor dem Nähen kann man die Nähte entweder heften oder in gleichmäßigen Abständen stecken. Wenn Sie die Stecknadeln quer über den Saum stecken, können Sie über die Nadeln hinwegnähen und sie erst zum Schluß entfernen. Der erste und der letzte Stich dienen der Befestigung der Fäden. Nach dem Säumen die Nähte ausbügeln oder beide Kanten zur gleichen Seite bügeln, je nach Anleitung.

KANTEN UMSTECHEN

Die Schnittkanten können durch Zickzackstich mit der Maschine versäubert werden oder durch Umstechen von Hand. Gleichmäßige, diagonale Stiche über die unversäuberte Kante der Nahtzugabe machen. Wenn der Stoff leicht franst, die Kante mit der Zackenschere abschneiden oder 3 mm von der Schnittkante entfernt mit der Maschine eine Naht nähen.

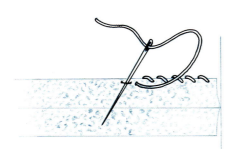

GEBOGENE NAHT

Wie üblich stecken und heften; nach außen gebogene Kanten in Abständen einklipsen, damit die Naht flach liegt; bei nach innen gebogenen Kanten kleine V-förmige Keile herausschneiden. Danach die Naht ausbügeln. Diese Technik hat den Vorteil, daß die Kanten nicht so stark auftragen, wenn man die Nähte nicht ausbügeln kann, wie zum Beispiel bei kreisrunden Kissen.

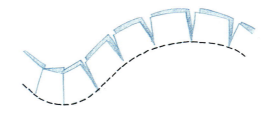

ECKEN

Beim Nähen einer normalen Ecke, die Nahtzugabe quer über die Ecke abschneiden.

Wenn Sie in einem dicken Stoff eine spitze Ecke nähen müssen, machen Sie am Wendepunkt der Naht zwei oder drei Stiche quer über die Ecke (1). Die Nahtzugabe parallel zur Nahtlinie abschneiden.

Wenn Sie bei einem viereckigen Kissen mit Zwickeln eine Ecke nähen müssen, die Zwickel genau an der Ecke einklipsen (2); die Ecke mit ein paar zusätzlichen Stepplinien verstärken.

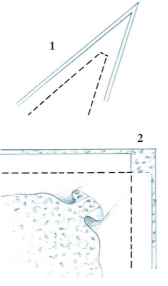

ABGESTEPPTE NAHT

Das ist eine sehr feste Naht, die sich vorzüglich für Raumtextilien eignet, wo starke Beanspruchung und ständiges Waschen zu Problemen führen könnten. Sieht von der rechten Seite wie eine Steppnaht aus. Stoff rechts auf rechts legen und gewöhnliche Naht nähen (1); Nahtzugaben zu einer Seite bügeln. Die untere Nahtzugabe bis auf 6 mm abschneiden (2); obere Nahtzugabe über die untere kippen und einschlagen (3). Feststecken und flachbügeln; durch alle Stofflagen steppen, dicht an der Bruchkante (4).

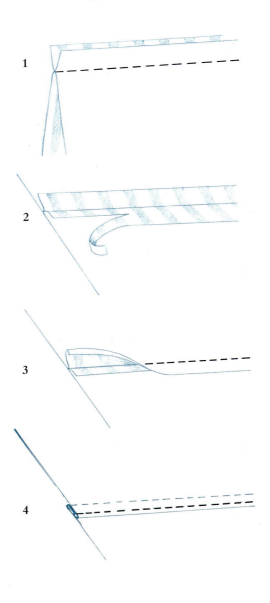

NÄHTECHNIKEN

FRANZÖSISCHE NAHT

Hier verschwinden die Schnittkanten in der Naht. Eine französische Naht wirkt leicht wulstig und eignet sich daher am besten für leichte Stoffe wie Spitze und Voile, denn die schmalen Nahtzugaben sind von rechts kaum zu sehen. Stoff links auf links legen, schmale Naht nähen (1). Nahtzugaben abschneiden (2), auch wenn der Stoff nicht franst, und Stoff mit der linken Seite nach außen kippen, so daß die Naht genau an der Bruchkante ist (3). Bügeln. Parallel zur Naht, etwa 1 cm daneben, eine zweite Naht nähen (4).

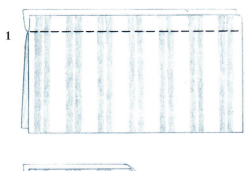

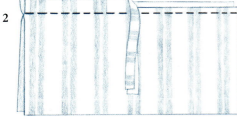

ÜBERLAPPENDE NAHT – STOSSNAHT

Wird bei schwierigen Musteranschlüssen verwendet. Von rechts arbeiten: an einer Bahn eine 6 mm breite Kante umkippen und so auf die zweite Bahn legen, daß die Musteranschlüsse genau stimmen (1). Auf der rechten Seite des Stoffes, dicht an der Bruchkante stecken und mit der Maschine knappkantig steppen (2); eine zweite Naht – parallel zur ersten – steppen, so legen, daß die umgekippte Schnittkante darunter miterfaßt wird (3).

Beim Zusammennähen von dicken Zwischenfutterbahnen, die Schnittkanten beider Stoffe glatt übereinanderlegen; 6 mm überlappen lassen; mit Zickzackstich zusammennähen. Eine andere Möglichkeit wäre, die Schnittkanten der Bahnen auf Stoß nebeneinanderzulegen und sie von Hand mit losem Hexenstich aneinanderzunähen (Stoßnaht).

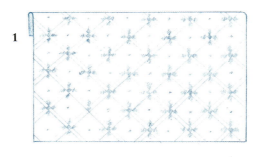

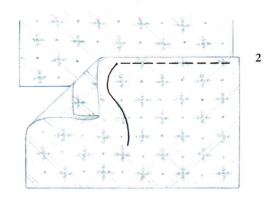

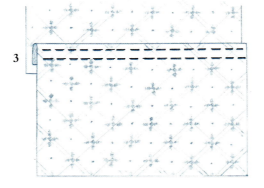

VORHÄNGE MIT ZWISCHENFUTTER

Vorhänge, die besonders schwer fallen sollen, mit Zwischenfutter arbeiten. Als Zwischenfutter brauchen Sie für jeden Vorhang ein Stück Stoff in den gleichen Maßen wie der (ungekräuselte) Vorhang. Wenn Sie das Zwischenfutter an der Unterkante einrollen statt säumen möchten, damit der Saum voll und rund aussieht, müssen Sie ihn etwas länger schneiden. Den Stoffverbrauch ausrechnen: die Gesamtbreite durch die Stoffbreite des Zwischenfutters teilen, dann die errechnete Anzahl der Bahnen mit der Länge der Vorhänge multiplizieren.

Die Bahnen des Zwischenfutters mit überlappender Naht oder Stoßnaht aneinandernähen.

Das Zwischenfutter mit losem Hexenstich (S. 196) an den Vorhangstoff annähen; dabei müssen Vorhangstoff und Futter genau übereinanderliegen. Bei der Fertigstellung des Vorhanges Zwischenfutter und Oberstoff wie ein Stück behandeln.

Einfassungen und andere dekorative Details

Es gibt viele dekorative Details, die man fertig kaufen kann. Bänder, Spitzen und Borten eignen sich für jede gerade Naht; für gebogene Nähte sollte man besser Schrägband verwenden, wenn man auf tadellose Verarbeitung Wert legt.

Schrägstreifen schneiden

Um die Diagonale eines Stoffes zu finden, eine Ecke umkippen, so daß die Webkante parallel zum Schußfaden verläuft (1). Die Bruchkante bügeln, sie gibt die Richtung der Diagonale an, nach der man sich beim Schneiden richten kann. Alle Schrägstreifen parallel zu dieser Linie in der gewünschten Breite schneiden (2). Die Streifen aneinandernähen: Die Enden, wie die Abbildung zeigt, übereinanderlegen, rechts auf rechts, und darauf achten, daß die Seitenkanten sich genau an der Naht kreuzen (3); steppen. Naht ausbügeln; überstehende Ecken abschneiden.

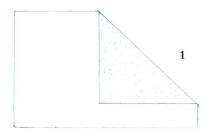

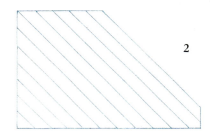

Ecken schräg verarbeiten

Wenn ein Saum um eine Ecke herumführt, muß die Ecke schräg verarbeitet werden. Die Säume an den beiden angrenzenden Stoffkanten umkippen; bügeln (1). An die Kanten, wo beide Säume sich überlappen, je eine Stecknadel stecken und die Säume wieder aufklappen. Die Ecke diagonal nach innen kippen, bis an die Nadeln. Ecke diagonal abschneiden, 6 mm von der Bruchkante entfernt (2); die Säume wieder umkippen. Die Kanten der Ecken mit Fallstich zusammennähen (3); die Säume wie üblich nähen. Diese Methode läßt sich auch anwenden, wenn zwei verschieden breite Säume an einer Ecke aufeinandertreffen.

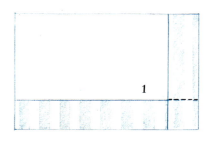

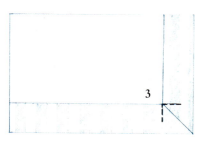

Paspel und Keder arbeiten

Es gibt flache Paspel und mit Schnur gefüllte Paspel (Keder), einfache und doppelte Paspel. Paspelschnur gibt es in verschiedenen Stärken. Die Stärke der Schnur muß sorgfältig auf die Arbeit abgestimmt werden; ein sehr dicker Keder auf einem Kissenbezug aus leichter Baumwolle würde plump wirken. Den Schrägstreifen nähen; er sollte so breit sein wie der Umfang der Schnur plus das Doppelte der Nahtzugabe.

Vergewissern Sie sich beim Kauf der Schnur, ob sie gegen Einlaufen vorbehandelt ist. Wenn das nicht der Fall ist, waschen Sie sie am besten selbst. Das ist sehr wichtig, wenn Sie sie auf einem Bezug anbringen wollen, der gewaschen werden muß. Wenn Sie die Schnur stückeln müssen, die Enden aufribbeln und übereinanderlegen, so daß sie 2,5 cm überlappen; zusammendrehen; mit ein paar Stichen zusammennähen.

Schrägstreifen bügeln und um die Schnur legen, die Schnittkanten genau übereinander; stecken. Mit Reißverschlußfuß so nahe wie möglich an der Schnur steppen; der Steppfaden muß genau zum Stoff passen. Den Keder auf den Stoff legen, die Schnittkanten genau übereinander; anstecken. Mit der Maschine dicht am Keder, genau auf der vorhandenen Naht, steppen. Die Ecken wie beim Einsetzen von Zwickeln arbeiten.

Beim Zusammennähen von zwei unversäuberten Kederenden bei einem Ende ein Stück Schnur herausschneiden und den Paspel über das andere Ende ziehen; die Kanten nach innen kippen. Durch alle Schichten nähen.

Und hier noch eine schnelle Methode, wie man einen Keder an ein viereckiges Kissen annäht: vier Stücke Keder an allen vier Kanten annähen, so daß sich die Enden an den Ecken kreuzen. Durch alle Schichten nähen und die überschüssigen Stücke abschneiden.

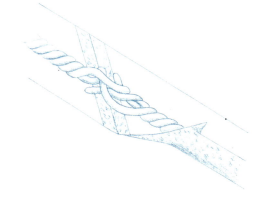

KORDELBESATZ ANBRINGEN

Die Kordel so anstecken, daß sie nicht an einer Ecke endet. Den Faden am Stoff befestigen und mit winzigen Stichen durch Kordel und Stoff nähen. Wo die Kordelenden aufeinandertreffen, die Enden aufdrehen; die Stränge von beiden Enden zusammendrehen und mit ein paar Stichen am Stoff befestigen.

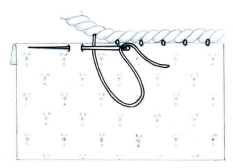

EINFASSUNGEN MIT SCHRÄG VERARBEITETEN ECKEN

Ein Stück Band oder einen Schrägstreifen für jede Kante schneiden, die eingefaßt werden soll; genug zugeben, damit die Enden an den Ecken überlappen. Den Schrägstreifen an den Kanten anlegen, rechts auf rechts; stecken. Bis zu dem Punkt steppen, wo sich die Streifen kreuzen (1). Die beiden losen Enden des Streifens rechts auf rechts aneinanderlegen und an der Stelle, wo sie sich kreuzen, eine diagonale Linie von der Innenecke zur Außenecke nähen (2). Überstehenden Stoff an der Naht abschneiden; ausbügeln. Die Einfassung nach links drehen (3). Die übrigen Ecken genauso verarbeiten.

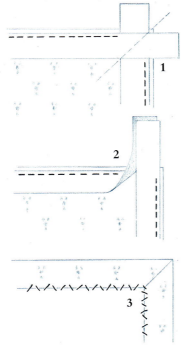

RÜSCHEN

Rüschen eignen sich als Verzierungen für Kissen, Vorhänge, Bettverkleidungen und lose Bezüge. Eine einfache Rüsche muß gesäumt oder eingefaßt werden, während die Doppelrüsche der Länge nach in der Mitte gefaltet wird, mit der rechten Seite nach außen. Bei schwereren Stoffen ist eine einfache Rüsche vorzuziehen. Die Breite der Rüsche festlegen: bei einer einfachen Rüsche die Breite für einen Doppelsaum und für die Kräuselnaht zugeben; bei einer Doppelrüsche die doppelte Breite der fertigen Rüsche berechnen; doppelte Nahtzugabe dazurechnen. Um die Länge festzulegen, überlegen, wie dicht die Rüsche sein soll; Maß nehmen und die erforderliche Länge des ungerüschten Stoffstreifens schätzen. Zwei Kräuselfäden durch die Rüsche ziehen; die Fäden anziehen, bis die Rüsche die gewünschte Länge hat. Anstec-

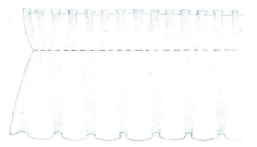

ken; an der Saumkante ansteppen oder in eine Naht schieben.

Wenn Sie eine Rüsche für ein rundes Kissen arbeiten, beide Enden des Stoffstreifens zusammennähen, den Kräuselfaden ein- und anziehen; die Stoffülle rundherum gleichmäßig verteilen.

Bei einer Doppelrüsche wird der Stoffstreifen der Länge nach in der Mitte gefaltet und die Kräuselfäden an den Schnittkanten eingezogen. Sie eignet sich zum Verzieren von Kissen oder Vorhängen. Die Rüsche wird angebracht, wenn die restlichen Näharbeiten beendet sind.

Eine gefältelte Rüsche wirkt besonders elegant. Zum Berechnen der Länge des unplissierten Stoffstreifens die Länge der Kante messen, an der sie angebracht werden soll und mit drei multiplizieren. Nahtzugaben für die Enden und für eventuelle Nähte zum Stückeln berechnen. Auch eine gefältelte Rüsche kann gedoppelt werden.

Die ganze Länge des Stoffes in 3 cm lange Abschnitte einteilen; markieren. Falten von 3 cm Tiefe legen; stecken. Falten am oberen Ende steppen. Die Rüsche, wie oben beschrieben, anbringen.

EINEN REISSVERSCHLUSS ANBRINGEN

Für Polsterbezüge, die starken Belastungen ausgesetzt sind, Reißverschlüsse aus Metall verwenden; für Kissen Reißverschlüsse aus Plastik. Die Naht, an der der Reißverschluß angebracht werden soll, heften; bügeln. Auf der linken Seite arbeiten. Reißverschluß in der Mitte der Naht, mit der Vorderseite nach unten anstecken; mit der Maschine oder von Hand ansteppen. Heftstiche entfernen. Den Stoff nach rechts drehen und noch einmal steppen, damit der Reißverschluß besser hält.

Wenn der Reißverschluß in der Mitte einer Naht sitzt, die beiden Stoffstreifen am oberen Ende des Reißverschlusses vor dem Einnähen von Hand zusammennähen, und nach den Einnähen des Reißverschlusses mit der Maschine noch einmal quer über beide Enden steppen.

EINEN VERDECKTEN REISSVERSCHLUSS ANNÄHEN

Wenn Sie einen Reißverschluß an einer paspelierten Naht anbringen wollen oder wenn die Nähte am fertigen Stück nicht zu sehen sein sollen, den Reißverschluß öffnen, mit der Oberseite nach unten auf die paspelierte Naht legen; einen Stoffstreifen des Reißverschlusses an eine der Nahtzugaben, so dicht wie möglich an den Zähnen des Reißverschlusses, ansteppen; darauf achten, daß der Reißverschluß sich öffnen und schließen läßt. Reißverschluß zuziehen und Nahtzugabe auf der anderen Seite der Naht aufbiegen. Die Stoffkante muß, wie oben beschrieben, dicht an den Zähnen des Reißverschlusses liegen; anstecken. 3 mm von der Bruchkante entfernt annähen; quer über das Ende des Reißverschlusses steppen (2).

Wenn Sie einen Reißverschluß an einen durchsichtigen oder sehr glatten Stoff annähen wollen, Punktstich verwenden. Ein verdeckter Reißverschluß wird nach der gleichen Methode angebracht; in diesem Fall müssen die Nähte, wie bei Abbildung 3 gezeigt, plaziert werden.

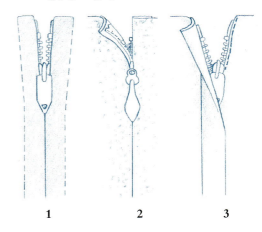

ANHANG

Quilten mit der Maschine

Bevor Sie mit dem Quilten beginnen, müssen Sie sich zuerst für ein Muster entscheiden. Es gibt viele traditionelle Muster; aber auch parallele Linien, gerade oder gewellt, können sehr effektvoll sein. Markieren Sie das Muster mit Schneiderkreide; wenn Sie Quadrate quilten wollen – wie bei einer traditionellen Daunendecke –, brauchen Sie sich nur zu entscheiden, wie groß die Quadrate sein sollen; eine andere Möglichkeit wäre, ein Motiv aus einem gemusterten Stoff durch Quilten nachzuzeichnen.

Die Technik des Quiltens beruht immer auf dem gleich Prinzip: Man quiltet durch drei Schichten – zwei Stoffschichten und eine Wattierungsschicht in der Mitte, nur die Stärke der Schichten variiert. Die Arbeit beginnt mit Heften von senkrechten oder waagerechten Linien, damit die Stofflagen sich beim Quilten nicht verschieben können. Die Stoffe bügeln – nicht die Wattierung – und übereinanderlegen. Heftlinien arbeiten. Die Heftlinien müssen in eine andere Richtung laufen als die Maschinensteppnähte; wenn Sie also diagonale Linien quilten möchten, heften Sie das Material in Quadraten, parallel zum Fadenlauf; die gehefteten Linien müssen etwa 10 cm Abstand haben. Benutzen Sie die gleiche Technik, wenn Sie Motive quilten. Wenn Sie ein gestreiftes Stoffmuster durch Quilten unterstreichen wollen, heften Sie Linien im rechten Winkel zu den Streifen.

Wenn Sie mit der Maschine quilten, markieren Sie das Muster mit Schneiderkreide. Zum Quilten den Steppfuß, mit oder ohne Führungsschiene, benutzen; er drückt das Material vor der Nadel nach unten. Quilten Sie immer in der gleichen Richtung, damit das Material nicht beutelt. Wählen Sie die Nadelstärke passend zum Stoff. Quilten Sie mit lockeren, langen Steppstichen und reduzieren Sie die Spannung. Führen Sie den Stoff unter dem Steppfuß hindurch; achten Sie darauf, daß die drei Schichten beim Arbeiten zusammenbleiben und daß sich an den Schnittstellen der Quiltlinien keine Falten bilden. Rollen Sie das Material zusammen, wenn Sie es unter dem Arm der Nähmaschine hindurchschieben müssen.

Quilten von Hand

Wenn Sie mit der Hand quilten, benutzen Sie eine spitze Nadel und einen Faden, der farblich auf den Oberstoff abgestimmt ist. Die Stiche sollten 2 bis 3 mm lang sein und so gleichmäßig wie möglich. Sie können verschiedene Stiche verwenden; am gebräuchlichsten sind Steppstich und einfacher Heftstich. Wenn das Material sehr dick und voluminös ist, die Nadel senkrecht einstechen. Der Abstand zwischen den Quiltlinien darf weder zu klein noch zu groß sein: Wenn die Quiltlinien zu dicht sind, geht der typische Quilteffekt verloren, und wenn sie zu weit auseinanderliegen, werden die Stofflagen nicht fest genug zusammengedrückt.

Sie können auch kleinere Stücke quilten und sie nach dem Quilten zusammensetzen: Legen Sie die Kanten der Wattierung auf Stoß nebeneinander und nähen Sie sie mit Hexenstich zusammen (1). Kippen Sie eine Schnittkante des Oberstoffes 2 cm nach innen um und legen Sie über die andere Schnittkante. Entlang der Nahtlinie zusammenstecken. Das Quilt auf die andere Seite drehen und die Prozedur beim Futterstoff wiederholen. Die Nähte von Hand mit unsichtbaren Stichen zusammennähen (2) oder mit der Maschine durch alle Stofflagen steppen. Das Quiltmuster links und rechts von der Nahtlinie vervollständigen.

Wenn Sie fertig gequiltetes Material verarbeiten und eine überlappende Naht nähen müssen, trennen Sie an den Schnittkanten je 3 cm Oberstoff und Futterstoff von der Wattierung ab und nähen Sie die Kanten, wie oben beschrieben, zusammen.

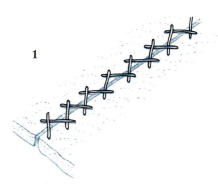

1

2

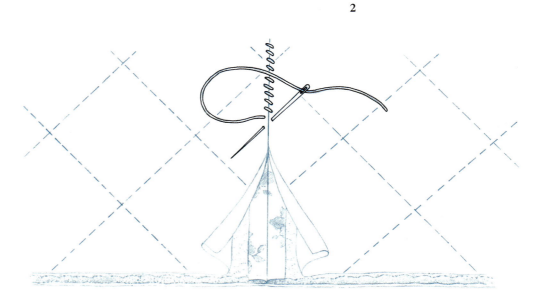

PATCHWORK

Patchwork ist eine ideale Methode, Stoffreste zu verwerten; es eignet sich hervorragend für Bettdecken, Kissenbezüge oder Tischdecken. Bei Patchwork müssen die Nahtzugaben aller Flicken gleich breit sein. Legen Sie zuerst die Masse der Flicken fest und schneiden Sie alle Flicken mit der gleichen Nahtzugabe. Das ist wichtig, damit alle Nähte beim Zusammensetzen der Flicken in einer geraden Linie verlaufen. Unregelmäßige Formen werden am besten nach Schablonen geschnitten. Es gibt fertige Schablonen aus Plastik, Metall und Karton zu kaufen.

Gewöhnlich geht man bei schwierigen Patchworkmustern so vor, daß man das Ganze in Teilstücke aufteilt. Diese Teilstücke werden, dem Muster entsprechend, aus den einzelnen Flicken zusammengesetzt und -genäht. Wenn genug Teilstücke zusammengekommen sind, wird das ganze Stück zusammengesetzt. So läßt es sich vermeiden, daß man mit allzu voluminösen Stücken arbeiten muß. Früher war es allerdings üblich, daß mehrere Frauen an einem einzigen, großen Patchwork arbeiteten; es wurde Flicken für Flicken zusammengesetzt und schließlich zum Quilten in einen Quiltrahmen gespannt.

Das Quilten von Hand dauert länger, dafür ist es aber exakter. Jeder einzelne Flicken wird mit Papier unterlegt, damit er beim Arbeiten die Form behält (1). Industriell gefertigte Schablonen bestehen gewöhnlich aus zwei Teilen: einer Rahmenschablone zum Zuschneiden des Stoffes – mit Nahtzugabe – und einer Schablone zum Schneiden der Papierstücke – ohne Nahtzugabe. Verwenden Sie für die Papierstücke gutes Zeichenpapier oder alte Briefumschläge. Der Stoff wird mit Hilfe der Rahmenschablone zugeschnitten. Die Schablone wird so auf den Stoff gelegt, daß mindestens zwei Kanten parallel zur Fadenrichtung liegen. Die Flicken werden auf die Papierunterlage gelegt, die Nahtzugaben um die Kanten der Papierunterlage gekippt und angeheftet. Dabei müssen die Ecken besonders sorgfältig behandelt werden; bei einer sechseckigen Vorlage zum Beispiel müssen die überstehenden Ecken abgeschnitten werden (2), damit der Stoff sauber um die Ecken gelegt werden kann.

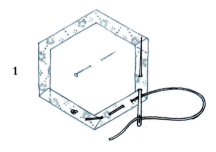

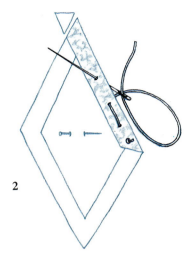

Wenn Sie die Flicken von Hand zusammennähen, arbeiten Sie winzige, überwendliche Stiche, die dicht nebeneinanderliegen (3), und achten Sie darauf, daß Sie das Papier nicht mit annähen. Nähen Sie zuerst alle Flicken zusammen und entfernen Sie anschließend Papier und Heftstiche.

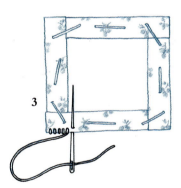

DIE SCHLUSSVERARBEITUNG

Da der Fadenlauf beim Patchwork nicht in eine Richtung geht, empfiehlt es sich, die fertige Arbeit zu füttern. Wenn Sie eine Bettdecke arbeiten möchten, können Sie eine Wattierung zwischen Patchwork und Futter legen und die Decke quilten (S. 158). Wenn Sie sie nicht quilten möchten, stechen Sie von der Futterseite aus durch Futter, Wattierung und Patchwork und wieder zurück und halten Sie alle drei Schichten mit starken Knoten fest.

Wenn Sie eine Patchworktischdecke anfertigen möchten, füttern Sie sie mit einem fest gewebten Stoff, der in Dichte und Schwere nicht zu sehr von dem Stoff der Flicken abweicht. Wenn es sich um eine große Decke handelt, die aus Teilstücken zusammengesetzt wird, beziehen sie das Futter mit in die Nähte ein. Eine Einfassung der Kanten mit einem kontrastierenden, einfarbigem Stoff oder mit einem der Stoffe aus dem Patchwork unterstreicht die Konturen.

APPLIKATIONEN

Beim Applizieren kann man die Motive mit unversäuberten Schnittkanten aufnähen oder die Kanten nach innen umbiegen. Die Formen kann man selbst entwerfen oder Motive aus einem Muster verwenden. Die Motive anstecken, heften und rundherum annähen. Wenn Sie die Motive mit der Maschine applizieren, verwenden Sie einen dichten Zickzackstich oder Plattstich, damit die Kanten nicht ausfransen. Den überschüssigen Stoff dicht an der Zickzackkante abschneiden.

Applikationen eignen sich für Bordüren auf Kopfkissen, Schnapprollos oder ungefütterte Vorhänge. Die Motive müssen sorgfältig plaziert werden. Bevor Sie mit dem Applizieren beginnen, schneiden Sie alle Motive aus, legen Sie sie auf die Kante, die verziert werden soll, und schieben Sie sie solange hin und her, bis Ihnen das Arrangement gefällt. Wählen Sie für die Motive einen Stoff, der im Gewicht nicht allzu verschieden vom Hauptstoff ist.

Es erleichtert die Arbeit, wenn Sie die Motive vor dem Applizieren mit doppelseitig klebendem Haftvlies versteifen. Danach, wie oben beschrieben, annähen und den überstehenden Stoff an den Kanten mit einer scharfen Schere abschneiden, damit die Umrisse gut zur Geltung kommen.

ANHANG

Massnehmen

Fenster

Überlegen Sie, welche Art von Dekoration sich für Ihre Fenster am besten eignen würde – sollen es bodenlange oder kurze Vorhänge sein, sollen sie innerhalb oder außerhalb der Fensternische angebracht werden. Das sind Entscheidungen, die getroffen werden müssen, bevor Sie den nächsten Schritt tun können.

Um den Stoffverbrauch zu berechnen, messen Sie mit einem Stahlbandmaß direkt am Fenster aus, wie lang und wie breit die fertigen Vorhänge sein sollen (S. 94–123). Bevor Sie mit dem Messen beginnen, bringen Sie die Schiene oder die Gardinenstange an. Außerdem gibt es noch eine Menge anderer Details zu berücksichtigen. Möchten Sie einen Vorhang mit Faltenband und Köpfchen, der die Schiene verdeckt? Wie tief hängen die Ringe, wenn der Vorhang an einer Gardinenstange hängen soll? Möchten Sie kurze Vorhänge, die das Fensterbrett verdecken, oder sollen sie nur bis zum Fensterbrett reichen? Sollen die Vorhänge am Fußboden schleifen oder sollen sie dicht über dem Teppich enden?

Entscheiden Sie sich, welche Länge Ihre Vorhänge haben sollen, und rechnen Sie die Saumzugaben an Ober- und Unterkanten dazu. Wenn die Stoffbahnen zu lang geschnitten sind, kann man immer noch einen breiten Saum machen; aber wenn die Vorhänge zu kurz sind, wirkt die ganze Fensterdekoration völlig anders.

Die Berechnung der erforderlichen Stoffbreite für einen Vorhang hängt von der Gestaltung der Oberkante ab und von der Art der Schiene oder der Gardinenstange. Die Länge der Schiene oder der Gardinenstange mit eineinhalb, zwei oder drei multiplizieren – je nachdem wieviel Stoffülle die Vorhänge haben sollen – und durch die Anzahl der Vorhänge teilen. Die Nahtzugaben für die Seitennähte werden pro Vorhang berechnet und dazuaddiert. Wenn zwei Stoffbreiten für einen Vorhang erforderlich sind, die zweite Stoffbahn der Länge nach halbieren und die Hälften rechts und links an die erste Bahn annähen, Webkante an Webkante.

Beim Berechnen der Breite für ein Springrollo achten Sie besonders auf den Fensterrahmen; der versteifte Stoff des Springrollos könnte leicht mit dem vorspringenden Fensterrahmen kollidieren. Ein Faltrollo fällt besser, wenn man es außerhalb des Fensterrahmens anbringt: Es verdeckt Fenster und Rahmen, wenn es heruntergelassen wird.

Um den Stoffbedarf zu berechnen, die Gesamtlänge des Vorhanges oder des Rollos mit der Anzahl der erforderlichen Stoffbreiten multiplizieren. Vergessen Sie nicht, zusätzliche Stoffzugaben zu machen: bei gemusterten Stoffen für den Verschnitt und bei Stoffen, die einlaufen könnten, als Sicherheitsreserve.

Bei Fenstern mit unregelmäßigen Formen die Dekoration aufzeichnen und direkt am Fenster Maß nehmen. Ein Bogenfenster erfordert Vorhänge, die nicht zugezogen werden können und statt dessen an den Seiten von Raffhaltern gehalten werden. Bei sonstigen Fensterformen kann man zum Aufhängen der Vorhänge Ösen verwenden. Seien Sie großzügig bei den Stoffzugaben.

Der Stoffverbrauch für Futter und Zwischenfutter ist der gleiche wie für den Hauptstoff; nur die Verschnittzugaben für gemusterte Stoffe entfallen.

Wenn Sie für handgenähte Fensterdekorationen Maß nehmen, zum Beispiel für geraffte Querbehänge mit lose herabfallenden Stoffenden, machen Sie sich am besten ein Muster, an dem Sie Fall und Raffung des Stoffes ausprobieren können. Auch Gardinen mit Spitzenkanten müssen sehr sorgfältig kalkuliert werden; vergewissern Sie sich, daß die Spitzenkante genau bis zum Fußboden oder bis zum Fensterbrett reicht.

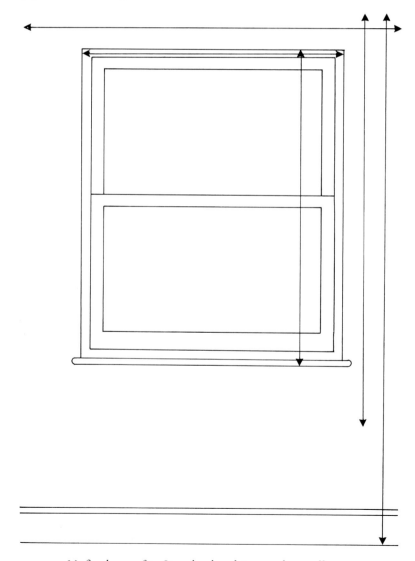

Maßnehmen für Standardvorhänge oder -rollos.

MASSNEHMEN

Ein Bogenfenster ausmessen

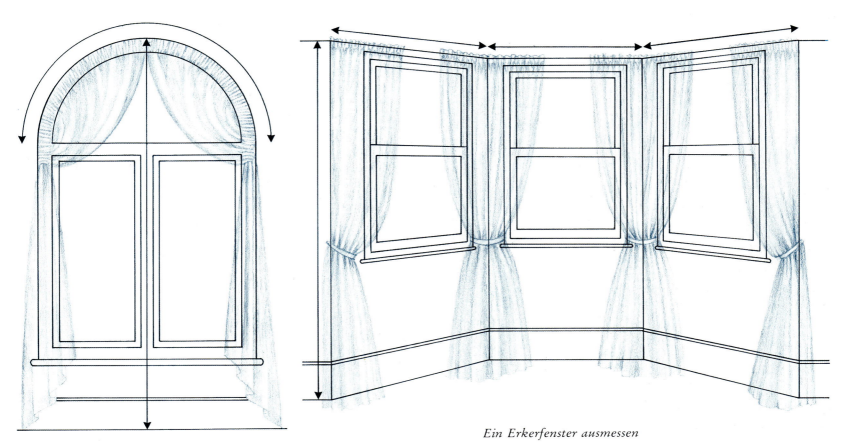

Ein Erkerfenster ausmessen

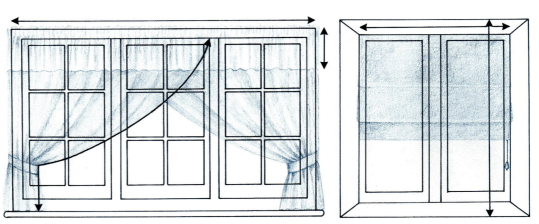

LINKS *Maßnehmen für einen gerafften Vorhang mit Raffrollo*

OBEN *Maßnehmen für über Kreuz geraffte Vorhänge mit Futteralkante und Querbehang*

OBEN RECHTS *Maßnehmen für ein Rollo in einer Fensternische*

ANHANG

Betten

Wenn Sie für eine maßgeschneiderte Decke für eine Liege oder ein Bett Maß nehmen, lassen Sie das normale Bettzeug, außer dem Kopfkissen, auf dem Bett liegen. Gewöhnlich werden diese Decken mit Zwickel und Volant gearbeitet. Der Zwickel ist genauso breit wie die Matratze, und der daran anschließende Volant reicht bis zum Fußboden.

Für die Liegefläche die Länge und die Breite des Bettes messen, Nahtzugaben dazurechnen. Für den Zwickel die Höhe der Matratze (mit dem dazugehörigen Bettzeug), die Seitenlängen und die Breite am Fußende messen. Der Zwickel wird in drei Teilen geschnitten: zwei lange Teile für die Seiten und ein kurzer Teil für das Fußende; die Nahtstellen sind an den Ecken. Die Breite des Volants messen, von der Unterkante des Zwickels bis zum Fußboden; Naht- und Saumzugaben dazuaddieren; beim Kalkulieren der Länge des Stoffstreifens für den Volant die Kräuselung oder die Falten berücksichtigen.

Eine Bettdecke darf etwas großzügiger geschnitten werden: Ein loser Überwurf kann zum Beispiel auf dem Boden schleifen. Wie man abgerundete Ecken arbeitet, können Sie auf S. 156 nachlesen.

Beim Maßnehmen für eine lose Bettdecke das Bettzeug, inklusive Kopfkissen, auf dem Bett liegenlassen, und beim Messen der Länge die Ausbuchtung durch das Kopfkissen und den Überhang auf dem Fußboden mit einbeziehen. Bei einer gefütterten Decke rundherum 15 mm für die Naht zugeben, bei einer ungefütterten Decke 5 cm für einen Doppelsaum. Wenn die Decke eingefaßt werden soll, ist keine Saumzugabe erforderlich. Wenn mehr als eine Stoffbreite erforderlich ist, entsprechende Nahtzugaben machen. Die Bahnen so aneinandernähen, daß die Nähte rechts und links von der Mitte verlaufen. Wenn Sie die Decke unter dem Kopfkissen einschlagen wollen, machen Sie eine entsprechende Zugabe.

Beim Maßnehmen für einen Volant die Matratze vom Bett nehmen. Länge und Breite der Liegefläche messen und rundherum 15 mm Nahtzugabe dazurechnen. Die Höhe des Volants von der Oberkante des Rahmens bis zum Fußboden messen; Nahtzugaben und Saumzugabe dazurechnen. Wie lang der Volantstreifen sein muß, hängt davon ab, wie dicht er gekräuselt wird, ob er rundherum in Falten gelegt wird oder nur an den Ecken. Als Ausgangspunkt für die Berechnung der Länge des Stoffstreifens für den Volant die Längskanten und die Kante am Fußende des Bettes messen.

Kissen

Die Kissenoberfläche messen und die Nahtzugabe rundherum dazurechnen. Bei einem viereckigen Kissen besteht der Zwickel meist aus vier Teilen. Da der Reißverschluß in der Mitte des hinteren Zwickels sitzt und um die angrenzenden Ecken läuft, muß man beim hinteren Zwickel an jeder Seite 8 cm zur Normallänge einer Seitenkante zugeben und 3 cm in der Höhe – zum Einnähen des Reißverschlusses.

Beim vorderen Zwickel müssen zur Länge einer Seitenkante Nahtzugaben für die Enden und für die Ober- und Unterkante addiert werden; bei den seitlichen Zwickeln müssen je 8 cm in der Länge abgezogen, die übrigen Nahtzugaben hinzugerechnet werden.

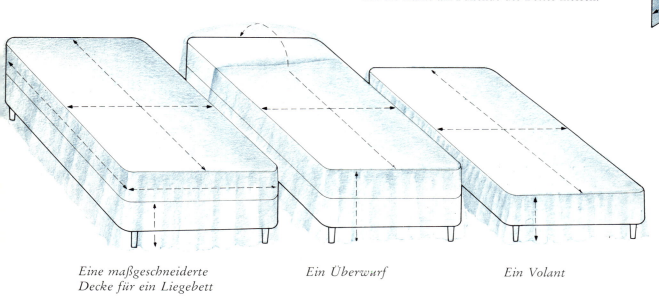

Eine maßgeschneiderte Decke für ein Liegebett   *Ein Überwurf*   *Ein Volant*

Sofas und Stühle

Beim Maßnehmen für lose Bezüge jede Fläche des Sitzmöbels, ob es sich um ein Sofa oder einen Stuhl handelt, in jeder Richtung an der breitesten Stelle messen. Machen Sie sich eine Liste mit den Maßen der einzelnen Flächen.

Höhe und Breite messen und den zusätzlichen Stoffbedarf für Kräuselungen oder Falten von Volants berechnen. An der Unterkante des vorderen Rückenteils und an der hinteren Kante der Sitzfläche eine Nahtzugabe von 5 cm machen – dort wird die Naht in die Ritze zwischen Rückenlehne und Sitzpolster geschoben. Für die Nähte rund um die Sitzfläche aus dem gleichen Grund 15 cm zugeben.

Die einzelnen Bezugteile maßstabgetreu auf Millimeterpapier aufzeichnen, die Teile beschriften und den Fadenlauf markieren. Die Teile ausschneiden. Auf einem anderen Stück Millimeterpapier die Breite des Stoffes, den Sie ausgewählt haben, einzeichnen. Die ausgeschnittenen Teile auf das Millimeterpapier legen; den Fadenlauf beachten. Wenn Sie einen ungemusterten Stoff verarbeiten, können Sie die Stücke stoffsparend plazieren, bei einem gemusterten Stoff müssen Sie außerdem den Rapport und die Position der Hauptmotive beachten.

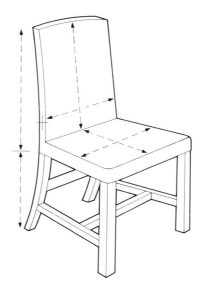

Anhand der Papiermuster können Sie auch den Stoffverbrauch für die Paspelierungen errechnen: die Kanten messen, die Zahlen umrechnen und den Stoffverbrauch berechnen.

Tische

Breite und Länge der Tischfläche messen und zu jedem Maß zweimal den erforderlichen Stoffüberhang addieren, je nachdem ob die Decke auf dem Fußboden schleifen soll, ob sie bis zur Kniehöhe oder bis zum Fußboden reichen soll. Rundherum 5 cm für Säume dazugeben; keine Saumzugabe ist erforderlich, wenn die Decke eingefaßt werden soll.

Wenn Sie eine Decke für einen großen Tisch anfertigen möchten, müssen Sie wahrscheinlich mehrere Bahnen aneinandernähen. Legen Sie die Nähte so, daß sie nicht über die Mitte des Tisches laufen: plazieren Sie eine ganze Stoffbreite in der Mitte und fügen Sie die Teilbahnen an den Seiten an. Die Zugaben für die Extranähte nicht vergessen.

Bei runden Tischen den Durchmesser messen und das Zweifache des Überhanges dazuaddieren. Auch bei runden Tischdecken sollten die Nähte nicht über die Tischmitte laufen.

Bei ovalen Tischen die Länge und Breite messen und das Zweifache des Überhanges dazuaddieren.

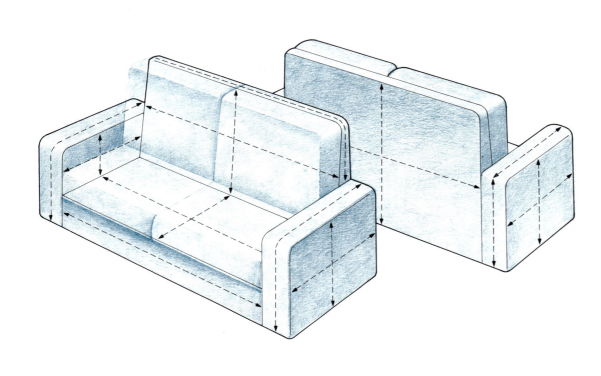

ANHANG

Untergrundvorbehandlung

Vor dem Anstreichen oder Tapezieren von Wänden, Decken oder Holzflächen muß man dafür sorgen, daß die Flächen sauber, trocken und in gutem Zustand sind. Eine verstaubte Oberfläche muß abgewaschen werden; danach wird ein Grundierungsmittel aufgetragen – sonst hält weder eine Tapete noch ein Farbanstrich. Eine solche Arbeit erfordert viel Zeit – manchmal hat man sogar den Eindruck, daß man auf der Stelle tritt, aber eine sorgfältige Untergrundvorbehandlung lohnt sich immer.

Holzflächen streichen

Wenn eine bereits gestrichene Holzfläche in gutem Zustand ist und die alte Farbschicht nicht allzu dick ist, wird die Fläche zunächst gründlich mit Wasser und einem gewöhnlichen Reinigungsmittel abgewaschen und mit Schleifpapier abgeschliffen; dadurch erhält man einen glatten Untergrund für einen neuen Farbanstrich. Wenn die alte Farbe sich bereits löst und abblättert, oder wenn sich im Laufe der Zeit eine so dicke Farbschicht angesammelt hat, daß das Fenster oder die Tür nicht mehr richtig schließt, muß die Farbe vollkommen entfernt werden. Diese Arbeit muß sehr gründlich ausgeführt werden, wenn das Holz in seinen natürlichen Zustand zurückversetzt werden soll.

Alte Farbschichten lassen sich durch Einwirkung von Hitze oder Chemikalien von der Holzoberfläche lösen. Zum Abbrennen braucht man einen Farbabbrenner (1), einen Spachtel und einen Kratzer. Durch die Hitze wird die Farbe weich und läßt sich mit einem breiten Spachtel oder mit einem Kratzer entfernen. Bei dieser Methode ist jedoch Vorsicht geboten. Tragen Sie Handschuhe; legen Sie keine Zeitungen auf den Boden, um die alte Farbe aufzufangen, da hier Brandgefahr besteht;

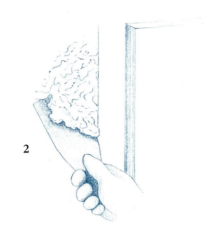

kommen Sie mit der Flamme nicht in die Nähe von Plastik oder Glas. Die Flamme wird hin und her bewegt, damit das Holz nicht verkohlt. Durch die Hitze wird die Farbe innerhalb von Sekunden weich. Arbeiten Sie langsam, bis Sie die Technik im Griff haben.

Ein chemisches Abbeizmittel – eine Paste oder eine Flüssigkeit – ist das beste Mittel für Flächen, die sich in der Nähe von Glas oder Plastik befinden, für Profile und für Fenster- und Türrahmen. Für große Flächen einen breiten Spachtel verwenden (2), für Profile einen Kratzer (3). Die chemische Methode ist allerdings teurer und zeitraubender, weil die Prozedur möglicherweise wiederholt werden muß, wenn mehrere Farbschichten abgelöst werden müssen. Richten Sie sich genau nach den Gebrauchsanweisungen des Herstellers; arbeiten Sie mit Handschuhen und Augenschutz. Sollte das Abbeizmittel mit Ihrer Haut in Kontakt kommen,

waschen Sie es sofort mit Wasser ab. Arbeiten Sie in gut durchlüfteten Räumen.

Nach dem Entfernen der Farbe die Fläche mit klarem Wasser reinigen und mit Sandpapier oder Stahlwolle schleifen; danach mit Terpentinersatz reinigen. Schwierige Objekte wie Fensterläden oder große Türen kann man von Fachleuten abbeizen lassen.

Neues Holz und Holz, das von alten Farbschichten befreit wurde, muß vor dem Anstrich grundiert werden, um die Saugfähigkeit des Materials zu reduzieren und die Voraussetzung für die Haltbarkeit des neues Anstrichs zu schaffen. Löcher und Fugen im Holz müssen mit Knetholz verkittet werden.

Als nächstes erfolgt der Anstrich mit Vorlack; diese Schicht bildet die Grundlage für den folgenden Farbanstrich; sie verhindert, daß eine bereits vorhandene Farbschicht durchschimmert und wird farblich auf die Schlußlackierung abgestimmt.

Wenn Sie Wert auf einen natürlichen Holzton legen, können Sie durch entsprechende Beizen den Naturton unterstreichen oder verändern. Gebeiztes Holz kann man mit Politur oder farblosem Lack versiegeln. Eine andere Möglichkeit wäre ein Anstrich mit getöntem Polyurethanlack; aber zuvor muß ein farbloser Lack zum Versiegeln der Oberfläche aufgetragen werden, damit sich der kolorierte Lack gleichmäßig auftragen läßt. Es ist ratsam, die erste Lackschicht mit Terpentinersatz zu verdünnen, um die Saugfähigkeit des Holzes zu regulieren. Beizen und farblose Lacke haben auf verschiedene Hölzer ganz unterschiedliche Wirkungen; es empfiehlt sich daher, sie auf einem separaten Stück Holz auszuprobieren. Der Lack bekommt einen natürlichen Schimmer, wenn man ihn mit feiner Stahlwolle poliert, die zuvor in Wachspolitur getaucht wurde. Auch eine Politur mit Bienenwachs oder Leinöl gibt dem Holz einen natürlichen Glanz; diese Polituren sind allerdings nicht sehr dauerhaft.

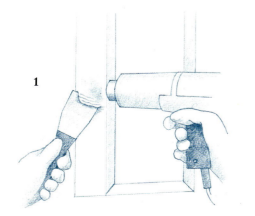
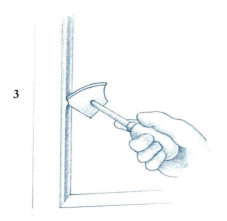

Untergrundvorbehandlung von verputzten Wänden

Gestrichene Wände von oben nach unten abwaschen; Ölfarbe mit feinem Schleifpapier abschleifen, damit die neue Farbe haften kann. Abblätternde Farbe mit dem Spachtel abkratzen, pulvrige Dispersionsfarbe abwaschen und eine verfestigende Grundierung auftragen.

Tapete

Normale Tapete läßt sich mit viel Wasser ablösen, dem ein Reinigungsmittel beigegeben wurde. Es dauert eine ganze Weile, bis die Tapete sich voll Wasser gesaugt hat und der Kleister sich löst. Die Oberfläche mit einem gezahnten Spachtel einritzen (1), zur Probe ein kleines Stück Tapete abkratzen (2); wenn das Papier sich nicht leicht ablösen läßt, noch eine Weile warten.

Abwaschbare Tapeten sind wasserdicht, daher muß die Oberfläche mit einem gezahnten Spachtel oder mit Schleifpapier aufgerauht werden, damit das Wasser eindringen kann. Vinyltapeten bestehen aus zwei Schichten; wenn man die obere Vinylschicht entfernt, kann man die untere Schicht als Makulatur verwenden – falls sie unversehrt geblieben ist. Die obere Schicht von der unteren lösen und – dicht an der Wand entlang – von der unteren Schicht abziehen (3). Wenn Sie die untere Schicht ebenfalls entfernen wollen, gehen Sie vor wie bei normaler Tapete.

Bei großen Flächen empfiehlt es sich, einen Dampfstripper auszuleihen. Der Dampf weicht die Tapete auf, so daß sie sich leicht von der Wand ablösen läßt (4). Gehen Sie vorsichtig mit dem Dampfstripper um, wenn die Fläche darunter aus Gipsbauplatten besteht. Sie weichen genauso auf wie die Tapete, und es besteht die Gefahr, daß sie beim Abkratzen der Tapete eingedrückt werden.

Es macht nichts, wenn ein paar Tapetenreste auf der Wand klebengeblieben sind; sie lassen sich mit einer Scheuerbürste oder mit Sandpapier leicht abkratzen. Lassen Sie die Wand gründlich trocknen, bevor Sie sie neu tapezieren.

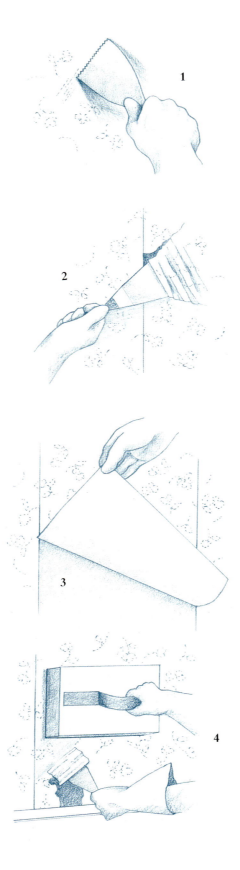

Acrylschaumtapeten und Vinylschaumtapeten

Schaumtapeten sind schwer zu entfernen. Der Raum muß ganz und gar ausgeräumt werden, denn bei dieser Arbeit gibt es viel Schmutz. Erkundigen Sie sich, was der Hersteller empfiehlt; im allgemeinen verwendet man den Tapetenstripper.

Fliesen

Wenn Sie Fliesen von einer Oberfläche abschlagen wollen, werden Sie nicht darum herumkommen, den Untergrund anschließend auszubessern: beim Herausreißen der Fliesen löst sich wahrscheinlich auch eine Menge Putz von der Wand, und auch der Holzuntergrund des Fußbodens wird beschädigt. Zum Abschlagen der Fliesen von der Wand braucht man einen Hammer und einen Meißel.

Löcher und Risse in der Wand füllen

Haarrisse, kleine Löcher von Nägeln und größere Beschädigungen, die durch das Herumrücken von Möbeln verursacht wurden, müssen bündig mit der Wandfläche zugegipst werden. Es gibt Füllmassen in Pastenform und als Pulver, das man nur noch mit Wasser anrühren muß.

Zum Füllen von Rissen im Putz braucht man ein Universalmesser, um den losen Gips herauszukratzen (1). Der Gipsstaub wird mit einer Bürste entfernt, und der Riß und die Umgebung mit einem Pinsel angefeuchtet. Die Füllmasse mit einem Spachtel in den Riß drücken und bündig glattstreichen. Wenn die Füllmasse vollständig getrocknet

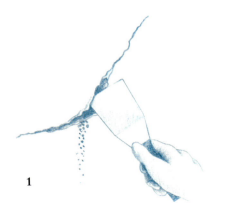

ist, die Oberfläche und die Umgebung mit feinem Sandpapier glattschleifen.

Wenn ein Loch gefüllt werden soll, den losen Putz mit Meißel und Hammer abschlagen, den Gipsstaub mit einem Pinsel entfernen, das Loch und die Umgebung anfeuchten. Immer nur wenig Füllmasse mischen und das Loch in mehreren Schichten von je 12 mm füllen (2). Die Füllmasse vor dem Auftragen der nächsten Schicht trocknen lassen. Die letzte Schicht mit einem Stück Holz oder einer Maurerkelle bündig glattstreichen.

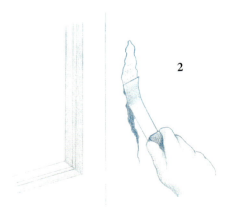

Zum Füllen größerer Löcher verwendet man zusätzlich Glasfaservlies oder Malerbinde. Den losen Putz um das Loch herum mit Hammer und Meißel abschlagen. Das Loch säubern und rundherum eine dünne Putzschicht von der Wand abkratzen, so daß eine kleine Mulde entsteht (3). Die Umgebung mit Sandpapier abschleifen, ein Stück Glasfaservlies oder Malerbinde passend schneiden, über das Loch in die Mulde legen; an den Rändern mit ein wenig Füllmasse an der Wand ankleben 64). Die Füllmasse auftragen; trocknen lassen und mit Sandpapier bündig mit der Wandfläche schleifen.

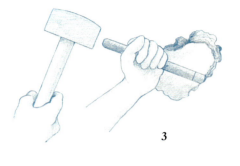

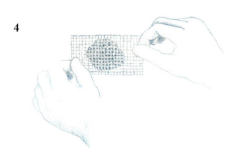

Fussböden

Wie alle anderen Flächen muß auch der Fußboden sauber, in gutem Zustand und trocken sein, bevor man einen neuen Belag aufbringt. Unebene Holzdielen oder herausragende Nagelköpfe könnten den neuen Belag beschädigen.

Betonböden und andere wasserundurchlässige Böden werden durch Aufbringen einer Estrichmasse begradigt. Der Estrich muß auf einen trockenen Untergrund aufgebracht werden. Den Boden säubern; Fett und Schmutz entfernen; Löcher und Unebenheiten mit einem entsprechendem Füllmaterial einebnen. Beim Aufbringen des Estrichs die Anleitungen des Herstellers genau befolgen. Kleine Kerben oder Unebenheiten können außer acht gelassen werden; sie gleichen sich von selbst aus, wenn die Estrichmasse sich setzt.

Unterböden verlegen

Wenn Sie einen Holzfußboden haben, werden Sie nicht darum herumkommen, ab und zu Risse zu füllen, Nagelköpfe einzutreiben oder abgenutzte Dielen zu ersetzen. Wenn Sie einen Vinylbelag oder Fliesen verlegen möchten, ist ein absolut ebener Untergrund unerläßlich. Den bekommen Sie durch Verlegen einer zusätzlichen Schicht von Hartfaserplatten, Spanplatten oder Sperrholz, die außerdem vor Zugluft schützt. In modernen Häusern werden bereits häufig Spanplatten anstelle von Dielen verlegt; das erspart das Verlegen zusätzlicher Unterböden.

Die Platten werden beim Verlegen um eine halbe Länge versetzt. Zum Befestigen von Hartfaserplatten verwendet man Flachkopfschrauben, für Spanplatten oder Sperrholzplatten Senkkopfschrauben; die Köpfe werden in die Platten eingetrieben, damit der neue Bodenbelag nicht beschädigt wird.

Hartfaserplatten müssen der Temperatur und der Feuchtigkeit des Raumes angepaßt werden, daher mindestens 48 Stunden vor dem Verlegen in den betreffenden Raum bringen. Die Platten mit der glänzenden Oberfläche nach unten legen. Der Klebstoff wird auf die rauhe Seite aufgetragen.

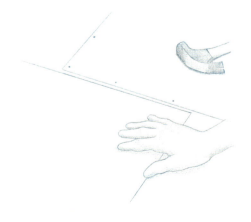

UNTERGRUNDVORBEHANDLUNG

Unterkonstruktionen für Wandverkleidungen

Bevor man eine Holzvertäfelung oder eine Stoffbespannung anbringen kann, muß man einen Lattenrost konstruieren, an dem die Holzplatten oder die Stoffbahnen befestigt werden. Wie man die Latten für eine Stoffbespannung plaziert, können Sie auf S. 74/75 nachlesen. Wenn die Wand mit Nut- und Federbrettern verkleidet werden soll, müssen die Latten in Abständen von 50 cm angebracht werden, entweder senkrecht oder waagrecht – aber stets im rechten Winkel zu den Paneelen. Die Paneele werden am oberen und unteren Ende und in der Mitte an den Latten befestigt (1).

Bei der Plazierung von Profilleisten oder Holzverkleidungen richtet man sich am besten nach traditionellen Vorbildern. Mit der Wasserwaage prüfen, ob die horizontalen Linien wirklich waagerecht sind. Die Längsmasse der Profilleisten so berechnen, daß die Schnittstellen an den Ecken sind; die Ecken mit Hilfe einer Gehrungslade schneiden oder die Schnitte vor dem Schneiden an den Ecken einzeichnen (3).

Paneele und Profilleisten müssen grundiert werden, bevor sie an der Wand angebracht werden. Beim Anbringen der Profilleisten die Löcher für die Dübel vorbohren oder die Köpfe der Stahlnägel mit dem Durchschläger versenken. Die Löcher vor dem Anstreichen mit Holzkitt füllen.

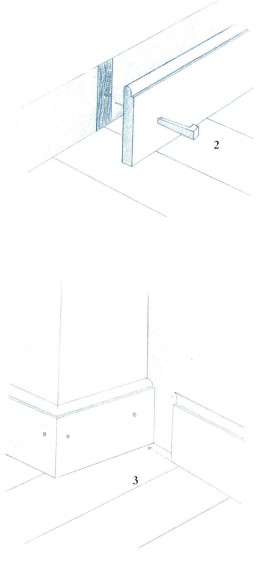

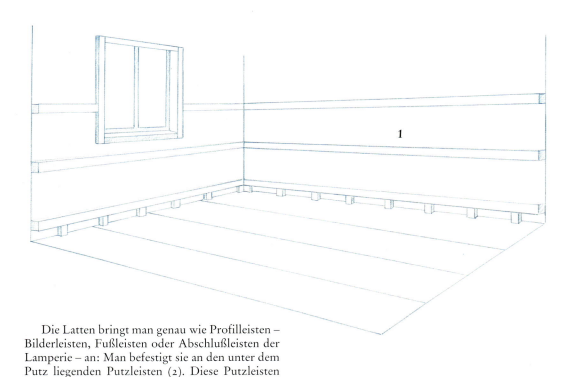

Die Latten bringt man genau wie Profilleisten – Bilderleisten, Fußleisten oder Abschlußleisten der Lamperie – an: Man befestigt sie an den unter dem Putz liegenden Putzleisten (2). Diese Putzleisten lassen sich leicht finden, wenn man die Wand abklopft.

ANSTRICHFARBEN

Anstrichfarben lassen sich grob in Ölfarben und Dispersionsfarben einteilen. Zu den Ölfarben gehören Grundierungen, Hochglanzlacke für Holz und Metallflächen und halbmatte Lacke wie *Eggshell-Lack* für Wände und Holzflächen. Ölfarben bieten den besten Oberflächenschutz; sie sind haltbar und abwaschbar und eignen sich daher gut für Fußböden, Fußleisten und Räume, in denen Kondensbildung auftritt. Zum Verdünnen von Ölfarben verwendet man Terpentinersatz, den man auch zum Reinigen der Pinsel nehmen kann. Die Gebrauchsanweisung von Pinseln beachten: Es gibt Pinsel für Ölfarben, die man in heißem Wasser mit einem Zusatz von Haushaltsreinigern waschen kann. Ebenfalls zu den Ölfarben gehören opalisierende Lasuren, mit denen sich spezielle Farbeffekte erzielen lassen, und Speziallacke.

Dispersionsfarben sind wasserlöslich; sie sind im allgemeinen leichter zu handhaben und werden gewöhnlich für Wände und Decken verwendet; es gibt sie – wie Ölfarben – in glänzend und halbmatt, aber sie sind weniger strapazierfähig. Wasserlösliche Farben werden mit Wasser verdünnt, und die Pinsel lassen sich leicht mit Wasser und Seife auswaschen.

Überlegen Sie vor dem Anstreichen, was sie an Ausrüstung und Werkzeug benötigen. Meist streicht man zuerst die Decken und Wände und dann die Holzteile. Farbroller neigen dazu, beim Streichen einen leichten Farbfilm zu versprühen, daher sollte man entweder die bereits gestrichenen Flächen abdecken, oder mit der Decke beginnen.

Hier noch ein paar wichtige Tips:
● Holzflächen, die an eine tapezierte Wand stoßen, vor dem Tapezieren streichen.
● Auf alle neuen Holz- und Metallflächen zuerst eine Grundierung auftragen, erst dann kommt der Voranstrich.
● Ölfarbe und Dispersionsfarbe nicht mischen: Holzflächen, die mit Ölfarbe gestrichen werden, müssen auch mit Ölfarbe vorgestrichen werden.
● Den Voranstrich vollkommen trocknen lassen; erst danach weitere Farbschichten auftragen.

WIEVIEL FARBE IST ERFORDERLICH?

Der Farbverbrauch hängt von der Größe der Fläche ab, die gestrichen werden soll, und von ihrer Beschaffenheit. Poröse Flächen erfordern mehr Farbe; wieviel Farbe man für die Schlußlackierung braucht, hängt von der Anzahl der Voranstriche ab.

DEN BEDARF AN FLIESEN SCHÄTZEN

Wie viele Fliesen man für eine Fläche von einem Quadratmeter braucht, steht auf der Verpackung. Den Raum ausmessen und die Quadratmeterzahl berechnen. Kleinere Flächen, die nicht gefliest werden müssen, wie zum Beispiel der Vorsprung einer Kaminverkleidung, nicht abziehen; dadurch hat man eine kleine Reserve als Ersatz für Bruch und Verschnitt.

Wenn man Fliesen verschiedener Größe verwendet, muß man etwas genauer rechnen, damit nicht unnötig Material verschwendet wird. Wenn zum Beispiel in der Mitte eines Raumes gemusterte Fliesen verlegt werden sollen und darum herum eine Bordüre aus Fliesen in anderen Maßen, muß man die Fläche genau ausmessen und die Plazierung der Fliesen sorgfältig planen. Man teilt den Raum in kleine Flächen ein, berechnet den Fliesenbedarf für jede Teilfläche und rechnet zum Schluß alles zusammen.

TAPETE

Die Gesamtlänge der Wandfläche messen, die großen Hindernisse wie Panoramafenster und Einbauschränke nicht mitrechnen, aber die Flächen von Türen und normalen Fenstern nicht abziehen. Die Höhe der Wand von der Fußleiste bis zur Bilderleiste oder zum Karnies messen. Bei einem großrapportigen Muster muß pro Bahn eine bestimmte Länge für den Verschnitt dazugerechnet werden. Die Länge einer Tapetenrolle durch die erforderliche Länge der Bahnen teilen, um festzustellen, wie viele Bahnen man aus einer Rolle schneiden kann. Die Gesamtlänge der Wände durch die Breite der Rollen teilen, um festzustellen, wie viele Bahnen man für den Raum braucht. Diese Zahl durch die Anzahl der Bahnen pro Rolle teilen, um festzustellen, wie viele Rollen benötigt werden. Wenn viele Unregelmäßigkeiten im Raum vorkommen, entsprechende Zugaben machen. Die folgende Tabelle kann als grobe Richtlinie für die Berechnung dienen.

Bordüren werden in Rollen von unterschiedlicher Länge angeboten; die Länge ist jeweils auf der Rolle angegeben.

TABELLE FÜR DEN TAPETENBEDARF (Anzahl der erforderlichen Rollen)

Höhe der Wand in Metern	Länge der Wände im ganzen Raum (einschließlich Türen und Fenster)												
	10	11	12	13	14	15	16	17	18	19	20	21	22
2,0 m bis 2,2 m	5	5	5	6	6	7	7	7	8	8	9	9	10
2,2 m bis 2,4 m	5	5	6	6	7	7	8	8	9	9	10	10	10
2,4 m bis 2,6 m	5	6	6	7	7	8	8	9	9	10	10	11	11
2,6 m bis 2,8 m	6	6	7	7	8	8	9	9	10	11	11	12	12
2,8 m bis 3,0 m	6	7	7	8	8	9	9	10	11	11	12	12	13
3,0 m bis 3,2 m	6	7	8	8	9	10	10	11	11	12	13	13	14
3,2 m bis 3,4 m	7	7	8	9	9	10	11	11	12	13	13	14	15

GLOSSAR

Abkleben Eine Fläche mit Klebeband verdecken, während eine angrenzende Fläche gestrichen wird; erforderlich z. B. bei der Schabloniertechnik, wenn eine Schablone in mehreren Farben ausgemalt werden soll.

Auf Stoß verlegen oder zusammenfügen Kante an Kante legen.

Baluster Glattes oder gedrechseltes Stützglied eines Treppengeländers.

Bilderleiste Eine Leiste, die um den oberen Teil der Wand läuft; sie dient zum Anbringen von Bildern.

Dispersionsfarbe Wasserlösliche, schnell trocknende Farbe.

Eggshell Ölfarbe, halbmatt, ein Produkt von LAURA ASHLEY.

Farbwäsche Ein Farbanstrich, der aus mehreren Schichten von stark verdünnter Farbe oder Lasur besteht; wird mit lockeren Pinselstrichen aufgetragen.

Flor Samtartige Oberfläche von Stoffen oder Teppichen.

Fußleiste Eine dekorative Leiste aus Holz, Stuck oder anderem Material an der Stelle, wo Wand und Fußboden zusammentreffen.

Gaubenfenster Ein vertikales Fenster, das in die Dachschräge eingebaut ist.

Grundierfarbe oder -lack Wird vor dem Anstreichen aufgetragen, um Holz-, Metall- oder Wandflächen vor dem Anstreichen zu versiegeln, damit die Farbe nicht in die porösen Oberflächen eindringt.

Grundriß, offener Ein großer Wohnraum ohne Zwischenwände.

Hartfaserplatte Eine Platte aus gepreßten Holzfasern. Die rauhe Seite ist gut haftend; auf sie wird der Klebstoff für die Fliesen aufgetragen.

Kammzugtechnik Eine Maltechnik zum Dekorieren von Wand- oder Holzflächen.

eht einen harten Flächenpinsel über einen noch nassen Farbanstrich, wodurch die untere Farbschicht sichtbar wird.

Karnies Ein Fries aus Stuck oder Holz zwischen Wand und Decke. Das Karnies kann flach oder plastisch, stark verziert oder glatt sein.

Kreidelinie Man hängt eine Schnur, an der ein Senkblei hängt und die mit bunter Kreide eingerieben wurde, an die Wand und läßt sie gegen die Wand schnellen, damit sich eine senkrechte Kreidelinien abzeichnet.

Lamperie Der untere Teil der Wand, der sich durch eine abweichende Dekoration von der übrigen Wandfläche unterscheidet und am oberen Rand durch eine Leiste begrenzt wird.

Lamperieleiste Die Leiste, die die Lamperie abschließt.

Lasur Durchsichtiger, lasierender (getönter) Lack; wird für spezielle Farbeffekte verwendet, macht den Grundanstrich interessanter.

Lattenrost Holzkonstruktion aus schmalen Holzleisten zum Anbringen von Stoffbespannungen oder Holzverschalungen an der Wand.

Marmorieren Eine Maltechnik, die zur Imitation von Marmor dient.

Nut- und Federbretter Bretter für eine Wand- oder Deckenverkleidung, fertig zum Verlegen, mit Nut und Feder geschnitten. Sind auch als Fußbodenbelag erhältlich.

Polyurethan Komponente von Lackfarben, die sie strapazierfähig, säure- und kondenswasserbeständig macht.

Profilleiste Dekorative Holzleiste.

Querbehang Ein Stoffbehang, gekräuselt, in Falten gelegt oder in Phantasieform. Eine Dekoration, die die Oberkante der Gardine verdeckt oder an einem Vierpfostenbett angebracht wird.

Relief Ein plastisches Ornament.

Schabracke Eine kastenförmige Dekoration, die die Oberkante des Vorhangs verdeckt; aus Holz oder versteiftem Stoff.

Schleifpapier Ist in verschiedenen Feinheitsgraden erhältlich; man verwendet es zum Glätten und zum Abschleifen von Flächen als Vorbereitung für einen Farbanstrich oder zwischen zwei Anstrichen.

Spanplatte Eine Platte aus Sägemehl und Kleister.

Trompe l'œil Wörtlich: »Augentäuschung«. Naturgetreue, perspektivisch korrekte Darstellungsweise der Malerei, bei der der Betrachter nicht zwischen Abbildung und Wirklichkeit unterscheiden kann.

Tupfen Eine Maltechnik zum Dekorieren von Wänden. Die Farbe wird mit einem Schwamm oder einem zusammengerollten Lappen auf die Wand getupft, auf die zuvor ein Voranstrich aufgetragen wurde.

Unterboden Eine untere Schicht des Fußbodens – unter Dielen, Parkett, Fliesen etc.

Verschlichten Das Verstreichen von frischer Farbe mit leichten Pinselstrichen, um einen gleichmäßigen Anstrich zu erzielen.

Voranstrich Erster Farbanstrich. Er wird nach der Grundierung aufgetragen und verhindert das Durchschimmern von dunkleren Farben aus früheren Anstrichen.

Wickeltechnik Eine Maltechnik zum Dekorieren von Wänden. Man taucht einen zusammengerollten Lappen in verdünnte Farbe oder lasierenden Lack und rollt ihn über die Wand, auf die zuvor ein Voranstrich aufgetragen wurde.

Winkeleisen Rechtwinkliges Eisenband zum Stützen oder Halten von Brettern, die an der Wand befestigt werden; erforderlich zum Beispiel bei Anbringen eines Querbehanges.

Textil-ABC

Stoffe	Verwendung	Haltbarkeit	Reinigung	Verarbeitung	Verfügbare Breiten
KALIKO (dichtes, ungebleichtes Baumwollgewebe)	Feste Polsterungen (unter losen Bezügen), Polsterkissenbezüge	In verschiedenen Gewichten erhältlich; es gibt auch Kaliko mit Beimischungen von synthetischen Fasern	Kaliko aus reiner Baumwolle kann bis zu 10 % einlaufen; daher: vor dem Verarbeiten waschen	Leicht zu verarbeiten	90 bis 150 cm
CAMBRIC (feiner, dicht gewebter Baumwollstoff)	Eignet sich für Inlets, Kissen- und Kopfkissenbezüge und Daunendecken	Die dichte Webart macht das Gewebe haltbar; in verschiedenen Gewichten erhältlich	Für Inlets wird wegen der Feder- oder Daunenrückstände eine Spezialreinigung empfohlen; in unterschiedlichen Gewichten erhältlich	Leicht zu verarbeiten	140 cm
CHINTZ (Baumwollstoff mit glänzender Oberfläche, einfarbig oder gemustert)	Vorhänge, Querbehänge, Schabracken, Rollos, Tagesdecken, Bettverkleidungen, Kissenbezüge, lose Polsterbezüge, Daunendecken und feste Polsterbezüge (nur aus schwereren Qualitäten)	Unterschiedliche Haltbarkeit, je nach Qualität; die gewachste oder appretierte Oberfläche ist staubabweisend; einfarbiger Chintz eignet sich nicht für lose oder feste Polsterbezüge in einem Familienwohnzimmer	Waschbar, läuft bis zu 3 % ein; chemisch reinigen lassen, um den Glanz zu erhalten	Leicht zu verarbeiten; vorsichtig nähen, aufgetrennte Nähte bleiben sichtbar	120 bis 150 cm
CORDSAMT	Polster- und Kissenbezüge	Kann sehr haltbar sein; die Haltbarkeit variiert je nach Gewicht; informieren Sie sich beim Kauf	Chemisch reinigen, damit der Flor glatt bleibt	Verhältnismäßig leicht zu verarbeiten; aber der dichte Flor kann Probleme bei wulstigen Nähten machen	120 bis 150 cm
DOBBY (einfacher Stoff mit texturierter Oberfläche und kleinformatigen Webmustern)	Lose und feste Polsterbezüge	Strapazierfähig	Chemische Reinigung wird empfohlen; Stoffe mit Synthetikbeimischung können gewaschen werden	Nicht leicht zu nähen, da der Stoff ziemlich sperrig ist	140 cm
DEKORATIONSSTOFFE AUS BAUMWOLLE (Baumwollstoff mit Leinenbindung, gemustert oder einfarbig)	Vorhänge, Querbehänge, Schabracken, Rollos, Tagesdecken, Kissenbezüge, lose Polsterbezüge; schwerere Qualitäten eignen sich für feste Polsterbezüge	Verschieden; hängt von der Schwere des Stoffes ab; farbbeständig	Leichte bis mittelschwere Qualitäten können gewaschen werden; sie laufen bis zu 3 % ein (waschen bei 40° C, heiß bügeln); schwere Bezugstoffe chemisch reinigen	Leicht zu nähen; schwerere Qualitäten können sperrig sein	120 bis 150 cm
ZWISCHENFUTTER (weiches, voluminöses Gewebe, weiß oder »Offwhite«, bekannt als Molton)	Als Zwischenfutter für Gardinen und Querbehänge, Tagesdecken und dekorative Tischdecken geeignet; gibt mehr Volumen und einen besseren Fall	Knittert bei starker Beanspruchung	Chemisch reinigen	Von Hand nähen	120 bis 130 cm

Textil-ABC

Stoffe	Verwendung	Haltbarkeit	Reinigung	Verarbeitung	Verfügbare Breiten
SPITZE UND VOILE (glatte und gemusterte durchsichtige Stoffe)	Vorhänge, Querbehänge, Raffrollos, Bettdecken; Bettverkleidungen, Tischdecken, Kissenbezüge	Empfindlich; ist bei geringer Beimischung von Polyestergarnen etwas haltbarer	In reiner Seifenlösung von Hand oder in der Maschine bei 40 °C waschen; fast kalt bügeln	Vor dem Nähen vorsichtig heften	140 bis 150 cm Spitze für Querbehänge 30 bis 37,50 cm
LEINENMISCHGEWEBE (ungemusterte, texturierte und gemusterte Stoffe)	Vorhänge, Querbehänge, Draperien, einfache Rollos, Kissenbezüge, lose und feste Polsterbezüge	Die Strapazierfähigkeit hängt von der Zusammensetzung des Gewebes ab: normalerweise 60 % Leinen und 40 % Baumwolle	Chemisch reinigen	Verhältnismäßig leicht zu verarbeiten; franst leicht; einige Qualitäten sind sperrig	140 cm
BAUMWOLLFUTTERSTOFF (einfacher Baumwollstoff mit Satinglanz, meist weiß oder »Offwhite«)	Futterstoff für Vorhänge, Querbehänge, Draperungen, Bettdecken, dekorative Tischdecken	Gut; trägt zu größerer Haltbarkeit der Vorhänge, Bettdecken etc. bei	Genau wie den dazugehörigen Oberstoff behandeln; wenn der Oberstoff waschbar ist, beide Stoffe vor dem Verarbeiten waschen, weil sie möglicherweise unterschiedlich einlaufen.	Leicht zu nähen	120 bis 136 cm
BAUMWOLLRIPS (gerippter Baumwollstoff, einfarbig oder leicht gemustert)	Lose und feste Polsterbezüge	Strapazierfähig	Chemisch reinigen	Ziemlich leicht zu nähen	140 cm
BESCHICHTETER BAUMWOLLSTOFF (Baumwollstoff mit einfacher Leinenbindung, mit Plastik beschichtet)	Tischdecken, Schürzen, Abdeckungen für Küchenmaschinen; nicht geeignet für Rollos oder Duschvorhänge	Sehr strapazierfähig, kann im Laufe der Zeit vergilben	Mit einem feuchten Tuch abwischen; weder waschen noch chemisch reinigen	Leicht zu schneiden, beim Nähen etwas steif; den Stoff beim Nähen zwischen zwei Schichten Seidenpapier legen, damit er nicht an der Nadel kleben bleibt	140 cm
BAUMWOLLSATIN (Baumwollstoff mit Satinbindung, häufig in traditionellen Mustern)	Vorhänge, Querbehänge, Schabracken, Rollos, Draperien, Bettdecken, Daunendecken, lose und feste Polsterbezüge	In unterschiedlichen Qualitäten erhältlich; lassen Sie sich vom Verkäufer informieren	Waschen bei 40° C, bei mittlerer Hitze bügeln; oder chemisch reinigen	Ziemlich leicht zu nähen; erfordert viel Platz beim Nähen großer Stücke	122 bis 135 cm
SAMT (Baumwolle, Synthetik oder Mischgewebe)	Vorhänge, Draperien, Kissenbezüge, feste Polsterbezüge, dekorative Tischdecken	Strapazierfähig, aber unterschiedlich in der Qualität; informieren Sie sich beim Kauf	Muß gereinigt werden	Schwer zu verarbeiten; der Flor muß bei allen Teilstücken in der gleichen Richtung laufen; beim Zuschneiden die Markierungen auf der linken Seite einzeichnen; in der Richtung des Flors nähen	120 bis 140 cm

Laura-Ashley-Shops

AUSTRALIEN

The Gallerie
Gawler Place
ADELAIDE
South Australia 5000

1036 High Street
ARMADALE
Victoria
Australia 3134

Shop 84
Wintergarden
171 Queen Street
BRISBANE
Queensland
Australia 4000

Ship 58
The Gallery
Lemon Grove
Victoria Avenue
CHATSWOOD
N.S.W.
Australia 2067

3 Transvaal Avenue
DOUBLE BAY
N.S.W.
Australia 2028

Shop 49
Market Square
Moorabool Street
GEELONG
Victoria
Australia 3220

Centrepoint
209 Murray Street
HOBART
Tasmania 7000

179 Collins Street
MELBOURNE
Victoria
Australia 3000

City Arcade
Hay Street Level
PERTH
Western Australia 6000

114 Castlereagh Street
SYDNEY
Australia

Mezzanine Level –
Centrepoint
Castlereagh Street
SYDNEY
Australia

BELGIEN

Frankrijklei 27
2000 ANTWERPEN

Le Grand Sablon 31
1000 BRÜSSEL
(Decorator Showroom)

**BUNDESREPUBLIK
DEUTSCHLAND**

Holzgraben 1–3
5100 AACHEN

Karlsstraße 15
8900 AUGSBURG

Im KaDeWe
Tauentzienstraße 21–24
1000 BERLIN 30

Niedernstraße 14
4800 BIELEFELD

Sögestraße 54
2800 BREMEN 4

Hunsrückstraße 43
4000 DÜSSELDORF

Goethestraße 3
6000 FRANKFURT 1

Neuer Wall 73–75
2000 HAMBURG

Georgestraße 36
3000 HANNOVER

Kaiserstraße 187
7500 KARLSRUHE

Hohestraße 160–168
5000 KÖLN

Ludgeriestraße 79
4400 MÜNSTER

Sendlinger Straße 37
8000 MÜNCHEN

Ludwigsplatz 7
3500 NÜRNBERG

Breite Straße 2
7000 STUTTGART 1

Langgasse
6200 WIESBADEN

FRANKREICH

4 Rue Joseph Cabassol
13100 AIX EN PROVENCE

2 Place du Palais
Porte Cailhau
33000 BORDEAUX

Centre Commercial
»Grand Var«
Avenue de l'Université
83160 LA VALETTE
(Au Printemps)

Niveau 1
Centre Commercial Parly 2
Avenue Charles de Gaulle
78150 LE CHESNAY
(Au Printemps)

Rez de Chaussée
39–45 Rue Nationale
59800 LILLE
(Au Printemps)

98 Rue Président Edouard
Herriot
69002 LYON

2ième Etage
6 Avenue Jean Medicin
0600 NICE

1er Etage
40 Bld Haussmann
75009 PARIS
(Galeries Lafayette)
Clothes only

5ième Etage
40 Bld Haussmann
75009 PARIS
(Galeries Lafayette)
Home Furnishings

Le Printemps de la Mason
7ième Etage
64 Bld Haussmann
75009 PARIS

95 Avenue Raymond
Poincaré
75016 PARIS

94 Rue de Rennes
75006 PARIS

261 Rue Saint Honoré
75001 PARIS

34 Rue de Grenelle
75007 PARIS

5ième Etage
1–5 Rue de la Haute Montée
67004 STRASBOURG CEDEX

2 Rue du Temple Neuf
67000 STRASBOURG

50 Rue Boulbonne
31000 TOULOUSE

Niveau 3
Avenue de l'Europe
Centre Commercial Velizy II
78140 VELIZY
VILLACOUBLAY
(Au Printemps)

GROSSBRITANNIEN

191–197 Union Street
ABERDEEN

10 Hale Leys
AYLESBURY

The Bear Inn
Market Place
BANBURY

Winchester Road
BASINGSTOKE
(Sainsbury's Homebase)

The Old Red House
8–9 New Bond Street
BATH

Pines Way
BATH
(Sainsbury's Homebase)

75 High Street
BEDFORD

14–16 Priory
Queensway
BIRMINGHAM

147 New Street
BIRMINGHAM
Clothes only

80 Old Christchurch Road
BOURNEMOUTH

762 Harrogate Road
BRADFORD
(Sainsbury's Homebase)

Ashley Road
Parkstone
BRANKSOME
Poole
(Sainsbury's Homebase)

45 East Street,
BRIGHTON

62 Queens Road
Clifton
BRISTOL

39 Broadmead
BRISTOL

1 The Lexicon Cornhill
BURY ST EDMUNDS

14 Trinity Street
CAMBRIDGE

41–42 Burgate
CANTERBURY

5 High Street
CARDIFF

Colchester Avenue
off Newport Road
Roath
CARDIFF
(Sainsbury's Homebase)

3–4 Grapes Lane
CARLISLE

10–13 Grays Brewery Yard
Springfield Road
CHELMSFORD

100 The Promenade
CHELTENHAM

17–19 Watergate Row
CHESTER

32 North Street
CHICHESTER

1 Trinity Square
CHICHESTER

St Andrews Avenue
COLCHESTER
(Sainsbury's Homebase)

Junction Fletchampstead
Highway & Sir Henry
Parks Road
COVENTRY
(Sainsbury's Homebase)

Stadium Way
CRAYFORD
(Sainsbury's Homebase)

8 Albert Street
DERBY

129–131 Terminus Road
EASTBOURNE

137 George Street
EDINBURGH

126 Princes Street
EDINBURGH

41–42 High Street
EXETER

The Barn
Lion & Lamb Yard
FARNHAM

Metro Centre
GATESHEAD

84–90 Buchanan Street
GLASGOW

215 Sauchiehall Street
GLASGOW

St Oswalds Road
GLOUCESTER
(Sainsbury's Homebase)

Old Cloth Hall
North Street
GUILDFORD

3–5 James Street
HARROGATE

3–4 Middle Street
HORSHAM

Priory Sidings
Sainsbury Way
Hesle Road
Hessle
HULL
(Sainsbury's Homebase)

Felixstowe Road
IPSWICH
(Sainsbury's Homebase)

17 Buttermarket
IPSWICH

108 The Parade
LEAMINGTON SPA

Church Institute
9 Lands Lane
LEEDS

King Lane
Moortown
LEEDS
(Sainsbury's Homebase)

6 Eastgate
LEICESTER
(Sainsbury's Homebase)

19–23 Cavern Walks
Matthew Street
LIVERPOOL

30 Great Oak Street
LLANIDLOES

London:

256–258 Regent Street
Oxford Circus
LONDON W1

216

35–36 Bow Street
LONDON WC2

7–9 Harriet Street
LONDON SW1

71–73 Lower Sloane Street
LONDON SW1
(Decorator Showroom)

157 Fulham Road
LONDON SW3

D6/V13 Brent Cross
Shopping Centre
BRENT CROSS
London NW4

90–92 High Street
BROMLEY

10 Beckenham Hills Road
CATFORD
London SE6
(Sainsbury's Homebase)

11 Drummond Place
CROYDON

66A Purley Way
CROYDON
(Sainsbury's Homebase)

Unit 17
Waterglade Centre
EALING
London W5

36–37 High Street
HAMPSTEAD
London NW3

Rookery Way
The Hyde
HENDON
London NW9
(Sainsbury's Homebase)

714–720 High Road
Seven Kings
ILFORD
(Sainsbury's Homebase)

Macmillan House
The Old Town Hall
KENSINGTON
London W8

32–33 Market Place
KINGSTON-UPON-THAMES

229–253 Kingston Road
NEW MALDEN
(Sainsbury's Homebase)

3 Station road
NEW SOUTHGATE
London W8
(Sainsbury's Homebase)

45 Oakfield Road
off Penge High Street
PENGE
London SE20
(Sainsbury's Homebase)

68 George Street
RICHMOND

3–4 Times Square
SUTTON

2c Fulborne Road
WALTHAMSTOW
London E17
(Sainsbury's Homebase)

473 High Street
WILLESDEN
London NW10
(Sainsbury's Homebase)

8–10 King Street
MAIDSTONE

28 King Street
MANCHESTER

48 Linthorpe Road
MIDDLESBROUGH

40–42 Midsummer Arcade
MILTON KEYNES

45 High Street
NEWCASTLE-UNDER-LYME

8 Nelson Street
NEWCASTLE-UPON-TYNE

Victoria Promenade
NORTHAMPTON
(Sainsbury's Homebase)

19 London Street
NORWICH

58 Bridlesmith Gate
NOTTINGHAM

Castle Marina Park
Castle Boulevard
NOTTINGHAM
(Sainsbury's Homebase)

50 Halesowen Street
OLDBURY
(Sainsbury's Homebase)

26–27 Cornmarket
OXFORD

26–27 Little Clarendon Street
OXFORD

189–191 High Street
PERTH

Unit 90
Queensgate Centre
PETERBOROUGH

The Armada Centre
PLYMOUTH

Claydon's Lane
RAYLEIGH WEIR
(Sainsbury's Homebase)

75–76 Broad Street
READING

50 Kenavon Drive
READING
(Sainsbury's Homebase)

13 Market Place
ST ALBANS

49–51 New Canal
SALISBURY

87 Pinstone Street
SHEFFIELD

65 Wyle Cop
SHREWSBURY

2 Above Bar Church
High Street
SOUTHAMPTON

Lordshill Shopping Centre
SOUTHAMPTON
(Sainsbury's Homebase)

107 High Street
SOUTHEND

465–467 Lord Street
SOUTHPORT

41–42 Henley Street
STRATFORD-UPON-AVON

Unit 4, 164 The Parade
Grace Church Centre
SUTTON COLDFIELD

Quay Parade
SWANSEA
(Sainsbury's Homebase)

19E Regent Street
SWINDON

2–4 High Street
TAUNTON

19–21 High Street
TENTERDEN

61 Calverley Road
TUNBRIDGE WELLS

Ing's Road
WAKEFIELD
(Sainsbury's Homebase)

Junction Bradford &
Midland Road
WALSALL
(Sainsbury's Homebase)

Sturlas Way
WALTHAM CROSS
(Sainsbury's Homebase)

50 Halesowen Street
WARLEY
West Midlands

Unit 3
1–7 The Parade
High Street
WATFORD

114 St Albans Road
WATFORD
(Sainsbury's Homebase)

17 Grove Street
WILMSLOW

10 The Square
WINCHESTER

32 Peascod Street
WINDSOR

Crown Passage
Broad Street
WORCESTER

Hylton Road
WORCESTER
(Sainsbury's Homebase)

Unit 28
Vicarage Walk
Quedam Centre
YEOVIL

7 Daveygate
YORK

Junction Monkgate/Foss Bank
YORK
(Sainsbury's Homebase)

IRLAND

60–61 Grafton Street
DUBLIN

ITALIEN

4 Via Brera
20121 MAILAND

JAPAN

8–22 Hondori
Naka-Ku
HIROSHIMA-SHI

2–4–14 Honcho
Kichijoji
MUSASHINO-SHI

1–26–19 Jiugaoka
Meguro-Ku
TOKIO

KANADA

Sherway Gardens
ETOBICOKE
Ontario
M9C 1B2

2110 Crescent Street
MONTREAL
Quebec
H3G 2B8

136 Bank Street
OTTAWA
Ontario
K1P 5N8

2452 Wilfred Laurier Bld
STE-FOY
Quebec
G1V 2L1

18 Hazelton Avenue
TORONTO
Ontario
M5R 2E2

1171 Robson Street
VANCOUVER
British Columbia
V6E 1B5

Bayview Village Shopping
Center
2901 Bayview Avenue
WILLOWDALE
Ontario
M2K 1E6

Mail order:
Laura Ashley
5165 Sherbrook Street W.
Suite 124
MONTREAL
Quebec
H4A 1T6

NIEDERLANDE

Leidestraat 7
1017 NS AMSTERDAM

Bakkerstraat 17
6811 EG ARNHEIM

Demer 24A
5611 AS EINDHOVEN

Papestraat 17
2513 AV S-GRAVENHAGE

M. Brugstraat 8
6211 GK MAASTRICHT

Lijnbaan 63
3012 EL ROTTERDAM

Oude Gracht 141
3511 AJ UTRECHT

ÖSTERREICH

Judengasse 11
SALZBURG

Weinburgasse 5
1010 VIENNA

SCHWEIZ

Stadhausgasse 18
4051 BASEL

8 Rue Verdaine
1204 GENF

Augustinergasse 21
8001 ZÜRICH

Augustinergasse 42–44
8001 ZÜRICH

VEREINIGTE
STAATEN

Crossgates Mall
120 Washington Avenue
Extension
ALBANY, NY 12203

139 Main Street
ANNAPOLIS, MD 21401

514 East Washington Street
ANN ARBOR, MI 48104

29 Surburban-Square
ARDMORE, PA 19003

Lenox Square
3393 Peachtree Road
ATLANTA, GA 30326

Perimeter Mall
4400 Ashford-Dunwoody
Road
ATLANTA, GA 30346

Highland Mall 1224
6001 Airport Boulevard
AUSTIN, TX 78752

Pratt Street Pavilion
Harborplace
BALTIMORE, MD 21202

203 Beachwood Place
26300 Cedar Road
BEACHWOOD, OH 44122

200–219 Riverchase
Galleria Mall
BIRMINGHAM, AL 35244

180 Town Center Mall
BOCA RATON, FL 33431

83 Newbury Street
BOSTON, MA 02116

23 Church Street
BURLINGTON, VT 05401

Charles Square
5 Bennett Street
CAMBRIDGE, MA 02138

Carmel Plaza
CARMEL-BY-THE-SEA,
CA 93921

Charleston Place
130 Market Street
CHARLESTON, SC 29401

The Mall at Chesnut Hill
199 Boylston Street
CHESNUT HILL, MA 02167

Watertower Place
835 N. Michigan Avenue
CHICAGO, IL 60611

The Citadel
750 Citadel Drive E. 2008
COLORADO SPRINGS, CO 80909

1636 Redwood Highway
CORTE MADERA, CA 94925

3333 Bristol Street
South Coast Plaza
COSTA MESA, CA 92629

Galleria 13350 Dallas Parkway
Suite 1585
DALLAS, TX 75240

423 North Park Center
DALLAS, TX 75225

Danbury Fair Mall C-118
7 Backus Avenue
DANBURY, CT 06810

1439 Larimer Street
DENVER, CO 80202

The Kaleidoscope at the Hub
555 Walnut Street
Suite 218
DES MOINES, IA 50309

Twelve Oaks, Mall
27498 Novi Road
Suite A
DETROIT, MI 48056

Galleria Shopping center
3505 West 69th Street
EDINA, MN 55435

11822 Fair Oaks Mall
FAIRFAX, VA 22033

West Farms Mall
FARMINGTON, CT 06032

2492 E. Sunrise Boulevard
Galleria Mall
FORT LAUDERDALE, FL 33304

213 Hulen Mall
FORT WORTH, TX 76132

58 Main Street
FREEPORT, ME 04032

Saddle Creek Shopping Center
7615 W. Farmington
Boulevard
GERMANTON, TN 38138

Glendale Galleria
GLENDALE, CA 91210

Woodland Mall
3175 28th Street S.E.
GRAND RAPIDS, MI 49508

321 Greenwich Avenue
GREENWICH, CT 06830

Riverside Square Mall
HACKENSACK, NJ 07601

Ala Moana Center 2246
HONOLULU, HI 96814

The Galleria
5015 Westheimer
Suite 2120
HOUSTON, TX 77056

1000 West Oaks Mall
Suite 124
HOUSTON, TX 77082

Fashion Mall
8702 Keystone Crossing
INDIANAPOLIS, IN 46240

The Jacksonville Landing
2 Independent Drive
JACKSONVILLE, FL 32202

Country Club Plaza
308 W. 47th Street
KANSAS CITY, MO 64112

The Esplanade
1401 W. Esplanade
KENNER, LA 70065

White Flint Shopping Mall
11301 Rockville Pike
KENSINGTON, MD 20895

7852 Girard Avenue
LA JOLLA, CA 92037

Pavilion in the Park
8201 Cantrell Road
LITTLE ROCK, AR 72207

10250 Santa Monica
Boulevard
LOS ANGELES, CA 90067

Beverly Center
121 N. La Cienaga Boulevard
Suite 739
LOS ANGELES, CA 90048

Louisville Galleria 109
LOUISVILLE, KY 40202

2042 Northern Boulevard
Americana Shopping Center
MANHASSET, NY 11030

Tysons Corner Center
1961 Chain Bridge Road
MCLEAN, VA 22102

The Falls
Space 373
8888 Howard Drive
MIAMI, FL 33176

The Grand Avenue
275 W. Wisconsin Avenue 5
MILWAUKEE, WI 53203

208 City Center
40 South 7th Street
MINNEAPOLIS, MN 55402

Ridgedale Center
12401 Wayzota Boulevard
MINNETONKA, MN 55343

The Mall at Green Hills
2148 Abbot Martin Road
NASHVILLE, TN 37215

260–262 College Street
NEW HAVEN, CT 06510

333 Canal Street
151 Canal Place
NEW ORLEANS, LA 70130

714 Madison Avenue
NEW YORK, NY 10021
(Decorator Showroom)

398 COLUMBUS AVENUE
NEW YORK, NY 10024

4 Fulton Street
NEW YORK, NY 10038

21 East 57th Street
NEW YORK, NY 10021

2164 Northbrook Court
NORTHBROOK, IL 60062

224 Oakbrook Center
OAKBROOK, IL 60521

Owings Mills Town Center
10300 Mill Run Circle 1062
OWINGS MILLS, MD 21117

320 Worth Avenue
PALM BEACH, FL 33480

469 Desert Fashion Plaza
123 North Palm Canyon Drive
PALM SPRINGS, CA 92262

12 Stanford Shopping Center
PALO ALTO, CA 94304

221 Paramus Park
Route 17
PARAMUS, NJ 07652

401 South Lake Avenue
PASADENA, CA 91101

1721 Walnut Street
PHILADELPHIA, PA 19103

Biltmore Fashion Park
2478 E. Camelback Road
PHOENIX, AZ 85016

20 Commerce Court
Station Square
PITTSBURGH, PA 15219

1000 Ross Park Mall
PITTSBURGH, PA 15237

2100 Collin Creek Mall
811 No. Central Expressway
PLANO, TX 75075

419 S.W. Morrison Street
PORTLAND, OR 97204

46 Nassau Street
Palmer Square
PRINCETON, NJ 08544

2 Davol Square Mall
Point & Eddy Street
PROVIDENCE, RI 02903

Crabtree Valley Mall
4325 Glenwood Avenue
RALEIGH, NC 27612

South Bay Galleria
1815 Hawthorne Boulevard
Space 172
REDONDO BEACH, CA 90278

Commercial Block
1217 E. Cary Street
RICHMOND, VA 23219

Regency Square Mall
1404 Parham Road
RICHMOND, VA 23229

Northpark Mall
1200 East Country Line Road
RIDGELAND, MI 39157

531 Pavilions Lane
SACRAMENTO, CA 95825

74 Plaza Frontenac
ST LOUIS, MO 63131

St Louis Center C-330
515 N. 6th Street
ST LOUIS, MO 63101

Trolley Square
SALT LAKE CITY, UT 84102

247 Horton Plaza
Space 265
SAN DIEGO, CA 92101

University Town Center
SAN DIEGO, CA 92122

1827 Union Street
SAN FRANCISCO, CA 94123

563 Sutter Street
SAN FRANCISCO, CA 94102
(Decorator Showroom)

Suite 1224
North Star Mall
7400 SAN PEDRO
San Antonio, TX 78216

Le Cumba Galleria
3891 State Street 109
SANTA BARBARA, CA 93105

Valley Fair Mall
Suite 1031
2855 Stevens Creek Boulevard
SANTA CLARA, CA 95050

696 White Plains Road
SCARSDALE, NY 10583

F-331 Woodfield Mall
SCHAUMBURG, IL 60173

405 University Street
SEATTLE, DC 98101

The Mall at Short Hills
SHORT HILLS, NJ 07078

20 Old Orchard Shopping
Center
SKOKIE, IL 60077

Stamford Town Center
100 Greyrock Place
STAMFORD, CT 06902

139 Main Street
STONY BROOK, NY 11790

Old Hyde Park Village
718 S. Village Circle
TAMPA, FL 33606

2845 Somerset Mall
TROY, MI 48084

Utica Square
1846 21 Street
TULSA, OK 74114

1171 Broadway Plaza
WALNUT CREEK, IA 94596

3213 M. Street NW
Georgetown
WASHINGTON, DC 20007

85 Main Street
WESTPORT, CT 06880

Bullocks Westwood Shops
10861 Weyburn Avenue
WESTWOOD, CA 90025

422 Duke of Gloucester Street
WILLIAMSBURG, VA 23185

290 Park Avenue North
WINTER PARK
Florida 32789

740 Hanes Mall
WINSTON-SALEM, NC 27103

279 Promenade Mall
WOODLAND HILLS, CA 91367

108 Worthington Square Mall
WORTHINGTON, OH 43085

Mail order:
Laura Ashley Inc.
1300 MacArthur Boulevard
MAHWAH, NJ 07430

Händler

18 Ioannou Metaxa Street
Glyfada
ATHENS
Greece

28 Herodotou Street
10673 Kolonaki
ATHENS
Greece

Engen 51
5000 BERGEN
Norway

P.O. Box 7910
Sheikh Rashid Building
Zabeel Road
DUBAI
United Arab Emirates

29 Wyndham Street
Central
HONGKONG

Riddervoldsgate 10B
OSLO 2
Norway

De Gruchys
King Street
ST HELIER
Jersey

36 Le Bordage
ST PETER PORT
Guernsey

300–301 Eachon-Dong
Yongssan-Kij
SEOUL
South Korea

Yliopistonkatu 33
SF-20100 TURKU 10
Finnland

REGISTER

A

Abschlußleisten 22, 31, 58
Abstellkammer 12
Abtupfen 63
Abwickeln 61, 63
Accessoires 10 f., 22, 24, 30 f., 36, 106, 116, 152, 172, 176 f., 181, 184
Acrylfarben 60, 66
Acrylschaumtapeten 209
Alkoven 25 f.
Alterung 193
Ankleidezimmer 13, 31
Ansatzheftstich 139, 173, 196
Ansatzsaumstich 142, 149
Anstrichfarben 212
Antikisieren 61, 63
Applikationen 128, 130, 162, 172, 203
Arbeitszimmer 10, 25, 28, 160, 187
Art Nouveau 48
Arts-and-Crafts-Bewegung 43, 166
Auftupfen 58
Aufwickeln 63
Ausstattungskonzept 36, 58, 84, 96, 117, 128, 152, 168

B

Badezimmer 12, 16, 23 ff., 69, 78, 85, 88, 95, 117, 180, 182
Baldachin 166 ff.
Baluster 11
Bauernhäuser 88
Baumwollfilz 145
Baumwollfutterstoff 215
Baumwollrips 215
Baumwollsatin 215
Baumwollstoff, beschichteter 215
Beistelltisch 26, 28, 41, 146, 182
Beizen 80
Beleuchtung 32, 34
Besatz 101, 162
Bettdecken 43, 72, 147, 152, 155, 160, 165, 206, 215
Bettsofa 160
Bettverkleidungen 166, 170, 214 f.

C

Bettwäsche 36, 152, 155, 160, 162, 168 f., 180
Bezüge 134
Bezüge, lose 136
Bezugstoffe 142
Bibliotheken 187
Biesen 162
Bilder 26, 181, 190, 192
Bilderleisten 12, 31, 46 f., 52, 68, 190
Bilderpaneele 190
Bilderrahmen 193
Bleiband 101
Bleichen 80
Bleistiftfalten 100
Bogenfenster 95, 205
Bogenkante 124
Boleyn, Anne 160
Bordüre 14, 16, 46, 48, 59, 68, 78, 96 f., 112, 186, 190 f.
Bordüren 14 ff., 43, 46, 48, 52, 59, 68 f., 78, 84 f., 96 f., 112, 115, 128, 186, 190 f.
Borten 43, 128, 146
Briefumschlagmethode 132
Brokat 140, 142
Brokatkissen 128
Brüssel-Bouclé-Teppich 84
Bücherschränke 26

C

Caféhausgardinen 122, 124
Cambric (Kambrik) 130, 214
Chaiselongue 26, 28, 141
Chiffon 187
Chinoiserie 38, 42, 48
Chintz 11, 40, 43, 87, 96, 106, 128, 134, 134, 146, 152, 154, 164, 166, 173, 190, 214
Cordsamt 214
Cottage-Stil 12, 30, 42, 47 f., 54, 58, 88, 115, 152

D

Dachboden 22
Dachfenster 16, 112
Dachgaube 15

Damast

Damast 41, 48, 96, 140, 152
Daunendecken 41, 155, 160, 163, 214 f.
Deckenbespannungen 75
Deckenleuchten 32
Dekorationskonzepte 31
Details, dekorative (architektonische D.) 10, 13 f., 58, 140, 200
Dielen 26, 34, 76
Dispersionslack 59
Dobby 214
Draperie 42, 94, 106, 166, 168
Draperien (Drapierungen) 42, 94, 102, 106 ff., 117, 123, 146, 166 ff., 215
Drehkippflügel 95, 112
Dreifachfalten 108 f.
Duschvorhänge 98, 122, 125, 215
Duschvorhänge, industrielle 124

E

Eckschränke 27
Edwardian Stil 30, 152, 182
Eggshell-Lack 41, 54, 60 f., 63 ff., 76, 80, 90
Einbauküche 26
Einbauschränke 10, 19, 24, 26, 88
Einfassungen 201
Empfangsraum 22
Empire 160, 166, 168 f., 171
Erkerfenster 94, 97, 106 f., 205
Eßzimmer 13, 15, 140 ff., 180 f., 187

F

Fächerfenster 17
Fallstich 87, 105, 109, 114, 132, 145, 149, 156, 171 f., 197
Falten 108
Faltenbänder 98 ff., 105, 114 f.
Faltenbögen 106
Faltrollos 16, 94, 96, 99, 116 ff., 120, 168
Farbeffekte 31, 58, 60, 88
Farbkonzept 23, 38, 106, 128, 134, 176
Farbwäsche 61 f., 76
Fassonleinen 145
Federal-Stil 23, 38

REGISTER

Federbretter 18,
Fenster 13, 15 f., 16 f., 19, 31, 94 ff., 100,
    106 f., 112, 116, 123, 130, 204
Fenster, französische 95, 107, 112, 114
Fensternische 205
Fensterrahmen 18, 40, 57
Feston 191
Flämische Falten 108
Flechtteppiche 84, 86 f.
Fleur-de-lys-Motiv 84
Fliesen 40, 68 ff., 78, 82 f., 85, 122, 209, 212
Fliesen, selbstklebende 82
Flügelfenster 96
Fransen 118
Fransenbesatz 105
Fries 10, 14 f., 46, 55, 58, 61
Frisierkommoden 27
Frisiertische 34, 146, 177, 181
Frotteestretch 172
Frühstückszimmer 32
Fugendichter (Fugenfüller) 70 f., 83
Fußböden 43, 46, 76, 78, 80, 96, 116, 161, 210
Fußleisten 10, 12, 46, 52, 57, 64, 71
Futteralkanten 98 f., 112, 114 f., 121 f., 170,
    205

G

Galerie 11, 191
Gardinen 24, 107, 112, 122, 182
Gästeschlafzimmer 12
Gästezimmer 28, 154
Gauben 16
Gehrung 52, 192
Gemälde 21
Gesellschaftszimmer 38, 146
Gesimse 10, 12, 14, 46
Gesso 193
Gingham 134, 146
Goldlack 193
Greenaway, Kate 152
Gurtbänder 145
Gustav-Stil 38

H

Häkeldecke 152
Halogenlampen 32, 34
Heftstiche 158, 173, 196
Heinrich VIII. 152
Hexenstich 102, 105, 109, 149, 156, 158, 196 f.
Himmelbett 166
Holzböden (Holzdielen) 80
Holzflächen 57, 208
Holzimitationen 58
Holzverkleidungen (Holzvertäfelungen) 12,
    18

J

Jalousien 32
Jugendstil 16, 21, 191
Jute 142, 145

K

Kabinettschränke 27
Kacheln 19 ff.
Kacheln, Delfter 46
Kaffeetisch 26
Kaliko 96, 117, 130, 140, 142 ff., 214
Kambrik siehe Cambric
Kamine 13 ff., 20 f., 25 f., 31, 48, 54, 64, 68,
    146, 176 f., 190
Kammzugtechnik 19, 58, 64, 91
Kannelierung 21
Kapok 130
Karnies 14 f., 46 ff., 52, 59, 68, 95, 107
Kästen 180, 182, 184
Keder 128, 133 ff., 156 f., 162, 164, 173, 200
Kelims 84, 146
Kellerfalten 135 ff., 157
Keramikfliesen 83
Kerzen 34
Kerzenleuchter 32
Kinderbett 152, 172 f.
Kinderzimmer 10, 48, 172, 181
Kirschbänder 99

Kissen 41, 43, 128, 128, 130, 132 ff., 138, 160,
    168, 206, 214 f.
Kissenbezüge 132
Knopflochstich 118
Kommoden 27
Konsoltisch 34
Kopfkissen 156, 163
Kordelbesatz 162, 201
Korkfliesen 82 f.
Korridor 187
Kräuselband 100
Kronleuchter 15, 40
Krüwelstickerei 128, 166
Küchen 10, 12 f., 19, 23, 28, 34, 36, 41, 69, 89,
    180

L

Lambrequins 96, 98, 107
Lampenschirme 186 ff.
Lamperie 12, 18 f., 22, 30 f., 46 ff., 52, 59, 64,
    76, 97
Landhausstil 36, 42, 76, 166, 179
Langettenstich 197
Larsson, Carl 24
Leinenmischgewebe 215
Leuchtröhren 34
Lichtinseln 34, 48
Linoleum 78
Lüster 32

M

Madras-Musselin 146
Malachit 65
Malerarbeiten 54
Maltechniken 58, 60, 62
Marmor 40, 76, 78
Marmorierung 58 f., 64, 88
Maschinensteppen 197
Maserieren 65
Maserungen 57 f., 60, 64, 90
Maßnehmen 204
Matten 85 f.
Maugham, Syrie 54

REGISTER

Moiré 190
Molton siehe Offwhite
Morris, William 48, 166
Musselin 96, 112, 114, 122, 146, 166, 168 f.
Muster 31, 36, 40, 42 f., 95 f.

N

Nachttisch 178
Nackenrolle 133
Naht, abgesteppte 198
Naht, französische 114, 163, 199
Naht, gebogene 198
Naht, überlappende 199
Nähtechniken 196
Nahtzugabe 108 f.
Nischen 16, 21, 25 f., 47
Nutbretter 18

O

Oberkante 98, 101
Oberlichter 95
Offwhite (Molton) 101, 214
Ölgemälde 180
Orientteppich 84
Overallmuster 47

P

Paisley-Muster 43, 48, 146 f., 154, 160
Palampores 152
Paneele 16, 18, 25, 48, 88 f., 182
Panoramafenster 12, 95
Papiermuster 104, 118, 124, 132 f., 136, 149,
    156, 172, 189, 207
Parkett 38, 41
Paspeln 102, 130 ff., 138, 148, 156, 160, 200
Passepartouts 181, 192
Patchwork 43, 128, 152, 155, 159, 172, 203
Patchworkquilts 152
Pendelleuchten 32
Petit-point-Stickerei 128, 176

Pett, Abigail 166
Pilaster 21
Plastik 124 f.
Plattstich 118
Polieren 80
Polster 43, 134, 214 f.
Polstertechniken 140, 145
Polyester 130, 148, 173
Polyurethanlack 57, 66, 80
Portiere 122
Posamenten 133
Profilleisten 14, 22, 48
Punktstich 196

Q

Queen-Anne-Stil 182
Querbehänge 17, 72, 94 ff., 98, 104 f., 107,
    117, 167, 170, 205, 214 f.
Quetschfalten 96, 124
Quilten (Quilting) 128, 158, 202
Quilts 152, 154 f., 158 ff.

R

Raffbögen 96, 106 f., 110 f., 120, 123, 146, 168
Raffhalter 16, 42, 95 ff., 102 f., 106, 112, 117,
    123, 171
Raffrollos 46, 95 f., 99, 116 f., 120, 160, 205,
    215
Raffrollos, gefütterte 120
Rattanmöbel 40
Raumplanung 26
Raumstruktur 10
Regency 7, 106, 140, 166
Reinigung 214 f.
Reißverschluß 201
Renaissance 43
Rollos 38, 94 f., 96, 99, 106, 116 ff., 120 f., 160,
    168, 214 f.
Roßhaar 145
Rundbogenfenster 122
Rundfenster 95
Rüschen 102 f., 106, 115, 117, 120 f., 130 f.,
    133, 146, 160 ff., 164, 166, 172 f., 201

S

Sackleinen 145
Samt 128, 134, 141, 152, 190, 215
Samtkissen 128
Sapper-Lampe 32
Satin 128, 130, 190
Saum, unterfütterter 149
Säume 198
Saumstich 197
Schablonenmalerei 59, 67, 76
Schablonenmuster 10, 15, 22, 26, 43, 58, 85 f.,
    96, 128
Schabloniertechnik 58, 66
Schabracken 94, 96, 104 f., 107, 214
Schals siehe Seitenschals
Schaumstoff 132
Scheibengardinen 114
Schiebefenster 17, 57, 94, 107
Schildpatteffekt 65
Schlafzimmer 10 ff., 19, 23, 26 ff., 31, 34, 36,
    41, 47, 54, 68, 72, 84, 88, 97, 112, 123, 146,
    152, 152, 154 f., 160, 168 f., 176, 180, 187
Schlußverarbeitung 203
Schrägstreifen 200
Schubladen 28
Seide 128, 140, 142, 152, 187
Seitenschals 95 f., 100, 102, 112, 115, 168
Servietten 146, 148
Sessel 135, 138
Shaker-Quilts 155
Sideboards 27, 146, 177
Sisalmatten 84
Sofas 26, 128, 131, 134, 138, 140 f., 190, 207
Sonnenblende 16
Speisekammer 27, 88
Speisezimmer 10, 12, 17, 21, 26 f., 30, 46, 48,
    72, 140, 187
Spiegel 31, 182
Spitze 112, 115, 117, 146, 152, 161, 166, 168,
    215
Spitzendecke 160
Spitzengardinen 114 f.
Spitzenschals 98, 114
Spots 34
Springrollos 97, 112, 116 ff.
Sprossenfenster 57
Sprungfedern 145

221

REGISTER

Staffordshire-Porzellan 179
Stauraum 24, 26, 26 ff., 182
Stellschirme 13, 182, 185
Steppdecken 155, 160 f., 163
Steppstich 110, 144, 196
Stil, edwardianischer
    siehe Edwardian Stil
Stil, elisabethanischer 38
Stil, georgianischer 21, 43, 54
Stil, viktorianischer 42, 48
Stoffbespannungen 72
Stoffmatte 87
Stoffrahmen 193
Stoffverkleidungen 74
Stoßnaht 199
Studio 11
Stupfen 58

T

Tagesdecken 152, 156, 160 f., 214
Tallboys 27
Tapeten 43, 46 ff., 50 f., 53, 58, 76, 89, 96, 181,
    209, 212
Tapetenbedarf 212
Tapisseriekissen 128
Tapisserien 36, 134, 140 ff.
Tartan-Drucke 154
Teppichböden 84 f.
Teppiche 11, 40, 42 f., 76, 84 f.
Texturen 26, 36, 38, 40 f., 85, 95, 112, 178
Tischdecken 38, 43, 146, 148 f., 215
Tische 146, 178, 207
Tischleuchten 32
Tischwäsche 146, 148
Ton-in-Ton-Druckmuster 96

Trennwand 13, 18, 182
Treppen 11, 13, 22 f., 34, 96, 107
Trompe l'œil-Malereien 23, 59, 96, 176, 191
Truhen 27, 176, 182
Tudorzeit 166
Tüll 152
Tupfen 60 ff., 88
Türen 40 f., 88 ff., 95, 112
Türklinken 91
Türrahmen 18, 47, 57
Tweed 134

U

Überdecke 147
Überschlaglaken (Überlaken) 155, 158, 160
Überwurf 152, 154, 156, 158
Unterböden 210
Untergrundvorbehandlung 208 f.
Unterkonstruktionen 211

V

Veranda 32
Vergolden 193
Versiegeln 80
Vierpfostenbetten 152, 154 f., 158, 165 ff.,
    170 f.
Vinylböden 78, 81
Vinylfliesen 78, 82 f.
Vinylplatten 76
Vinyltapete (Vinylschaumtapete) 48, 50 f.,
    52, 209
Vlieseline 103, 109

Voile 72, 97, 112, 114, 117, 122 f., 146, 166,
    168, 215
Volants 128, 134 f., 139, 141, 155, 157, 161,
    164 f., 206
Vorhänge 17, 72, 95, 98, 100 f., 106 ff., 112,
    117, 120, 123, 168, 170, 179, 199, 205, 214 f.

W

Wachspolitur 90
Walpole, Horace 48
Wandleuchten 32
Wandmalereien 30
Wandschirme 184
Wandschmuck 190
Wandverkleidungen 211
Wattierung 158 f., 172 f., 184, 193
Webteppiche 84
Wickeltechnik 59, 61, 63
William-Morris-Muster 43
Wintergärten 72, 128, 176
Wohnzimmer 11 ff., 32, 47, 55, 68, 146, 160,
    176, 180, 182, 187
Wolkenrollos 117, 121
Wolkenstores 120

Z

Zickzack-Saumstich 102, 105, 119
Zickzackstich 110 f., 118, 148, 162, 172
Zierkissen 42, 128, 133
Zwickel 132 f., 139, 145, 164, 185, 198, 206
Zwischenfutter 102, 105, 108 f., 148, 156, 199,
    214

BILDNACHWEIS

Die Veröffentlichung der Abbildungen erfolgte mit freundlicher Genehmigung folgender Fotografen, Agenturen und Zeitschriften (Abkürzungen: LA = Laura Ashley; W & N = Weidenfeld & Nicolson; EWA = Elizabeth Whiting & Associates; WPN = World Press Network):

S. 1 Andrew Twort © LA; S. 2–3 David Garcia © LA/W & N; S. 4 links und rechts: David Garcia © LA; S. 5 links und rechts: David Garcia © LA; Mitte: Andreas von Einseidel © LA; S. 8–9 Andrew Twort © LA; S. 10 oben: Fritz von der Schulenburg (Peter Farlow, Mimi O'Connell); unten: David Garcia © LA; S. 11 David Garcia © LA/W & N; S. 12 oben: David Davidson © W & N; unten links: © Fritz von der Schulenburg (John Stefanidis); unten rechts: David Garcia © LA/ W & N; S. 13 © Fritz von der Schulenburg, *Country Homes and Interiors*/WPN; S. 14 links: © Fritz von der Schulenburg; oben rechts: Arabella Ashley © LA/W & N; unten rechts: © Tom Leighton/EWA; S. 15 oben: LA-Archiv; unten links: © Fritz von der Schulenburg; unten rechts: Arabella Ashley © LA/W & N; S. 16 links: Arabella Ashley © LA; oben rechts: © Rodney Hyatt/EWA; unten rechts © Tom Leighton/EWA; S. 17 oben links: © Fritz von der Schulenburg; oben rechts: Arabella Ashley LA/W & N; unten: David Garcia © LA; S. 18 links: David Garcia © LA/W & N; oben rechts: Arabella Ashley © LA/W & N; unten rechts: © Fritz von der Schulenburg (Peter Westenholz); S. 19 oben links, oben rechts und unten links: David Garcia © LA; unten rechts: © Rodney Hyatt/EWA; S. 20 oben links und oben rechts: © Fritz von der Schulenburg; unten rechts: LA-Archiv; S. 21 oben: © Spike Powell/EWA; unten: © Tim Beddow, *Country Homes and Interiors*/WPN; S. 22 links und oben rechts: © Fritz von der Schulenburg; unten rechts: LA-Archiv; S. 23 oben rechts und unten links: © Fritz von der Schulenburg; oben links: Fritz von der Schulenburg © W & N; unten rechts: LA-Archiv; S. 24 links: © Fritz von der Schulenburg; oben rechts: John Mason © LA; unten rechts: *The World of Interiors*; S. 25 oben links: David Garcia © LA; oben rechts: David Garcia © LA/W & N; unten links: *The World of Interiors*, unten rechts: © Fritz von der Schulenburg (Judy Falcon); S. 26 © Fritz von der Schulenburg; S. 27 David Garcia © LA; S. 28 oben: Arabella Ashley © LA/W & N; unten: David Garcia © LA/W & N; S. 29 Andreas von Einseidel © LA; S. 30 links: Andreas von Einseidel/EWA; rechts: © Fritz von der Schulenburg; S. 31 © Fritz von der Schulenburg; S. 32 David Garcia © LA/W & N; S. 33 © Richard Bryant/ARCAID; S. 34 links: © Fritz von der Schulenburg (Mimi O'Connell); rechts: David Garcia © LA/W & N; S. 35 © Fritz von der Schulenburg (Anne Griggs); S. 36 links: Andrew Twort © LA; rechts: Chris Drake, *Country Homes and Interiors*/WPN; S. 37 David Garcia LA; S. 38 links: David Garcia © LA; rechts: Andreas von Einseidel © LA; S. 39 David Garcia © LA; S. 40 David Garcia © LA/W & N; S. 41 oben: © Richard Bryant/ARCAID; unten © Rodney Hyett/EWA; S. 43 links: David Garcia © LA; rechts: David Garcia © LA/W & N; S. 44 Andreas von Einseidel © LA; S. 45 Andrew Twort © LA; S. 46 David Garcia © LA; S. 47 David Garcia © LA; S. 48 oben: Andrew Twort © LA; unten: Peter Woloszynski, *Country Homes and Interiors*/WPN; S. 49 oben links und unten: David Garcia © LA; oben rechts: David Garcia © LA/W & N; S. 54 oben: © Michael Dunne/EWA; unten: © Andreas von Einseidel/EWA; S. 55 links: © Spike Powell/EWA; oben: © John Donat/EWA; unten: © Fritz von der Schulenburg; S. 58 oben und unten: © Fritz von der Schulenburg (Peter Farlow, Mimi O'Connell); S. 59 oben: © Fritz von der Schulenburg (Peter Farlow, Mimi O'Connell); unten: © Fritz von der Schulenburg (Verona Stencilling); unten links: David Garcia © LA/W & N; S. 68 oben: © Gary Chowanetz/EWA; unten: © Kate Zari; S. 69 oben: David Garcia © LA/W & N; unten: David Garcia © LA; S. 72 © Fritz von der Schulenburg (Peter Farlow, Mimi O'Connell); S. 78 links: Arabella Ashley © LA; unten rechts: Andreas von Einseidel © LA; S. 79 Simon Brown © LA; S. 84 oben und unten: David Garcia © LA; S. 85 oben: Andrew Twort © LA; unten: Shona Wood/Robert & Colleen Bery Designs; S. 88 oben: David Garcia © LA; unten: © Fritz von der Schulenburg (Peter Farlow, Mimi O'Connell); S. 89 oben links: David Garcia © LA; oben rechts: Trevor Richard © LA; unten: David Garcia © LA/W & N; S. 92–93 David Garcia LA; S. 94 oben: © Spike Powell/EWA; unten: LA-Archiv; S. 95 links: © Andreas von Einseidel/EWA; rechts: © Spike Powell/EWA; S. 96 David Garcia © LA; S. 97 oben links: Andreas von Einseidel © LA; oben rechts: David Garcia © LA/W & N; unten links, rechts und Mitte: LA-Archiv; S. 98–99 Richard Green (A. C. Cooper Ltd.) © W & N; S. 106 oben: Keith Scott Morton © LA/W & N; unten: David Garcia © LA; S. 107 links: David Garcia © LA/W & N; oben: © Fritz von der Schulenburg (B. Thornhill); unten: David Garcia © LA; S. 112 links: © Fritz von der Schulenburg; rechts: Keith Scott-Morton © LA/W & N; S. 113 David Garcia © LA/W & N; S. 116 links: Andrew Twort © LA; rechts: David Garcia © LA/W & N; S. 117 oben: Jan Baldwin, *Homes and Gardens*/WPN; unten links: © Jerry Tubby/EWA; unten rechts: Andrew Twort © LA; S. 122 links: David Garcia © LA/W & N; rechts: David Garcia © LA/W & N; S. 123 oben links: © Di Lewis/EWA; oben rechts: © Fritz von der Schulenburg (Peter Farlow, Mimi O'Connell); unten: Simon Brown © LA; S. 126–127 David Garcia © LA; S. 128 oben: Fritz von der Schulenburg © LA/W & N; unten: Trevor Richards © LA; unten rechts: David Garcia © LA; S. 129 Andrew Twort © LA; S. 130 links: Andrew Twort © LA; rechts: David Garcia © LA; S. 131 oben: David Garcia © LA; unten links: Trevor Richards © LA; unten rechts: David Garcia © LA; S. 134 links und rechts: Trevor Richards © LA; S. 135 oben und unten: David Garcia © LA/W & N; S. 140 © Fritz von der Schulenburg; S. 141 oben links, oben rechts, unten Mitte: David Garcia © LA/W & N; S. 146 oben: Peter Andersen, *Country Homes and Interiors*/WPN; unten: Trevor Richards © LA; S. 147 oben: Simon Brown © LA; unten links: © Fritz von der Schulenburg; unten rechts: Arabella Ashley © LA; S. 150–151 Simon Brown © LA; S. 152 oben: © Michael Dunne/EWA; unten: David Garcia © LA; S. 153 Peter Andersen, *Country Homes and Interiors*/WPN; S. 154 © Fritz von der Schulenburg (Peter Westenholz); S. 155 oben: Bill Batten © LA; unten: © Richard Bryant/ARCAID; S. 160 Andrew Twort © LA; S. 161 oben, unten rechts und unten links: LA-Archiv; S. 166 David Garcia © LA/ELLE; S. 167 links: © Jerry Tubby/EWA; oben rechts: David Garcia © LA/ELLE; unten: David Garcia © LA; S. 168 oben und unten: David Garcia © LA; S. 169 John Mason © LA; S. 174–175 LA-Archiv; S. 176 Trevor Richards © LA; S. 177 oben: Andreas von Einseidel © LA; unten links: David Garcia © LA/W & N; unten rechts: LA-Archiv; S. 178 © Richard Bryant/ARCAID; unten links: Trevor Richards © LA; unten rechts: Andrew Twort © LA; S. 179 oben links: David Garcia © LA/W & N; oben rechts: © Richard Bryant/ARCAID; unten links: Trevor Richards © LA; unten rechts: Andrew Twort © LA; S. 180 links: Andrew Twort © LA; rechts: LA-Archiv; S. 181 oben: © Fritz von der Schulenburg; unten links und unten rechts: David Garcia © LA/W & N; S. 182 oben links: LA-Archiv; oben rechts: © Jan Baldwin; unten links und unten rechts: © Fritz von der Schulenburg (John Stefanidis/unten rechts); S. 183 © Clive Helm/EWA; S. 186 links: David Garcia © LA/W & N; rechts: David Garcia © LA/W & N; S. 187 links: David Garcia © LA; oben rechts: Trevor Richards © LA; unten rechts: © Andreas von Einseidel; S. 190 oben und unten: © Fritz von der Schulenburg (Brian Junos/unten); S. 191 oben: © Neil Lorimer/EWA; unten links: David Garcia © LA; unten rechts: © Fritz von der Schulenburg (Anne Griggs).

Illustrationen im Anhang: Antony Duke und Nicki Kemball.